臺灣歷史與文化 研究輯刊

十 編

第 4 冊

日治時期朴子地區初等教育研究：
以朴子公學校爲例

蔡 牧 耕 著

花木蘭文化出版社

國家圖書館出版品預行編目資料

日治時期朴子地區初等教育研究：以朴子公學校為例／蔡牧耕
著 ― 初版 ― 新北市：花木蘭文化出版社，2016〔民105〕
目 6+240 面：19×26 公分
（臺灣歷史與文化研究輯刊 十編；第 4 冊）
ISBN 978-986-404-784-0（精裝）
1. 初等教育 2. 日據時期 3. 嘉義縣朴子市
733.08   105014933

ISBN-978-986-404-784-0

9 789864 047840

臺灣歷史與文化研究輯刊
十 編　第四 冊　　　　　　ISBN：978-986-404-784-0

日治時期朴子地區初等教育研究：
以朴子公學校為例

作　　者　蔡牧耕
總 編 輯　杜潔祥
副總編輯　楊嘉樂
編　　輯　許郁翎、王筑　美術編輯　陳逸婷
出　　版　花木蘭文化出版社
社　　長　高小娟
聯絡地址　235 新北市中和區中安街七二號十三樓
　　　　　電話：02-2923-1455／傳眞：02-2923-1452
網　　址　http://www.huamulan.tw 信箱 hml 810518@gmail.com
印　　刷　普羅文化出版廣告事業
初　　版　2016 年 9 月
全書字數　151554 字
定　　價　十編 18 冊（精裝）台幣 36,000 元

日治時期朴子地區初等教育研究：以朴子公學校爲例

蔡牧耕 著

作者簡介

蔡牧耕，1989 年出生於民風純樸、物產豐饒的嘉義，喜愛臺灣的歷史文化、風俗民情，認同以臺灣為中心的思考模式，希望藉由臺灣史的研究喚醒過去與現在對話，建立起臺灣人自身的共同記憶與文化認同。大學時期受到許世融教授的啓蒙，因此 2011 年畢業後即跟隨王文裕教授從事歷史研究，並以自己的家鄉——朴子為出發點，做為邁向臺灣史研究的第一步。2014 年取得高雄師範大學臺灣歷史文化及語言研究所碩士學位。

提　　要

　　教育是國家發展的重要基石，而學校是推行教育工作的重要場域，尤其是啓蒙時期的初等教育，對於兒童日後的人格發展影響深遠。臺灣的近代學校教育起源於日治時期，而為了貫徹總督府的殖民政策，因此在教育政策上首重於初等教育的發展，與臺灣人關係最為密切的即是初等教育。然而，因為教育目標的不同，臺灣島內與日本本土的教育制度截然不同，有其特殊性。

　　臺灣教育制度的發展大致上以臺灣教育令的公布和修正作為區分的標準，在初等普通教育機構方面，由最初的國語傳習所，演變為日人就讀的小學校，臺人就讀的公學校，最後將二者的區別取消，一律改為國民學校。而清代即存在的傳統書房也曾經在日治初期扮演著重要的角色。

　　朴子地區由於開發較早，從清朝末年以來就是嘉義沿海地區的政治、經濟中心，不僅商業發達，文風也很鼎盛。而一所公學校的設立與該地區的經濟發展、人口多寡有著密切的關係，朴子的經濟型態雖然以農業為主，但自清代以來商業貿易興盛，到了日治時期更開始發展手工業，在產業結構完整的條件下，自然有能力在街上設立三所公學校。

　　朴子公學校是朴子地區的第一所近代學校，在日治時期朴子地區的初等教育發展上有其特別代表性。因此，本文即以「日治時期朴子公學校」為主要研究對象，探討朴子公學校的成立背景與發展沿革，從相關資料來看，朴子公學校經過日治時期的發展，學校規模不斷的擴大，逐漸形成今日朴子國小的輪廓。此外亦探討當時朴子公學校的教師和學生概況，並從學校的教學內容、生活規範、校園活動來分析日本殖民政府是如何藉由公學校教育灌輸其意識型態。

謝　誌

　　時光飛逝，轉眼間三年的研究所生涯已接近尾聲，能夠完成這篇論文要感謝的人實在太多了。首先誠摯的感謝指導教授王文裕老師，在老師悉心的教導下，使我在研究上有了更明確的方向，論文也才能夠順利的進行。而在此也要感謝大學時期的許世融老師，因為在他的提攜和引薦之下，我才能有幸在研究所時期認識一位這麼關心學生的指導教授。

　　還要感謝吳玲青老師，在研究所學習的三年期間，最常修的就是吳玲青老師的課，遇到難懂的日文文獻也經常請教老師，在老師的講解下使我獲益良多。而論文的完成亦得感謝二位口試委員王御風教授與楊護源教授的協助，在論文的審閱和修正方面給了我許多具體的意見，使論文的內容能夠更加的完備。同時也要感謝研究所各位師長及同學的照顧，很榮幸能夠跟大家一起學習。

　　其次要感謝的是前朴子國小周炳志校長以及註冊組廖以仁老師，在他們的協助之下，取得了不少日治時期朴子公學校珍貴的文獻資料和老照片。還要感謝朴子地政事務所登記課的江清賢先生，在公務繁忙之際還抽空幫忙找出朴子公學校的地籍資料，遇到不懂的部分也時常請益於他。此外，有關日文文獻的翻譯也常請教於林峻徹醫師，亦透過林醫師找到了論文研究的訪問人邱奕松老師，邱老師所提供的口述資料對於論文研究有很大的助益。

　　最後要感謝我的家人及好友，在父母和弟弟的支持下我能夠無後顧之憂的完成論文。而在高雄的生活則是經常受玲琪、美格阿姨的照顧，舉凡搬宿舍、看醫生、往返嘉義及高雄等，都時常要麻煩她們。此外，在北上國家圖書館和臺灣圖書館找論文所需的資料時，也很感謝大學時期的好兄弟耀霆，

他熱情的提供住宿，實在是感激不盡。而撰寫論文期間女友鈺婷總是鼓勵我、時常爲我加油打氣，也常陪伴我在圖書館找資料，影印、掃描等工作都少不了她的幫忙。總之，最後論文能夠完成，都因爲有各位的相挺，謝謝大家。

蔡牧耕 謹誌於
高雄師範大學臺灣歷史文化及語言研究所
2014 年 7 月

目次

圖 次

第一章　緒　論

第一節　研究動機與目的

　　「百年大計，教育爲本」，國家發展之根本取決於教育之成敗，教育之發展攸關於國家之興衰，中國著名教育家陶行知亦說：「我們深信教育是國家萬年根本大計」，由此即可知道教育的重要性。有別於清代傳統的書房義學，臺灣的近代學校教育制度建立於日治時期，臺灣的教育史也在此時期邁向了一個新的里程碑。有鑑於日治時期建立的近代教育制度在臺灣教育史上占有著重要地位，因此有必要深入探討與研究其重要性。

　　梁啓超曾說：「人生百年，立於幼學」，意指百年人生的堅實基礎，主要在於幼年時期所受的教育，尤其是啓蒙時期的初等教育。若以現代教育的觀點來看，即是「教育的制高點，不在最後，而是在最初。」日治時期教育政策的發展亦著重於初等教育，其目的在於貫徹殖民政策，因此與臺灣人關係最爲密切的教育制度就是初等教育。

　　日治時期初等教育之嚆矢爲國語傳習所，屬於當時臺灣教育計畫中的緊要事業。設置國語傳習所之目的在於傳授臺灣人日語、灌輸日本精神，使其成爲日本殖民母國的支持者。因此，總督府於明治 29 年（1896）公布「臺灣總督府直轄諸學校官制」後，陸續在全臺各地設置國語傳習所。明治 31 年（1898）9 月 8 日「嘉義國語傳習所樸仔腳分教場」正式設立，後來由於「臺灣公學校令」的公布，同年 10 月 1 日改獨立爲「樸仔腳公學校」，大正 9 年（1920）因地方制度改正，改名爲「朴子公學校」，係今日朴子國小的前身。

　　臺灣公學校制度之確立，係根據臺灣總督府於明治 31 年 7 月 27 日公布的「臺灣公學校令」與「臺灣公學校官制」，以及同年 8 月 16 日發布的「臺灣公學校規則」。「臺灣公學校令」除了將國語傳習所改設置爲公學校外，亦規定公學校設置及維持的經費，除了職員相關的俸給及旅費外，其餘全須由地方的街、庄、社來負擔。由此可知，一個地區的公學校得以設立與否，與該地區的經濟發展有著密切的關係，個別學校教育的研究可以了解地方發展的概況，做爲日治時期朴子地區初等教育發展的重要參考。

　　在日治時期的殖民政策下，初等教育主要是由「公學校」與「小學校」所構成，並且實施差別教育，公學校以臺灣學童爲招收對象；而小學校則幾乎全爲日本子弟的學校。直到昭和 16 年（1941）太平洋戰爭爆發後，爲了攏絡臺灣民心，才將二者的區別取消，一律改稱爲「國民學校」，但實際上仍然依照不同的課表授課。而清代舊式書房教育所傳授的中國經典、倫理思想與日本的殖民統治政策背道而馳，因此遭受到諸多的干預及打壓，另一方面由於公學校日益普及，亦使得書房漸趨於沒落，最終遭到淘汰。

　　朴子從清朝末年以來就是嘉義沿海地區：布袋、東石、六腳等鄉鎮的政治、經濟中心，不僅商業發達，文風也很鼎盛。而朴子公學校是此地區的第一所近代學校，現在朴子地區有許多的學校都是由朴子公學校的分校所獨立出來的，所以在日治時期朴子地區的初等教育發展上，朴子公學校有其特別代表性。

　　目前在嘉義地區的初等教育研究成果中，有關於朴子地區的部分並不多。筆者曾經就讀過朴子國小，基於對母校的情感，所以便想對朴子國小的歷史發展做更進一步的認識。因此，本文將以「日治時期朴子公學校」爲研究主軸，作一系列探討。探討方向包括當時朴子地區初等教育制度、機構的發展，以及朴子公學校的創立經過與發展過程，並從朴子地區的地方發展來瞭解朴子公學校的創立背景。最後，藉由相關文獻的探討與朴子公學校的教師、畢業學生等相關耆老的訪談，建構出較爲完整的學校發展與歷史脈絡。

　　根據上述研究動機，本文的研究目的如下：

一、探討日治時期朴子地區的初等教育概況，從臺灣總督府的教育政策和個別教育機構的成立過程來了解朴子地區初等教育之發展。

二、概述「朴子公學校」所在地的歷史與演變，了解地方經濟發展和地方教育二者之間的密切關係。

三、研究「朴子公學校」的設立過程與發展沿革，並且分析教師與學生的概
　　況，以了解朴子公學校的教育情形。

四、透過耆老的訪談與文獻資料的說明，了解「朴子公學校」當時的學校生
　　活與學校環境。

第二節　文獻回顧

　　近年來關於日治時期臺灣教育史的研究成果，與過去相比增加許多，內
容也更加的多元。吳文星在〈近十年來關於日治時期臺灣教育史研究之動向
（1991～2000）〉即提到：就研究題目及其性質觀之，其特色為研究課題多樣
化，研究範圍更加擴大，不再僅偏重於政策和制度之探討，關於學科設計、
教科書、教學活動、學校生活等教育內容的課題成為新的研究重點。〔註1〕

　　雖然目前有關日治時期臺灣初等教育之研究成果相當豐碩，累積了許多
有價值的研究，但是有關於嘉義地區初等教育的研究成果中，對於朴子地區
的研究卻是寥寥可數，因此仍有很大的探討空間。以下就前人的研究成果與
本文相關研究部分做一概要說明。

一、有關朴子地區研究

　　（一）張君豪，《朴子———一個近海街市的歷史變遷》〔註2〕

　　本文的研究時間為明末至日治末期，透過文獻探究與地方耆老的訪談，
從朴子的開拓與發展、行政區域、經濟概況、公共建設、文化教育等均做詳
細的介紹。

　　（二）陳美玲，〈朴子地區的生態環境變遷與地名〉〔註3〕

　　首先論述朴子地區自然環境與人文活動的變遷，接著探究地名與生態環
境的關係。透過相關調查及文獻探討，進一步瞭解朴子地區生態環境、人類
活動、地名生成三者之間的關係。

〔註1〕吳文星，〈近十年來關於日治時期臺灣教育史研究之動向（1991～2000）〉，《臺
　　　灣師大歷史學報》第29期（2001年6月），頁221。

〔註2〕張君豪，《朴子———一個近海街市的歷史變遷》，國立中央大學歷史研究所碩
　　　士論文，2001年。

〔註3〕陳美玲，〈朴子地區的生態環境變遷與地名〉，《嘉義大學人文藝術學報》第3
　　　期（2004年4月），頁227～266。

（三） 佳芳，《朴子地區聚　發展與社會變遷之研究》〔註4〕

本文從朴子地區聚落的環境與形成背景、人口結構、經濟活動的變遷等角度，來探討朴子地區的社會變遷，並從民間信仰的發展來了解當地的文化及特殊性。

（四）陳碧芳，《朴子市街　史變遷》〔註5〕

將朴子市街的發展，分爲明末清初、日治、戰後三個時期，以完整觀察朴子市街的歷史演變過程。並依次討論，政治制度、產業發展、環境與空間發展、信仰與跨區域發展，探討所形成的地緣組織與人群互動的關係。

二、有關教育史研究

（一）何義麟，〈皇民化期間之學校教育〉〔註6〕

探討日治時期末期的學校教育政策，內容主要分爲三部分：包括學校教育制度的演變與實施、學校課程與教學活動的安排，以及對「國語」科教材之分析。

（二）派翠西亞‧鶴見著；林正芳譯，《日治時期臺灣教育史》〔註7〕

全書共分九章，主要研究日本殖民政策下臺灣教育制度的發展，文中引用了歐美等國的殖民政策，以及各國殖民地教育的實況，並與同爲日本殖民地的朝鮮及其他歐美殖民地作比較。而另一研究重點則是探討日本殖民教育對臺灣的社會文化甚至心靈所帶來的影響。

（三）李園會，《日據時期臺灣教育史》〔註8〕

本書將日治時期臺灣教育政策與制度的演進劃分爲五個階段，內容廣泛的探討了日治臺灣的國語傳習所教育、小學校教育、公學校教育、原住民教育、中等教育、師範教育、高等教育、私立學校教育、書房教育等。

〔註4〕 李佳芳，《朴子地區聚落發展與社會變遷之研究》，國立臺南大學台灣文化研究所碩士論文，2008年。

〔註5〕 陳碧芳，《朴子市街歷史變遷》，國立臺南大學台灣文化研究所碩士論文，2010年。

〔註6〕 何義麟，〈皇民化期間之學校教育〉，《臺灣風物》第36卷第4期（1986年12月），頁47～88。

〔註7〕 派翠西亞‧鶴見（E.Patricia Tsurumi）著；林正芳譯，《日治時期臺灣教育史》（宜蘭：仰山文教基金會，1999年）。

〔註8〕 李園會，《日據時期臺灣教育史》（臺北：國立編譯館，2005年）。

（四）臺灣教育會編著；許錫慶譯注，《臺灣教育沿革誌（中譯本）》
〔註 9〕

　　書中內容係將日治初期至 1936 年的臺灣教育資料彙整編輯而成。內容包括初等教育、師範教育、中等教育、高等教育、私立學校、特殊教育及社會教育等制度之變遷。

三、有關初等教育研究

（一）吳文星，〈日據時代台灣書房之研究〉〔註 10〕

　　主要探討在日本殖民統治之下，臺灣書房的興衰與演變，以及書房存在的價值及其所發揮的功能。得知書房逐漸成為公學校教育的輔助機關，以協助推行同化教育；然而因其固守傳統，為漢文教育的主要機關，對於維護民族文化、保持民族認同功不可沒。

（二）鄭梅淑，《日據時期台灣公學校之研究》〔註 11〕

　　本文從清代臺灣的初等教育著手，進而探討實施公學校教育之背景，並且說明實施公學校教育時的基本方針，以及在此政策下公學校教育的演進，最後以公學校的教師和學生為對象，做詳細的探討。

（三）周婉窈、許佩賢，〈臺灣公學校制度、教科和教科書總說〉〔註 12〕

　　文中首先就日本統治臺灣以來初等教育制度的建立與變革，從國語傳習所到國民學校作一說明，接著說明公學校和國民學校教科之沿革，最後介紹四大教科以及圖畫、唱歌科的教科書發行狀況。

（四）許佩賢，《殖民地臺灣的近代學校》〔註 13〕

　　說明了臺灣近代學校的成立，除了殖民者基於統治意圖的努力外，臺灣

〔註 9〕　臺灣教育會編著；許錫慶譯注，《臺灣教育沿革誌（中譯本）》（南投：國史館臺灣文獻館，2010 年）。

〔註 10〕吳文星，〈日據時代台灣書房之研究〉，《思與言》第 16 卷第 3 期（1978 年 9月），頁 62～89。

〔註 11〕鄭梅淑，《日據時期台灣公學校之研究》，東海大學歷史研究所碩士論文，1988年。

〔註 12〕周婉窈、許佩賢，〈臺灣公學校制度、教科和教科書總說〉，《臺灣風物》第 53卷第 4 期（2003 年 12 月），頁 119～145。

〔註 13〕許佩賢，《殖民地臺灣的近代學校》（臺北：遠流出版社，2005 年）。

社會上的許多因素才是新教育得以定著的關鍵。而學校透過學制規劃、課程設計、教學內容等的掌控，便可以有效的形塑國民的意識。因此本書從「教育」、「國家」、「社會」來探討近代學校對於殖民地臺灣的影響，同時也思考殖民地教育下臺灣人的心性。

（五）李園會，《日據時期臺灣初等教育制度》〔註14〕

以「臺灣教育令」的公布與修正之時日，將日本統治臺灣約50年期間的臺灣初等教育制度劃分爲五個時期，並詳述各階段初等教育制度之發展。

（六）謝佩錦，《日治時期臺灣公學校教師之研究》〔註15〕

以日治時期公學校教師爲研究對象，從制度史、實踐史、社會史三方面，分析公學校教師所受的制度規範，並探討教師實踐教學的情形，以及當時所塑造的教師形象。

四、有關區域初等教育研究

（一）林正芳，《日據時期宜蘭地區初等教育之研究（1895～1945）》

〔註16〕

首先概述日治時期臺灣地區教育的演變，接著從宜蘭地區初等教育的發展切入，主要探討學校的經營，並且分析教師的素質與服務的狀況，以及學生的學習狀況。

（二）黃文樹，〈日據時期高雄市初等教育之研究〉〔註17〕

從日治時期高雄市的學校數、班級數、教員數、學生數、就學率、教育經費、學生單位成本以及升學情形等層面來比較公學校與小學校之差異。透過許多的數據資料來說明日治時期高雄市初等教育雙軌學制與不平等教育措施的實際狀況。

〔註14〕李園會，《日據時期臺灣初等教育制度》（臺北：國立編譯館，2005年）。

〔註15〕謝佩錦，《日治時期臺灣公學校教師之研究》，國立新竹師範學院社會科教育學系碩士班碩士論文，2005年。

〔註16〕林正芳，《日據時期宜蘭地區初等教育之研究（1895～1945）》，中國文化大學史學研究所碩士論文，1992年。

〔註17〕黃文樹，〈日據時期高雄市初等教育之研究〉，《高市文獻》第7卷第2期（1994年12月），頁1～31。

（三）曾玉昆，《光復前後百年間高雄市初等教育之沿革》〔註18〕

　　概述日治時期至民國 80 年代，高雄市初等教育的發展情況。包括乙未割臺前的書房義塾，日治時期的國語傳習所、公學校、小學校、國民學校，以及光復後國民教育的變遷與發展。

（四）張慶龍，〈南投市日據時期的初等教育〉〔註19〕

　　本文主要討論日治時期南投市的初等教育機構，包含公學校與小學校，除敘述各校之發展情形外，並分別整理、探討各校概況，如：就學情形、師生人數、各校校長等。此外亦說明了日治時期初等教育在南投地區的實施情形。

（五）林秀富，〈日治時期頭城地區公學校生活片段〉〔註20〕

　　文中首先介紹頭城地區各公學校的歷史，接著藉由訪談耆老，將所得到的資料加以整理，建構出頭城地區公學校的生活片段，例如：節慶、假日、招生、上課、遠足、旅行、師生情誼等。

（六）陳思琪，《日據時期臺北地區初等教育之研究》〔註21〕

　　分析日治時期臺北地區初等教育之發展、狀況、特色及影響，研究對象為日治時期位於現今臺北市境內之初等教育機構。採用歷史研究法，並輔以耆老之口頭訪談內容，綜合分析與歸納比較相關資料。

（七）蔡元　，《日治時期嘉義市公學校的思想掌控及學校生活之研究》
〔註22〕

　　將日治時期分為非同化、同化及皇民化三個時期。並採用口述歷史，針對同化時期及皇民化時期的 17 名公學校教師和畢業校友取得口述資料，並輔以書面資料及受訪者提供的檔案分析作為研究工具。

〔註18〕曾玉昆，《光復前後百年間高雄市初等教育之沿革》（高雄：高雄市文獻委員會，1995 年）。
〔註19〕張慶龍，〈南投市日據時期的初等教育〉，《臺灣文獻》第 48 卷第 1 期（1997年 3 月），頁 179～219。
〔註20〕林秀富，〈日治時期頭城地區公學校生活片段〉，《宜蘭文獻雜誌》第 54 期（2001年 11 月），頁 64～96。
〔註21〕陳思琪，《日據時期臺北地區初等教育之研究》，臺北市立教育大學社會科教育研究所碩士論文，2006 年。
〔註22〕蔡元隆，《日治時期嘉義市公學校的思想掌控及學校生活之研究》，國立嘉義大學國民教育研究所碩士論文，2008 年。

五、有關課程與教科書研究

（一）歐用生，〈日據時期臺灣公學校課程之研究〉〔註23〕

檢討早期的教育史研究都過份偏重於教育制度或政策的敘述，而忽視了教育內容、課程、教材和教科書的分析。並且分析公學校的修身科教科書，加以檢討其教育內容，最後指出了公學校教育之課程研究的方向。

（二）許佩賢，《塑造殖民地少國民：日據時期臺灣公學校教科書之分析》〔註24〕

經由分析日治時期臺灣公學校所使用的修身、歷史、地理及國語教科書的內容，來探討日本殖民政府如何藉由公學校教育來灌輸其意識型態，並探討教科書對臺灣人的影響。

（三）蔡蕙光，《日治時期臺灣公學校的歷史教育——歷史教科書之分析》〔註25〕

以臺灣漢人學童使用的歷史教科書爲文本，內容討論公學校歷史教育之成立以及教育特色，並且分析三個時期的歷史教科書，發現不同時期的歷史教科書反映了該時期殖民教育的主要目的。

（四）陳虹文，《日本殖民統治下台灣教育政策之研究——以公學校國語教科書內容分析爲例》〔註26〕

透過殖民主義與殖民教育的關係，說明日本殖民統治之下公學校教育的情況，並且分析當時國語教科書的內容，釐清殖民教育在殖民政策上所扮演的角色，了解殖民政策與殖民教育的關係。

（五）李光智，《「國定」課程之研究：台灣日治時期公學校課程的形成與發展（1895～1945）》〔註27〕

〔註23〕歐用生，〈日據時期臺灣公學校課程之研究〉，《臺南師專學報》第 12 期（1979年 12 月），頁 87～110。

〔註24〕許佩賢，《塑造殖民地少國民：日據時期臺灣公學校教科書之分析》，國立臺灣大學歷史學研究所碩士論文，1994 年。

〔註25〕蔡蕙光，《日治時期臺灣公學校的歷史教育——歷史教科書之分析》，國立臺灣大學歷史學研究所碩士論文，2000 年。

〔註26〕陳虹文，《日本殖民統治下台灣教育政策之研究——以公學校國語教科書內容分析爲例》，國立中山大學教育研究所碩士論文，2001 年。

〔註27〕李光智，《「國定」課程之研究：台灣日治時期公學校課程的形成與發展（1895～1945）》，國立中山大學政治學研究所碩士論文，2006 年。

　　首先從理論探討教育在國家中所扮演的角色，並建構國定課程原理的分析架構。接著探討公學校的形成與發展，以及公學校使用的國語、修身、地理及歷史教科書的內容，最後說明臺灣日治時期國定課程的權力關係。

　　（六）溫承偉，《日治時期的臺灣公學校教育——修身科教育讀本之研究》〔註28〕

　　主要研究的是日治時期公學校的修身科教育，首先概述日治時期的臺灣初等教育，接著說明臺灣公學校的設置以及教育目的，並且以修身科教育讀本之編纂、特色與內容，以及其教育目的，來探討臺灣公學校的修身科教育，最後說明修身科教育所帶來的影響。

六、有關個別校史研究

　　（一）洪郁嫺，《日治時期「高雄第一公學校」之研究》〔註29〕

　　主要在探究「高雄第一公學校」與「地方」間的相互關係。從學校的沿革、地方發展的影響，到分析師資與學童的概況，最後則是畢業後於各領域發展的傑出校友等。

　　（二）李靜美，《日治時期「高雄第二公學校」之研究》〔註30〕

　　透過地理位置、經濟發展、產業結構等關係，了解「高雄第二公學校」的沿革與發展。主要探究苓雅寮與高雄港之間的關聯和學校的成立背景，以及分析學校的日常作息與課程。

　　（三）翟芷萱，《日治時期高雄第三公學校之研究》〔註31〕

　　從高雄第三公學校所在的地區、師資概況、學童來源等各方面分析，了解高雄第三公學校與地方關係之密切，並且探究其學校生活，反映出日治時期的社會現象。

〔註28〕溫承偉，《日治時期的臺灣公學校教育——修身科教育讀本之研究》，中國文化大學日本研究所碩士論文，2007年。
〔註29〕洪郁嫺，《日治時期「高雄第一公學校」之研究》，國立臺南大學台灣文化研究所碩士班碩士論文，2003年。
〔註30〕李靜美，《日治時期「高雄第二公學校」之研究》，國立高雄師範大學臺灣歷史研究所碩士論文，2010年。
〔註31〕翟芷萱，《日治時期高雄第三公學校之研究》，國立高雄師範大學臺灣歷史文化及語言研究所碩士論文，2012年。

（四）林培裕，《日治時期鳳山公學校之研究》〔註32〕

首先敘述清領時期鳳山縣教育概況，接著從鳳山公學校的前身——鳳山國語傳習所開始，探討其歷史沿革與發展，並從鳳山公學校的沿革了解鳳山地區的地方發展。

（五）徐輝閔，《日治時期舊城公學校之研究》〔註33〕

文中探討舊城公學校的成立，以及調查公學校的經費籌措項目，並且根據教職員的資料來分析日治時期公學校的師資概況與薪俸，最後探討其教學設計。

（六）王明全，《日治時期「高雄州枋寮公學校」之研究》〔註34〕

探究「高雄州枋寮公學校」與「地方」間的相互影響關係，並了解日治時期枋寮公學校經營規模的轉變，以及學校日常生活作息與修業課程。

（七）吳曉蒨，《日治時期公學校教育制　初探（1895～1945）
　　　　——以大肚公學校爲　》〔註35〕

本文以大肚公學校爲例，說明大肚地區的歷史和大肚公學校的創立情形，並且探討日治時期大肚公學校之學校概況，例如：教師制度、學生生活、社會教育等。

第三節　研究範圍與方法

一、研究範圍

（一）時間、空間範圍界定

本文的題目爲「日治時期朴子地區初等教育研究」，尋其關鍵字來說明。首先時間範圍界定爲日治時期，臺灣近代教育之發展起源於日治時期，因此

〔註32〕林培裕，《日治時期鳳山公學校之研究》，國立高雄師範大學臺灣歷史文化及語言研究所碩士論文，2012年。
〔註33〕徐輝閔，《日治時期舊城公學校之研究》，國立高雄師範大學臺灣歷史文化及語言研究所碩士論文，2012年。
〔註34〕王明全，《日治時期「高雄州枋寮公學校」之研究》，國立高雄師範大學臺灣歷史文化及語言研究所碩士論文，2012年。
〔註35〕吳曉蒨，《日治時期公學校教育制度初探（1895～1945）——以大肚公學校爲例》，國立嘉義大學史地學系研究所碩士論文，2012年。

在本文中主要討論的時間將置於日本接收臺灣的 1895 年至戰後日本投降的 1945 年，大約 50 年的時間內。

　　在區域範圍的界定方面，本文中所討論的「朴子地區」與大正 9 年行政區劃變革後所設立的「朴子街」有所不同。在本文中所要討論是民國 51 年（1962）行政區域調整後的朴子，當時將原屬於義竹鄉內的三個社區：松華村、梅華村、南竹村劃入朴子鎮（現爲朴子市）轄域，爲今日朴子的全貌。

（二）本文主要研究範圍

1. 日治時期朴子地區初等教育機構：探討朴子地區的書房、國語傳習所、公學校、小學校及國民學校教育，藉以了解日治時期朴子地區的教育概況。

2. 朴子公學校所在地區：探討朴子地區的歷史發展與變遷，以及地方經濟發展概況與朴子公學校的關聯。

3. 朴子公學校發展沿革：藉由文獻資料與朴子國小所藏之學籍資料，並輔以日治時期之老照片，進行朴子公學校歷史沿革之探討。

二、研究方法

　　本研究以「文獻分析法」及「歸納法」爲主，並以「口述訪談法」爲輔。首先進行日治時期相關史料之搜集，將文獻與史料進行分析與歸納，並且加以判讀。其次以學者所著之專書與相關學術論文爲參考資料，進行歸納並統整出論點，然後提出整理後之見解，以求客觀而正確的論點。

　　因此，在確立論文的研究宗旨後，相關文獻資料的搜集、整理與歸納，並與前人的研究成果相互驗證，爲本研究的必要步驟。更爲具體的研究方法，則由下列方法說明之：

（一）文獻史料搜集

1. 有關朴子地區的歷史典籍文獻與各類書籍，如：《諸羅縣志》、《臺灣府志》、《重修臺灣府志》、《續修臺灣府志》、《嘉義縣志》、《朴子市志》等。

2. 有關日治時期初等教育的政府檔案、法案、統計資料與出版物，如：《臺灣總督府公文類纂》、《臺灣總督府及所屬官署職員錄》、《臺灣總督府學事年報》、《臺灣教育沿革誌》、《臺灣教育會雜誌》、《臺灣日日新報》、《臺灣總督府府報》等。

3. 與朴子公學校相關之資料文獻，如：日治時期土地臺帳、土地登記簿、歷

屆畢業名冊及學籍簿等，此外朴子國小百年校慶時所出版的《朴子國小壹世紀 1898～1997》，也是研究朴子公學校的重要史料之一。

（二）口述訪談

以本論文的研究取向爲考量，計畫訪談曾在日治時期朴子公學校接受教育的學生，或擔任教育工作的教師等相關耆老，取得回憶錄或自傳等相關紀錄以補充文獻資料的不足，使論文更具完整性。

（三）資料分析歸納

首先針對本論文所研究的主題進行相關資料的判讀，內容包含：文獻資料、專書、期刊論文、報章雜誌、老照片、口述史料等，以求資料的正確。接著分析與朴子地區初等教育及朴子公學校相關之論述，擬訂論文綱要。最後再依論文綱要，進行資料的整理與歸納。

三、論文研究限制

在研究中所遭遇到的困難與限制，主要有以下二項：

（一）朴子國小收藏有關日治時期朴子公學校的相關資料並不多，目前僅發現日治時期的學生學籍資料，且部分資料因年代久遠而受損嚴重；此外有關日治時期任教於朴子公學校的教師相關資料則未留存下來。

（二）對於日治時期曾經於朴子公學校就讀的學生或是任教的教師，因爲經過多年的歲月，有些已經難以聯繫，因此要進行口述訪談並不容易。

四、研究流程

研究流程略述如圖 1－3－1：

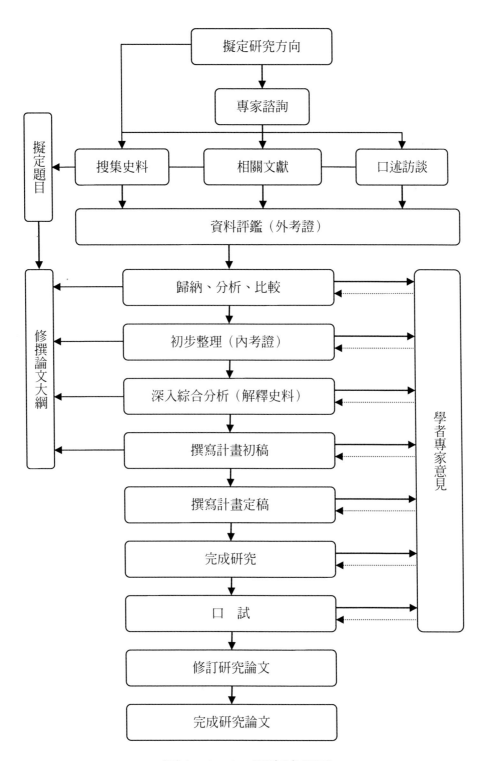

圖１－３－１：研究流程圖

第四節　章節架構

第一章　緒論

　　說明研究此題目之動機與目的，使讀者能了解此研究的價值與意義。本章的重點爲研究回顧，因此在資料蒐集方面，多方比較前人的研究成果，加以補充本研究的內容，藉由相關文獻的探討、界定出研究範圍以及研究方法之運用，整合出研究論文之架構。

第二章　日治時期朴子地區初等教育發展

　　本章主要敘述日治時期初等教育制度及朴子地區的初等教育機構，探討總督府的教育政策，藉以了解初等教育在朴子地區的發展情形，如：國語傳習所、公學校、小學校、國民學校的發展與變遷。此外，亦探討清代傳統書房教育的設立、興盛與衰微之過程。

第三章　朴子公學校所在地之探討

　　本章主要探討朴子公學校與地方發展的相互關係，藉由朴子地區的發展過程來了解日治時期朴子地區初等教育發展之情形。此外，由於一地區公學校之設立與該地區的經濟發展有著密切的關係，因此本章亦探討日治時期朴子街的經濟活動概況。

第四章　朴子公學校之設立與發展

　　本章著重於探討朴子公學校的創立與發展過程，從相關的資料進行分析，了解朴子公學校的教育情況。接著從校地的取得、校舍的增築，以及教師員額、學生人數、班級數的增加來探討日治時期朴子公學校學校規模之變化，並透過相關檔案資料進行教師與學生的概況分析。

第五章　朴子公學校之學校生活

　　本章將探討朴子公學校日常的教學概況與修業課程，並期望透過口述訪談補充文獻資料的不足，建構出更完整的學校生活情形。透過分析當時公學校的課程內容、學校的作息時間以及校內外的各種活動，來探討日本殖民政府如何藉由公學校教育灌輸其意識型態。

第六章　結論

　　綜述各章節研究發現與結果。

第二章　日治時期朴子地區初等教育發展

　　明治 28 年（1895）中日簽訂馬關條約後，臺灣正式併入日本版圖，日本為了順行其殖民統治，便將近代學校制度引進臺灣，陸續在臺灣設立了以普及日語為主旨的國語傳習所、臺灣人就讀的公學校、日本人就讀的小學校，以及為拉攏臺灣民心的國民學校，而傳統書房在此時則因為政策的影響，漸趨於沒落。本章內容主要對日治時期的教育政策、初等教育制度以及朴子地區的初等教育機構進行研究探討，內容包括書房、國語傳習所、公學校、小學校、國民學校等。

第一節　傳統書房教育

一、書房教育的概況

　　日本統治前，臺灣的漢學教育包括：儒學、書院、社學、義學、私學等五種教育機構。此外，亦有建省後由首任巡撫劉銘傳所引進的西式教育，如：西學堂、電報學堂、蕃學堂等，但此類學校所存在的時間相當短暫，在邵友濂接任巡撫後即遭廢除。

　　在傳統的漢學教育中，私學是個人所設立之私塾，又稱民學、鄉學。在鄭成功治臺時，由諮議參軍陳永華所倡設，是設在鄉村的學校，但演變結果絕大多數變為私塾，亦即通稱的書房；或名學堂、或稱書館，名稱雖有不同，但內容和組織則無兩樣。〔註1〕

〔註 1〕 李奉儒、林明地，《嘉義縣志‧卷八‧教育志》（嘉義：嘉義縣政府，2009 年），頁 115。

書房與社學、義學相當於今日的初等教育機構，然而書房普遍設於臺灣的各街庄之間，因此影響程度較社學與義學更爲深遠。以下依據李園會〔註2〕與吳文星〔註3〕二位學者之研究著作，將當時書房教育的概況歸納如下：

（一）書房設置

1. 教育目的：可分爲二種不同的階段，一爲培養學生讀書及識字能力的普通教育階段，二爲教導學生準備科舉考試的預備教育階段，所以書房實際上兼具不完全的普通教育及純粹預備教育之性質。
2. 設置方式：（1）二、三十名學生家長共同聘請教師開設學堂（2）教師親自開設學堂招募學生（3）由仕紳殷商獨立經營。
3. 書房名稱：幾乎由教師自行命名。
4. 校舍與教室佈置：校舍一般是利用教師的住宅，有時由家長共同承租校舍，也有利用廟宇或觀音堂等建築物，很少有特別爲設立學校的正式建築物。教室的正面設有「至聖先師孔子神位」或懸掛文昌帝、魁星畫像，學生必須自備桌椅。

（二）制度方面

1. 修業年限：按貧富智愚而有極大的差異，少則二、三年，多則七、八年，甚或十餘年者。
2. 作息時間：學生每天上午大約6、7點上學，下午4、5點放學，詳細作息整理如表2－1－1。每年農曆正月15日以後開學，而於12月26日左右結束，但有些地方則從3、4月開始而於11月結束。〔註4〕期間唯清明、端午、七夕、中秋、重陽、冬至等六節日及孔子誕辰放假。

〔註2〕李園會，《日據時期臺灣教育史》（臺北：國立編譯館，2005年），頁12、152～156。
〔註3〕吳文星，〈日據時代台灣書房之研究〉，《思與言》第16卷第3期（1978年9月），頁62～63。
〔註4〕臺灣教育會編著；許錫慶譯注，《臺灣教育沿革誌（中譯本）》（南投：國史館臺灣文獻館，2010年），頁439。

表 2－1－1：書房一日作息

時　　　間	科目	備　　　　　考
上午六、七時	上學	暗誦練習前日所讀之書，結束後回家吃早餐
上午八時半至十時	讀書	先在教師面前背誦，然後接受點讀，或於此時開講
上午十時至正午	習字	默寫及對仔多在此時間附帶練習
正午	休息	回家吃午餐
下午一時半至三時	習字	同上午習字
下午三時至四、五時	讀書	同上午讀書
下午四、五時	放學	

資料來源：臺灣總督府，《臺灣教育誌稿》（臺北：臺灣總督府，1918 年），頁 132。

（三）教師方面

1. 教師資格：沒有一定的標準，通常係由具有貢生、廩生、生員、童生等科舉功名的人士擔任，亦時有僅略識詩書者混身其間，以爲餬口生計。
2. 教師報酬：分爲束脩（學費，依照家庭的貧富狀況做爲決定的標準，與在學年數的長短有相當關聯）、贄儀（入學時之註冊費，依照學生的家境貧富決定金額，又叫做「紅包」）、節儀（節日的謝儀，金額大致與贄儀相同）、供膳（贈送米、菜、炭、油給教師作爲彌補）。
3. 教師收入：一年的收入多則二、三百圓，少則約數十圓，膳米一年大約二、三石。

（四）學生方面

1. 入學年齡：普通教育階段入學時的年齡大概是 7 歲，到 15、16 歲告一段落，而預備教育階段的年齡大概是 20 歲到 30 歲以上。
2. 學生人數：一所書房學生多則三、四十人，普通約十餘人。

（五）教學方面

1. 課程設計：大學課程以經史文章爲主，中學則以書註對仔爲主，初學以不加句讀的漢文背誦及習字爲主。算數之學是商人行業，在學校絕對不會教。〔註 5〕

〔註 5〕臺灣教育會編著；許錫慶譯注，《臺灣教育沿革誌（中譯本）》，頁 439。

2. 教學方法：大致分成六種（1）認字：讓學生認識字形（2）背誦：讓學生背教科書的章句（3）默寫：要學生默寫教過的章句（4）開講：教師解說字義及文章的意思（5）課功：教學生寫文章詩賦或寫起講的草稿（6）習字：磨練學生書法的技巧。

3. 教科書：（1）讀書科有三字經、論語、大學、中庸、孟子、幼學群芳、孝經、詩經、易經、書經、禮記、春秋、唐詩、千家詩、千字文、聲律啓蒙、史記、四書註解、爾雅、綱鑑、家語、左傳、公羊傳、周禮、性理等。（2）作文及習字科採用尺牘如面談、入德之門、初學字格、初入學早登科。（3）算術科使用指命算法。

4. 上課情形：教師授課往往一邊吸菸，甚至學生也可以吸菸、吃東西。

5. 教師懲戒：學生如果在教室吵鬧妨害秩序，或背誦成績不好，不認眞寫字時，教師會用竹鞭打學生的手掌或肩部，情況嚴重的就要跪坐在地上或舉椅罰站以及留校受罰。但是對年齡較大的學生其處罰方式只用譴責而已。

6. 因材施教：教師大都依學生的程度給予適當的教材，教學進度也依照每位學生的能力而有所不同，完全依照學生的個性差異，實施個別教學。

日治時期的文藝家張深切，曾回憶他的書房生活說：「學塾的設備很簡陋，既沒有黑板，也沒有所謂教壇，連老師的床也設在教室，就把床前的小桌子當教壇。上下課都沒有時間表，除吃中飯以外，整天坐在暗淡的教室裡唸書，唸到天黑瞧不見了，才算下課。老師把書裡的字，用『紅硃筆』點點紅，唸幾遍給學生聆聽，就算教學。」又說：「處罰的方式有好幾種，有的打掌心，有的罰跪，有的罰打掃或站崗，不一而足。最重刑的罰他跪『鐵屑』，不過這個刑罰卻很少用的。〔註6〕」

新竹人陳錦標回憶他的書房生活，他說：「破筆仔學生初進入學堂當天，要先在書房拜孔子公及老師等等，就是要經過古傳的儀式，而後即開始授課。書房每天上午讀完後，回家吃午飯前，老師對每個學生，個別一一教做對句，如『天對地』、『風對雨』、『大對小』、『東西對南北』等之類。吃午餐後回到書房時，第一，要先對老師將中午回家前所學之對句唸給老師聽，俟通過後，

〔註6〕張深切，《張深切全集〔卷1〕里程碑》（臺北：文經出版社，1998年），頁81、82。

即開始學寫字，所寫的字呈給老師評閱後，即開始唸下午的書，此是每日必經的課程。〔註7〕」

在書房讀了五年書的布袋戲大師李天祿，對書房學習順序的回憶如下：「我每天早上拖著長長的辮子到石橋仔頭的『同文齋』讀書。從『上大人孔乙己，化三千七十二，你小生八九子，佳作人可知禮也』背起，再描紅學寫字，我還記得描的本子只有兩頁，上面印著鑲紅邊的字，小小薄薄的一本。然後接著唸『人之初』、『昔時賢文』『四書』、『千家詩』、『唐詩』、『漢史』、『唐史』、『宋史』、『明史』，我只讀到『唐詩』。〔註8〕」

二、書房教育的興衰

日本統治臺灣後，清領時期的府縣儒學、書院、義學等官學在此時全部遭到廢絕，然而在總督府推行殖民教育政策與新教育制度之時，民間的書房、義塾卻依然存在，雖然在初期受戰亂影響，書房數量銳減幾近一半，但之後便再度呈現漸增傾向。〔註9〕尤其在總督府開設國語傳習所及公學校的初期，書房的學生人數反而遙遙凌駕於國語傳習所及公學校之上。〔註10〕

為何日治時期臺灣民間的書房、義塾沒有與府縣儒學、書院、義學等官學一起遭到總督府全面廢除，甚至在初期發展規模還遠超過國語傳習所與公學校，這與當時臺灣的社會環境和總督府對教育政策的考量有關。日治初期的臺灣社會上民眾普遍表現出對書房教育的接納以及對公學校教育的不信任是影響書房能夠發展的因素之一，例如：

（一）當時臺灣人認為學習漢文才是唯一的學問，因此相當尊敬書房教師。上層家庭常稱公學校為「番仔學校」，認為課程除漢文外，均屬「番仔書」，並把公學校教師稱作「番仔先生」，〔註11〕不願其子弟習夷狄

〔註7〕陳錦標，《陳錦標回憶錄》（新竹：新竹市立文化中心，1998年），頁54。

〔註8〕李天祿口述；曾郁雯撰錄，《戲夢人生：李天祿回憶錄》（臺北：遠流出版社，1991年），頁51。

〔註9〕臺灣教育會編著；許錫慶譯注，《臺灣教育沿革誌（中譯本）》，頁440。

〔註10〕李園會，《日據時期臺灣教育史》，頁152。又據頁158所述：「1897年度臺灣全島的書房數是1127所，學生數17066人，但總督府設置的國語傳習所本所和分教場合計50所，學生數也只不過1747人而已。」

〔註11〕前田孟雄，〈兒童缺席の原因及びその救濟法〉，《臺灣教育會雜誌》第50號（1906年5月），頁7。

之學，故多選擇書房。因此，公學校學生以中下層子弟爲主，然而此等人家則以總督府廢止國語傳習所時代的津貼爲藉口，亦多不願入學。〔註12〕

（二）日治以後，傳統知識份子憑藉功名以求進取之路遭斷，因此紛紛開設書房以謀求生計，導致書房數量的增加。而且書房教師更擔心公學校的設立會使學生進入書房就讀的機會減少，直接影響其收入與生計。因此便勸阻學童進入公學校就讀，甚至散布不利於公學校之流言，影響公學校學生的入學及出席率。〔註13〕

（三）此外，家長對於公學校不教導臺灣固有的尺牘、記帳的教學科目也感到不滿。而最不受家長歡迎的便是唱歌與體操，唱歌被認爲是訓練演員或樂師的一種伎倆，不但不具有學問價值，且會降低學生的品格；體操則是培養士兵的一種手段，爲將來徵兵所做的預備教育。〔註14〕各種流言相當的多，甚至一接近畢業之日期，有些地方便陸續出現退學者。〔註15〕

從總督府官員的報告書中可以看出當時對於書房教育存廢的看法，且官方亦認爲可以利用書房作爲總督府推展其教育方針的場所。

明治29年（1896）10月23日，木下邦昌「學事視察報告書」提到：

本島書房其由來已久，教育上功績甚大，今若遽廢之，教師難以糊口，勢必成爲本島施政上之妨礙，雖一方面必須設立取而代之的教育所，然終究不得不負擔其費用，即使他日在本島布建學制，對於書房希能依舊存之，唯期盼能有改良方案。〔註16〕

同年11月22日臺南縣知事磯貝靜藏對書房義塾的報告書中提到：

若能將日本國體政體之大略、忠君愛國之言行等，以漢文體編纂並頒布於本島，凡有開設書房教訓子弟者，必須併取頒布書籍，使其具有學習之義務，則於國民教育上必有裨益。〔註17〕

綜上所述，可將這二份報告書的內容歸納出以下幾點：

〔註12〕吳文星，〈日據時代台灣書房之研究〉，頁66。
〔註13〕吳文星，〈日據時代台灣書房之研究〉，頁66。
〔註14〕李園會，《日據時期臺灣教育史》，頁266。
〔註15〕臺灣教育會編著；許錫慶譯注，《臺灣教育沿革誌（中譯本）》，頁106。
〔註16〕臺灣教育會編著；許錫慶譯注，《臺灣教育沿革誌（中譯本）》，頁440。
〔註17〕臺灣教育會編著；許錫慶譯注，《臺灣教育沿革誌（中譯本）》，頁440～441。

（一）臺灣的書房教育存在已久，是臺灣人民啓蒙教育的重要場所，對於初等教育方面影響甚大；此外書房亦是許多傳統知識分子賴以爲生的工具。若是貿然將書房廢除，可能會失去民心，並引起知識分子的反抗，對於總督府在臺灣推行殖民政策上將會有所阻礙。

（二）日治初期設置國語傳習所的經費完全是由總督府的預算來支付的，然而隨著國語傳習所分教場數量的增加，以致於用國庫來支付全部的經費逐漸感到困難。因此，日治初期的書房除了可以做爲公學校的輔助機構，彌補公學校設置不足的情況外，亦同時減輕了總督府的財政負擔。

（三）書房除教授傳統中國的經典、孔孟道德思想，亦可將日本的國家意識、忠君愛國的言行，編纂成漢文的書籍，規定開設書房的教師有使用該書籍教授學生的義務，藉以培養學生的日本國民精神。

（四）惟不能將書房當作在臺灣施行普通教育的基礎設施，因爲書房所教授的傳統漢學思想與總督府普及日語、培養臺灣人具有日本國民性格的教育方針背道而馳。雖基於上述理由不能立即廢除書房，但是仍期盼有改革方案的出現，使書房教育的內容與總督府的教育方針達到一致。

　　明治 31 年（1898）1 月 15 日，學務部擬定「書房義塾相關規程草案」，並徵詢各地方廳之意見，以藉此促成書房、義塾的改良，計畫漸次奠定普通教育之基礎。以下爲制定「書房義塾相關規程」的理由：

　　　本島一般人民之教育，皆於書房義塾行之，其於教育上誠然不完全，
　　　且如本國語之類，全無教授，爲此發布「書房義塾相關規程」，促成
　　　改良，逐漸使其建立普通教育之基礎。〔註18〕

　　同年 11 月 10 日總督府發布「書房義塾相關規程」（府令第 104 號）：

　　第一條　此規程以改良書房、義塾，使其漸次準據公學校之教學科
　　　　　　目，兼以矯正風儀爲目的。

　　第二條　書房、義塾之教學科目，雖一概依據先前之慣例，但須漸
　　　　　　次增設國語及算術科目。

　　第三條　書房、義塾應盡量固定授課時間，教師應常注意學生之動

〔註18〕大濱郁子，〈「書房義塾相關規程」（府令）之制定過程與臺灣公學校設置之關連〉，《臺灣文獻》第 56 卷第 2 期（2005 年 6 月），頁 286。

作、矯正風儀，且尤應留意衛生方面，不可妨礙學生之健康。

第四條　教科用圖書除依據先前之慣例外，臺灣總督府應將教育上認為必要之書籍，指定為學生必修之教科書。

第五條　書房、義塾之教學科目若擬增設國語及算術科目，須由塾主經由辦務署長向知事、廳長申請。

第六條　書房、義塾歸屬辦務署長監督。

第七條　書房、義塾之塾主，須於每年三月三十一日前，調查前期開學中之學生的入退學及年齡、父兄之職業與學業進度，陳報辦務署長。

第八條　對授課管理及衛生等特別優良之書房、義塾，得支應補助費。

第九條　此規程施行相關細則，應由知事、廳長定之，並陳報臺灣總督。〔註19〕

　　從「書房義塾相關規程」中可以看出總督府干預書房教育的手段，例如：書房必須逐漸增設國語及算術科目、授課時間應盡量固定、指定學生必修的教科書、建立學生的學籍資料、應受地方長官的監督等。其目的在於使書房教育的內容與公學校教育趨於一致，以符合總督府的教育方針。此時期雖未強制禁止書房教育，但實際上已經開始加強對書房的控制。

　　此外，另通告凡加設國語、算數兩科，教學成績優良之書房義塾，則給予補助金。〔註20〕並規定書房的參考用書，主要有：大日本史略全二冊、教育敕語述義全一冊、天變地異全一冊、訓蒙窮理圖解全一冊等。〔註21〕亦進行書房教師的檢定考試，目的在於整齊書房師資。〔註22〕並且獎勵書房使用公學校用的漢語讀本以及舉辦書房教師講習會，〔註23〕舉辦書房教師講習之目的在於使書房教師熟習公學校之國語、算數等學科，並以之傳授書房學生。〔註24〕

〔註19〕臺灣教育會編著；許錫慶譯注，《臺灣教育沿革誌（中譯本）》，頁442～443。

〔註20〕吳文星，〈日據時代台灣書房之研究〉，頁65。

〔註21〕臺灣教育會編著；許錫慶譯注，《臺灣教育沿革誌（中譯本）》，頁443。

〔註22〕吳文星，〈日據時代台灣書房之研究〉，頁68。

〔註23〕吉野秀公，《臺灣教育史》（臺北：臺灣日日新報社，1927年），頁353。

〔註24〕吳文星，〈日據時代台灣書房之研究〉，頁67。

　　大正 11 年（1922）2 月 6 日，修正「臺灣教育令」（敕令第 20 號）公布後，同年 6 月 27 日總督府發布「私立學校規則」（府令第 138 號），書房義塾也要援用其中第三章、第五章的規定。〔註 25〕在此之下，書房教育的優勢逐漸喪失，已不再需要單獨規定有關書房的規程，因此廢除了「書房義塾相關規程」。〔註 26〕由於此作法較過去統一且具強制性，因此獲准成立的書房已完全轉變成名符其實的代用公學校了。〔註 27〕表 2－1－2 為日治時期（1898～1941）書房由盛轉衰的歷程，其中可看到大正 11 年總督府強制將書房納入管理後，該年度全臺的書房僅剩下 94 間，相較於去年度的 197 間，數量銳減了一半以上。

表 2－1－2：臺灣書房發展概況（1898～1941）

年　　度	學校數	教師數	學生數
明治 31 年（1898）	1496	1496	27568
明治 32 年（1899）	1421	1421	25215
明治 33 年（1900）	1473	1392	26186
明治 34 年（1901）	1554	1543	28064
明治 35 年（1902）	1623	1629	29742
明治 36 年（1903）	1365	1368	25710
明治 37 年（1904）	1080	1083	21661
明治 38 年（1905）	1055	1056	19255
明治 39 年（1906）	914	916	19915
明治 40 年（1907）	873	886	18612
明治 41 年（1908）	630	647	14782
明治 42 年（1909）	655	669	17101
明治 43 年（1910）	567	576	15811
明治 44 年（1911）	548	560	15759

〔註 25〕「私立學校規則」第三章為有關校長及教師的規定，第五章為有關私立學校監督、罰則與停辦的規定。
〔註 26〕李園會，《日據時期臺灣教育史》，頁 270。
〔註 27〕吳文星，〈日據時期台灣書房教育之再檢討〉，《思與言》第 26 卷第 1 期（1988 年 5 月），頁 102。

年　度	學校數	教師數	學生數
明治 45 年（1912）	541	555	16302
大正 2 年（1913）	576	589	17284
大正 3 年（1914）	638	648	19257
大正 4 年（1915）	599	609	18000
大正 5 年（1916）	584	660	19320
大正 6 年（1917）	533	593	17641
大正 7 年（1918）	385	452	13314
大正 8 年（1919）	302	350	10936
大正 9 年（1920）	225	252	7639
大正 10 年（1921）	197	221	6962
大正 11 年（1922）	94	118	3664
大正 12 年（1923）	122	175	5283
大正 13 年（1924）	126	180	5165
大正 14 年（1925）	129	190	5173
大正 15 年（1926）	136	208	5507
昭和 2 年（1927）	137	215	5376
昭和 3 年（1928）	139	218	5597
昭和 4 年（1929）	160	236	5805
昭和 5 年（1930）	164	236	6002
昭和 6 年（1931）	157	220	5383
昭和 7 年（1932）	142	203	4722
昭和 8 年（1933）	129	185	4494
昭和 9 年（1934）	110	147	3524
昭和 10 年（1935）	89	129	3176
昭和 11 年（1936）	62	102	2458
昭和 12 年（1937）	28	63	1469
昭和 13 年（1938）	23	47	1459
昭和 14 年（1939）	18	41	1008

年　度	學校數	教師數	學生數
昭和 15 年（1940）	17	38	996
昭和 16 年（1941）	7	11	254

資料來源：1. 臺灣總督府民政部學務部學務課，《臺灣總督府學事年報》（1903～1937）。

　　　　　2. 臺灣總督府，《臺灣事情》（1938～1940）。

　　　　　3. 臺灣總督府文教局，《臺灣學事一覽》（1941）。

　　日治時期傳統書房教育沒落的因素，大致可以歸納出以下幾點：

（一）日治初期總督府雖未強制禁止書房教育，但卻先後發布「書房義塾相關規程」及「私立學校規則」，對於書房教育之管理漸趨嚴格，最終使書房不得不面臨被淘汰的命運。

（二）公學校教育在教育當局的努力勸募以及學校教師的認真教學之下，學校數和學生數逐漸增加。而公學校的教育素質往往領先書房，且公學校具有較現代化的設備、教學科目多樣化、課程內容較適合兒童的心理〔註28〕等優勢條件，都是傳統書房教育所無法做到的。

（三）日治以後科舉制度遭到廢除，因此透過書房教育準備科舉考試求取功名之路已斷絕，書房的預備教育功能亦同時喪失，僅剩普通教育之功能。而公學校為總督府所設立的教育機構，經費不但較豐富，對畢業生的前途也較有保障。〔註29〕

（四）公學校有地方租稅收入，用以維持其經費開銷，而書房則無地方租稅之補助。所以在經費缺乏之下，書房學生的學費負擔遠高於公學校，這亦是傳統書房逐漸沒落的因素之一。〔註30〕

（五）1920 年代以降，臺灣的新知識份子倡導漢文復興運動，以對抗國語普及運動，但他們所希望普及的並非艱深難懂的漢學。因此隨著漢文復興、白話文運動的展開，新知識份子開始逐漸排斥書房。〔註31〕

（六）到了 1930 年代，國語普及運動日漸強化，政府當局開始禁絕漢文教

〔註28〕李園會，《日據時期臺灣教育史》，頁 266～267。

〔註29〕李園會，《日據時期臺灣教育史》，頁 267。

〔註30〕吳文星，〈日據時代台灣書房之研究〉，頁 79～80。

〔註31〕吳文星，〈日據時期台灣書房教育之再檢討〉，頁 105～106。

育。此時期漢文書房已無法再公然開班授徒，唯有轉入地下，隨時冒著被取締之風險，其影響力已無足輕重。〔註32〕

綜觀日治時期的書房教育，初期總督府雖建立西式的殖民教育制度，建立公學校作爲臺灣初等教育的新機構，惟基於現實的認識和需要，對舊式書房採取溫和的漸禁政策，以法令漸次約束書房在合乎其教育目的下存在，因此書房免於遽遭禁絕之命運。〔註33〕到了昭和18年（1943）實施義務教育後，臺灣總督府終於全面禁止私塾性質的書房教育，瀕臨於消滅邊緣的書房教育，在此禁令發布後，隨即遭到廢除。〔註34〕

三、朴子地區的書房

有關日治時期朴子地區的書房發展概況，在官方的統計書中記載甚少，因此本段主要以《臺灣總督府公文類纂》以及《嘉義廳報》之相關資料來進行探討，表2－1－3爲明治30年（1897）2月朴子地區的書房一覽。

表2－1－3：明治30年2月朴子地區書房一覽

書房名稱	書房位置	教師姓名	教師資格	學生人數	學生年齡	一年謝金	一年謝物
問心齋	大槺榔西堡大槺榔庄	何善基	童生	10人	最大21歲最小9歲	33圓	米三石
勵志軒	大槺榔西堡大槺榔庄	涂文儀	童生	8人	最大15歲最小8歲	26圓	米二石四斗
省身堂	大槺榔西堡大槺榔庄	涂致卿	童生	11人	最大17歲最小9歲	36圓	米三石三斗
琢齋	大槺榔西堡小槺榔庄	林雲亭	童生	13人	最大15歲最小8歲	42圓	米三石九斗
	大槺榔西堡樸雅街〔註35〕	黃及三	童生	20人	最大15歲最小8歲	58圓	

〔註32〕吳文星，〈日據時期台灣書房教育之再檢討〉，頁107～108。
〔註33〕吳文星，〈日據時期台灣書房教育之再檢討〉，頁101。
〔註34〕李園會，《日據時期臺灣教育史》，頁268。
〔註35〕此處應該是大槺榔西堡樸仔腳街，推測有可能是因爲「樸仔」的臺語讀音與「樸雅」相似，因而發生誤記，從日治時期的其他文獻資料上亦發現有此種記載。

書房名稱	書房位置	教師姓名	教師資格	學生人數	學生年齡	一年謝金	一年謝物
	大槺榔西堡樸雅街	黃子淵	童生	14 人	最大 15 歲 最小 8 歲	43 圓	
	大槺榔西堡樸雅街	黃華文	童生	12 人	最大 15 歲 最小 8 歲	40 圓	
	大槺榔西堡樸雅街	林映芙	童生	24 人	最大 15 歲 最小 8 歲	25 圓	
	大槺榔西堡樸雅街	陳世軒	童生	30 人	最大 15 歲 最小 8 歲	82 圓	
	大槺榔西堡樸雅街	張梓若	童生	24 人	最大 15 歲 最小 8 歲	76 圓	
	大槺榔西堡樸雅街	黃煥然	童生	18 人	最大 15 歲 最小 8 歲	45 圓	

資料來源：《臺灣總督府公文類纂》，永久保存，「嘉義及鳳山支廳管內書房一覽表」（元臺南縣），1897－02－01（明治 30 年）。

　　明治 30 年 2 月整個嘉義支廳內共有 73 間書房，學生共 1043 人，[註36] 而其中朴子地區就有書房 11 間，學生 184 人，所占的比例並不算少，且朴子地區每間書房的學生平均有 16.7 人，也略多於整個嘉義支廳書房的 14.3 人。由此可知在近代學校尚未設立之前，朴子地區在教育的發展上已有一定的程度，因為朴子的開發甚早，又為一地區的政治、經濟中心，文風的發展較其他地區鼎盛，因此兒童受教育的程度也較為普及。

　　截至明治 31 年 12 月底，朴子地區的書房數量雖然與明治 30 年 2 月一樣維持在 11 間，但是學生數卻增加到 378 人，書房教師的平均年收入也從 46 圓增加到 57.3 圓。表示經過日治初期的動亂後，臺灣的社會與民心逐漸安定，因此書房的規模也呈現了相對穩定的成長，表 2－1－4 為明治 31 年朴子地區書房概況。

[註36]《臺灣總督府公文類纂》，「嘉義及鳳山支廳管內書房一覽表」（元臺南縣）。

表 2－1－4：明治 31 年朴子地區書房一覽

校名	所在地名	設立年月日	學科	教師 姓名	教師 資格	學生	一年收入
居亦軒	大槺榔西堡樸仔腳街	明治 31 年 2 月 9 日	四書詩書易經	趙鵬狆	生員	35 人	85 圓
修竹軒	大槺榔西堡樸仔腳街	明治 31 年 2 月 26 日	四書詩書易經	林新荷		37 人	70 圓
斯美軒	大槺榔西堡樸仔腳街	明治 31 年 2 月 11 日	四書詩書易經	蘇孝津		32 人	70 圓
靜養軒	大槺榔西堡樸仔腳街	明治 31 年 2 月 10 日	四書詩書易經	黃煥然		40 人	60 圓
養育軒	大槺榔西堡樸仔腳街	明治 31 年 2 月 11 日	四書詩書易經	張子若		32 人	60 圓
聚星軒	大槺榔西堡樸仔腳街	明治 31 年 2 月 15 日	四書詩書易經	陳遠玉		16 人	60 圓
愼修軒	大槺榔西堡下竹圍庄	明治 31 年 2 月 9 日	四書詩書易經	蔡荊山		50 人	80 圓
省吾軒	大槺榔西堡大槺榔庄	明治 31 年 2 月 13 日	四書詩書易經	涂致卿		64 人	55 圓
克修軒	大槺榔西堡內厝庄	明治 31 年 2 月 17 日	四書詩書易經	黃汝祺		46 人	25 圓
承三軒	大槺榔西堡雙溪口庄	明治 31 年 2 月 15 日	小學	張式文		8 人	35 圓

校名	所在地名	設立年月日	學科	教師		學生	一年收入
				姓名	資格		
琢磨軒	大槺榔西堡小槺榔庄	明治31年2月9日	三字經四書	林雲亭		18人	30圓

資料來源：《臺灣總督府公文類纂》，乙種永久保存，「明治三十一年末學校一覽表」，
　　　　1899－09－05（明治32年）。

　　而據張君豪口述訪談陳朝暾得知，朴子地區的書房教師多來自澎湖，〔註37〕惟並無發現相關資料之記載，因此亦無從考證。但是依〈澎湖人與高雄市之發展〉所述，澎湖在乾隆3年（1767）設立文石書院後，培養了一位進士、四位舉人、近二百位秀才。然而道光以後，天災嚴重，澎湖一地雖文人輩出，卻也產生了文人過剩的現象，因此，澎湖秀才到高雄設帳授徒者日益增加。〔註38〕故可推測朴子地區的書房教師多來自澎湖，應該也是同樣的原因。再加上從澎湖到鄰近朴子的東石之距離僅有24浬，比起到高雄的74浬還要更近，〔註39〕這亦有可能是吸引澎湖文人到朴子開設書房的因素之一。

　　明治37年（1904）3月15日嘉義廳告示第25號，認可嘉義廳內21間書房的開設，其中有1間書房位於朴子地區，其名稱、位置及書房主記載如下：

認可年月日　　　　　書房名　　書房所在地　　　　　書房主氏名
明治37年2月24日　　登雲軒　　大坵田西堡崁前庄　　蔡出〔註40〕

　　如同前面所述，因為總督府對教育政策的考量，使得書房沒有與府縣儒學、書院、義學等官學一起遭到全面廢除，而是逐年的減少，甚至在日治初期的發展規模還遠超過公學校。但是在總督府的漸禁政策之下，以及公學校陸續成立，使得書房的生存遭受到了嚴重的打擊，學校數與師生的人數大為減少。

　　朴子地區的書房發展情形也和臺灣全島一樣，呈現出減少的趨勢，根據大正7年（1918）《嘉義廳統計摘要》之記載，該年度整個樸仔腳支廳僅剩3

〔註37〕張君豪，《朴子——一個近海街市的歷史變遷》，國立中央大學歷史研究所碩士論文，2001年，頁137。
〔註38〕陳知青，〈澎湖人與高雄市之發展〉，《高雄文獻》第11期（1982年6月），頁92。
〔註39〕陳知青，〈澎湖人與高雄市之發展〉，頁73。
〔註40〕《嘉義廳報》，第152號，告示第25號，明治37年3月18日，頁382。

間書房、教師 6 人、學生 130 人。〔註41〕而到了大正 11 年總督府發布「私立學校規則」，強制將書房納入管理，並廢除「書房義塾相關規程」後，根據該年度《臺南州管內學事一覽》之記載，整個臺南州僅剩下 9 間書房，其中臺南市有 7 間，曾文郡大內庄有 1 間，北門郡七股庄有 1 間，〔註42〕朴子地區在該年度已無任何一間書房存在。根據筆者訪問邱奕松老師表示，在他那時候朴子已經沒有書房，他自己也沒有學過漢文，但他記得小時候他的祖父有在樹下教導鄉里青年學習漢文。

第二節　教育政策與初等教育制度

一、教育政策的演進

　　明治 28 年（1895）6 月 17 日總督府於臺北舉行始政儀式，翌日民政局學務部長伊澤修二就借用臺北大稻埕的某一外國領事館，展開學務部的工作，此爲日治時期臺灣學制創設之開始。伊澤修二在臺灣創設學制之際，將其分爲必須緊急行之的緊要事業以及可以逐步慢慢完成的永久事業。其中緊要事業又可分爲講習員的培育及國語的傳習；永久事業方面在於設立國語學校及師範學校。〔註43〕

　　伊澤修二的學制案，由於適合殖民地的教育政策，而爲臺灣總督樺山資紀所採納，成爲推展臺灣教育的基本方針。〔註44〕而日本統治臺灣五十年期間的臺灣教育，大致上以臺灣教育令的公布和修正作爲區分的標準，〔註45〕以下將臺灣教育的發展劃分爲四個時期來敘述：

（一）臺灣教育令公布以前時期（1895～1919）

　　在臺灣教育令公布以前，在臺日籍學生的教育大致依日本本土的學制實施，而臺籍學生的教育則依據單獨的學校官制、規則以及學校令實施。因此

〔註41〕嘉義廳庶務課，《嘉義廳統計摘要》（嘉義：嘉義廳庶務課，1918 年），頁 46
　　　　～47。
〔註42〕臺南州內務部教育課，《臺南州管內學事一覽》（臺南：臺南州內務部教育課，
　　　　1922 年），頁 13～14。
〔註43〕李園會，《日據時期臺灣初等教育制度》（臺北：國立編譯館，2005 年），頁 2。
〔註44〕李園會，《日據時期臺灣初等教育制度》，頁 5。
〔註45〕李園會，《日據時期臺灣教育史》，頁 647。

雖有臺灣人的學校教育，卻沒有完整系統的學制。〔註46〕所以此時臺灣的學制可分爲日本人與臺灣人兩種不同的教育制度，實施日臺分離教育。

此時期臺灣的教育政策是採用當時總督府民政長官後藤新平所提出的「無方針主義」，也就是所謂的消極、放任主義的教育政策，亦即施政方針是隨著臺灣社會環境的需要，隨時來進行調整與修正。

明治36年（1903）後藤新平在學事諮問會議上對教育無方針發表演說，其中特別強調公學校教育的目的：

> 雖說教育無方針，但並不表示現今公學校無任何目標，況且教育方針也尚在研討中。設立公學校之目的乃是日語的普及，目前唯以達成此目的爲第一要件。當這個主要目標達成後，教育方針經過深入研究，確立方針亦是指日可待之事。〔註47〕

由後藤新平的演說中可以得知，雖然主張教育無方針主義，但此時期公學校教育的目的已經確定，就是以普及日語爲主要目標。公學校教育除了以日語作爲教育用語外，在教育內容上也是完全以日語教育爲主要目的。因此總督府主張臺灣的教育方針當務之急就是以實施日語的普及爲優先考量。

（二）臺灣教育令時期（1919～1922）

大正8年（1919）1月4日「臺灣教育令」（敕令第1號）公布，於同年4月1日起實施。「臺灣教育令」公布實施後，將從前缺乏系統的臺灣人學制加以統一，建立了有系統的教育制度。但是日本人的教育仍依照日本本土的學制實施，所以此時期仍然實施日臺人差別教育。

「臺灣教育令」第一條規定：「於臺灣之臺灣人的教育依據本令」而爲何臺灣人須採用與日本人不同的教育制度？總督府的理由是因爲臺灣才剛歸屬日本不久，人民沐浴皇化之時日尚淺，故而在日語的學習上存在著一大難關。〔註48〕爲了其日本國民性格的涵養，因此必須實施差別教育。而第三條規定：「教育應適合時勢及教化程度」因此，若是將來臺灣人民教化提升的時候，就應該修改臺灣教育令的內容，使其能符合時勢的發展。

這個時期臺灣的學校教育制度獲得改善，也新設了不少學校。實施差別教育除了採取日臺人分別的雙軌制型態外，臺灣人就讀的學校在每一階段都

〔註46〕李園會，《日據時期臺灣教育史》，頁651。
〔註47〕吉野秀公，《臺灣教育史》，頁123～124。
〔註48〕吉野秀公，《臺灣教育史》，頁382。

比日本人就讀的學校修業年限短，且教育內容也較簡陋。與日本本土的教育制度比較起來，不但程度偏低，且與日本人就讀的教育機構之間也無法連接，使得日、臺人之間的教育機會產生嚴重不平等現象，逐漸引起臺灣人民不滿的情緒。〔註49〕

（三）新教育令時期（1922～1941）

大正11年（1922）2月6日，首任文官總督田健治郎爲了改善臺灣教育、促進同化政策，並安撫臺灣人民不滿的情緒，於是公布修正「臺灣教育令」（敕令第20號），又稱「新教育令」。此令公布同時，廢止大正8年的「臺灣教育令」。

新教育令第一條明確規定：「在臺灣之教育依據本令」，確立了臺灣的教育制度，規範對象包含了在臺日本人以及臺灣人，廢除了臺灣島內日、臺人在教育上的區別，採取日臺共學制度，但也僅限於中等教育以上。

在初等教育方面依據常用日語與否，區分就讀小學校或是公學校，而非過去以種族爲區分標準。「新教育令」第二條：「常使用國語者之初等普通教育依據小學校令」、第三條：「對不常使用國語者施行初等普通教育之學校爲公學校」並此敍明。而爲何以此區分？因爲臺灣學生人數較多，若是在初等普通教育完全實施共學，有可能發生日本人反被臺灣人同化的情形，且日、臺人因爲日語能力的差異，共學亦會增加教學上的困難；但是在中等教育以上則完全不作任何區別。教育制度方面也是在臺灣的狀況可行範圍內盡量依照日本的教育制度。〔註50〕

在修正「臺灣教育令」的規定中，除了公學校和師範學校爲臺灣的特別制度外，〔註51〕其他教育則完全依照日本本土的學制實施。此種日臺共學與依照日本本土教育制度的教育政策，可以說是修正「臺灣教育令」的宗旨，也是總督府日本本土延長主義、同化主義統治政策的表現。〔註52〕

然而修正「臺灣教育令」公布後，臺灣的教育制度表面上呈現出日臺人教育單軌制的型態。但日臺共學實際的發展情況則是臺灣學生必須要和日本

〔註49〕李園會，《日據時期臺灣教育史》，頁653～654。
〔註50〕李園會，《日據時期臺灣教育史》，頁372。
〔註51〕師範教育由於和初等普通教育有關，故仍採取與日本本土師範教育不同的制度。
〔註52〕李園會，《日據時期臺灣教育史》，頁654～655。

學生競爭教育資源，這使得臺灣學生就讀中等學校以上的機會減少，產生了高等教育機構幾乎爲日本學生所獨佔的現象。

（四）修正新教育令時期（1941～1945）

1937 年以後，戰爭的勝利使日本獲得南方廣大的領土，臺灣因此成了日本南進的基地，爲了使臺灣徹底日本本土化，總督府開始在政治、社會、經濟等各方面實施皇民化政策。例如：廢除報紙的漢文欄、推行常用日語運動、更改姓名運動、進行寺廟廢除、強制神社參拜、禁止舊曆新年的慶典等。

其中與初等教育有關的就是實施國民學校制度，昭和 16 年（1941）3 月 1 日日本政府公布「國民學校令」（敕令第 148 號），其中第一條明確指出實施國民學校教育的目的：「國民學校必須恪遵皇國之道，實施初等普通教育，並以培育國民基本資質爲目的。」據此，總督府於同年 3 月 25 日公布修正「臺灣教育令」（敕令第 255 號），將初等普通教育一律改爲依據「國民學校令」實施，廢除小學校和公學校的區別，原「臺灣教育令」之第三條至第七條予以刪除。〔註53〕

至昭和 18 年（1943）臺灣開始實施義務教育，總督府公告諭告第一號，其中明白指出，臺灣的教育方針就是在培育皇民和強化國民精神，並且認爲臺灣隨著世界情勢的進展，其地位更爲重要。因此，臺灣人徹底日本化益發重要。國民學校制度的實施其實也是臺灣日本本土化政策的一環，總督府就是想藉著教育新體制的推行，奠定臺灣人眞正成爲皇民的根基。〔註54〕

二、初等教育制度

日治初期在國語傳習所尙未設置以前，已經有一些由學務部或各縣、支廳所創設的國語學校，例如：學務部的芝山巖學堂、臺北縣立日本語學校、宜蘭支廳的明治語學校、新竹支廳的竹城學館、基隆支廳的基隆學校等。這些教育機構的設立無非是以普及日語爲主要目標。

（一）國語傳習所

國語傳習所之設立目的，可從明治 28 年 10 月 22 日學務部提出有關設立國語傳習所的意見書得知：

〔註53〕《臺灣總督府府報》，第 4150 號，敕令第 255 號，昭和 16 年 3 月 29 日，頁 145。
〔註54〕李園會，《日據時期臺灣初等教育制度》，頁 475。

今日內地人能解土語者甚少，本地人之中能解日本語者幾絕無僅有。於此情境，欲施行治民之術、開闢教化之途，實不可不謂至難之事。故今擬設本所以開日本語傳習之途，以謀施政上之便，進而奠立教化之基。〔註55〕

由此可知，統治臺灣最大的問題就在於語言無法溝通，爲了謀求施政上的方便，並且奠定同化教育的基礎，因此有必要教授臺灣人日語。所以這就是日治初期國語傳習所設立的目的。

總督府於明治29年（1896）3月31日公布「臺灣總督府諸學校官制」（敕令第94號），並依其規定設置國語學校及國語傳習所。同年5月21日發布「國語傳習所名稱位置」（府令第4號），設置14所國語傳習所，分別是：臺北、淡水、基隆、新竹、宜蘭、臺中、鹿港、苗栗、雲林、臺南、嘉義、鳳山、恆春、澎湖島。並於6月22日發布「國語傳習所規則」（府令第15號），其中第一條規定：「國語傳習所以對本島人教授國語，俾有助其日常生活，並培養本國精神爲主旨。」指出國語傳習所以教授臺灣人日語並且培養其日本國民精神爲宗旨，而這正是當時臺灣教育的根本方針。

國語傳習所的學生分爲甲科與乙科二種。甲科生入學資格爲15歲以上30歲以下，具有普通知識者，修業期限半年，但可視情況延期至一年，爲國語傳習所之本科生；乙科生則是本島人民之子弟初次就學接受教育，入學資格爲8歲以上15歲以下，修業期限四年。

關於授業學費方面，甲科與乙科皆免收取，而甲科生因爲年齡較大，爲保障其基本生活，還另外發給伙食費及津貼。在國語傳習所廢止後，以培養通譯員爲目的之甲科生編入公學校速成科；而初受教育的乙科生則編入公學校本科。

其後，隨著國語傳習所教育之普及，各地分教場的增設，〔註56〕國語傳習所的經費已經無法全部由國庫支付。因此便逐漸減少公費生的員額，且規定若是要設置分教場，除教職員俸給外，其餘經費須由設置區域內的居民負擔，以作爲日後設置公學校的準備。

明治31年（1898）「臺灣公學校令」公布後，總督府以告示第54號限期

〔註55〕臺灣教育會編著；許錫慶譯注，《臺灣教育沿革誌（中譯本）》，頁71。
〔註56〕公學校令公布前全臺共有16個國語傳習所以及49個分教場。臺灣教育會編著；許錫慶譯注，《臺灣教育沿革誌（中譯本）》，頁91～92。

廢止臺北、淡水、基隆、新竹、宜蘭、臺中、彰化、苗栗、雲林、臺南、嘉義、鳳山、埔里社等13所國語傳習所，並依「臺灣公學校令」第十二條規定將國語傳習所的設備全部轉讓給該地設置的公學校。不過澎湖、恆春、臺東等無法負擔經費的地區以及教育原住民子弟的國語傳習所仍然繼續保留。至明治38年（1905）2月3日廢止「國語傳習所官制」（敕令第26號），教育原住民子弟的國語傳習所限期廢止，並新設公學校作為原住民教育機構。

（二）公學校

明治31年7月27日，「臺灣公學校令」（敕令第178號）及「臺灣公學校官制」（敕令第179號）公布，同年8月16日「臺灣公學校規則」（府令第78號）發布，開始在臺灣實施公學校教育。公學校以對本島人子弟實施德教、傳授實學，以培養國民性格，同時使其精通日語文主旨，且得依地方情況另設速成科，在夜間、假日或其他通常教學時間外專門教授日語。〔註57〕

公學校與國語傳習所最大的不同是經費的來源，國語傳習所的經費是由國庫支付，而公學校的經費則必須由地方社會負擔。從表 2－2－1 可看出明治31年以前的教育經費全由國庫支付；明治31年以後由地方稅與街庄所負擔的費用則逐年增加，到明治39年（1906）由地方上所負擔的教育經費已接近八成。

表 2－2－1：國語傳習所及公學校教育費支出情形（1896～1906）

年　度	國庫支辦	地方稅支辦	街庄負擔額	合　計
明治 29 年	141441 圓	－	－	141441 圓
明治 30 年	211661 圓	－	－	211661 圓
明治 31 年	190233 圓		22782 圓	213015 圓
明治 32 年	173307 圓	140683 圓	47723 圓	361713 圓
明治 33 年	223153 圓	157047 圓	52537 圓	432737 圓
明治 34 年	219981 圓	174718 圓	82239 圓	476938 圓

〔註57〕明治32年（1899）4月總督府向各地方廳下達通知：「領臺後諸機關急需之通譯，今已大致補實，於公學校基於特定目的培養速成科學生之需求早已認為沒有必要。公學校係以對年幼子弟施以完整教育為目的。目前正值教員缺乏之際，若於平常時間內對速成科學生授課，則有礙公學校之設立主旨。」臺灣教育會編著；許錫慶譯注，《臺灣教育沿革誌（中譯本)》，頁105。

年　度	國庫支辦	地方稅支辦	街庄負擔額	合　計
明治 35 年	183612 圓	194518 圓	79483 圓	457613 圓
明治 36 年	189299 圓	215995 圓	93091 圓	498385 圓
明治 37 年	127467 圓	294041 圓	80381 圓	501889 圓
明治 38 年	102035 圓	328241 圓	171375 圓	601651 圓
明治 39 年	162985 圓	357686 圓	272732 圓	793403 圓

資料來源：吉野秀公，《臺灣教育史》，頁 237。

　　而「臺灣公學校令」第一條規定，公學校以一街、庄、社或數街、庄能負擔其設置維持經費並獲認可爲限，地方上所須負擔之項目則規定於第四條中：

> 第一條所載經費負擔之概要項目如下。
>
> 一　校舍、校具及操場設備及其維持所需諸費
>
> 二　職員相關諸費俸給及旅費除外
>
> 三　學務委員相關諸費
>
> 四　前面各項外之校費〔註58〕

　　隨著臺灣教育環境的變遷，導致公學校制度與實際情況之間產生落差，爲符合現實需要，日治時期的公學校規則亦進行多次的修正。在此將日治時期公學校的修業年限、入學年齡、附設科別的沿革整理如表 2－2－2。

表 2－2－2：公學校制度之沿革

年代	修業年限	入學年齡	附設科別
1898 年	6 年	8 歲以上 14 歲以下	依地方情況得另設速成科
1904 年		滿 7 歲以上滿 16 歲以下	廢止速成科，依地方之情況得設補習科
1907 年	6 年，依地方情況得爲 4 年或 8 年	滿 7 歲以上滿 20 歲以下	
1912 年	6 年，依地方情況得爲 4 年	滿 7 歲以上滿 12 歲以下，但若有特別事由，經學校校長獲廳長之認可，得讓 12 歲以上者入學	廢止 8 年制公學校，設置 2 年之實業科代之

〔註58〕臺灣教育會編著；許錫慶譯注，《臺灣教育沿革誌（中譯本）》，頁 98。

年代	修業年限	入學年齡	附設科別
1919 年	6 年，依地方情況得爲 4 年	年齡須在該年 3 月 31 日止達 7 歲以上	實業科成爲臺灣公學校並設之臺灣公立簡易實業學校
1922 年	6 年，依地方情況得爲 4 年或 3 年〔註 59〕	年齡須在該年 3 月 31 日年滿 6 歲以上	得設置修業年限 2 年之高等科〔註 60〕、補習科；得並設幼稚園、盲啞學校、實業補習學校〔註 61〕

資料來源：《臺灣總督府府報》，第 349 號，府令第 78 號，明治 31 年 8 月 16 日。

《臺灣總督府府報》，第 1492 號，府令第 24 號，明治 37 年 3 月 11 日。

《臺灣總督府府報》，第 2139 號，府令第 5 號，明治 40 年 2 月 26 日。

《臺灣總督府府報》，第 87 號，府令第 40 號，大正元年 11 月 28 日。

《臺灣總督府府報》，第 1803 號，敕令第 72 號，大正 8 年 4 月 10 日。

《臺灣總督府府報》，第 1803 號，府令第 32 號，大正 8 年 4 月 10 日。

《臺灣總督府府報》，第 2620 號，府令第 65 號，大正 11 年 4 月 1 日。

《臺灣總督府府報》，第 2620 號，府令第 79 號，大正 11 年 4 月 1 日。

《臺灣總督府府報》，第 1978 號，府令第 142 號，昭和 8 年 12 月 12 日。

　　大正 11 年以前，臺灣的初等教育在學校制度上係採取日本人、臺灣人不同的雙軌制。大正 11 年新教育令公布後，廢除日臺人之間的差別，將教育制度改爲日臺人不分的單軌制，但仍以常用日語與否做爲進入小學校與公學校的區別。因此，日臺人共學制實施後，進入公學校就讀的日本人非常少，只有在住家附近沒有小學校時才會進入公學校就讀；而進入小學校就讀的臺灣人亦不多，僅限少數成績優秀的社會上階層家庭的子弟。所以，表面上看似日臺人受教育的機會均等，但是實際上仍無法脫離日本人、臺灣人教育雙軌制的型態。

　　在原住民初等教育方面，總督府於明治 38 年 2 月 25 日增加公學校規

〔註 59〕1933 年 12 月 12 日「臺灣公立公學校規則」修正，因修業年限 3 年之公學校一直未曾有過設校，考慮到無其必要性，故刪除之。

〔註 60〕高等科的入學資格規定爲修業年限 6 年的公學校畢業生，或是具有同等以上學力者。

〔註 61〕1919 年 4 月 10 日起臺灣公立簡易實業學校依「臺灣公立實業補習學校規則」改爲臺灣公立實業補習學校，可獨立設置，也可與小學校、公學校或實業學校合併設置。

則第四十五條（府令第 11 號）：「關於讓蕃人子弟就學之公學校的教育，得不依本規則之規定。」並同時發布「有關蕃人子弟就讀臺灣公學校教育之規程」（訓令第 32 號），依據此規程制定原住民之教育制度。大正 3 年（1914）4 月 18 日發布「蕃人公學校規則」（府令第 30 號），至大正 11 年新教育令實施後，蕃人公學校也和一般公學校一樣依照「臺灣公立公學校規則」之規定。

（三）小學校

日治初期因為實施軍政，禁止女子渡臺，故並無實施日本兒童教育的必要，至明治 29 年 4 月，總督府開始實施民政，獎勵日本官吏攜帶家眷來臺，因此在臺日人子弟的人數逐漸增加，所以小學校的設置成為重要的事情。最初由日本人設立的私立學校對其子弟施行教育，後來學生漸多，總督府於明治 30 年（1897）6 月 25 日發布府令第 27 號，設立臺灣總督府國語學校第四附屬學校：〔註62〕

> 明治二十九年五月府令第五號臺灣總督府國語學校附屬學校追加下
> 列一校，其名稱位置訂定如下。
>
> 名稱　　　　　　　　　　　　　　位置
> 臺灣總督府國語學校第四附屬學校　　臺北〔註63〕

並同時發布「臺灣總督府國語學校第四附屬學校規程」（府令第 28 號），開始在臺灣實施日本人的小學校教育。同年 10 月 16 日發布府令第 50 號，在臺北以外的地區可由各地的國語傳習所另設教室，進行日本學齡兒童的教育，而教學準則仍須依照第四附屬學校規程之規定，當時基隆、新竹、嘉義、澎湖、淡水、臺中、臺南的國語傳習所皆各自開設小學科。然而，隨著日本學生人數的增加，仍有在臺灣設立小學校的必要。

明治 31 年 7 月 27 日公布「臺灣總督府小學校官制」（敕令第 180 號），同年 8 月 16 日發佈告示第 55 號，設立臺北、臺南、新竹、基隆小學校，〔註

〔註62〕國語學校最初設有第一、第二、第三附屬學校，為招收臺灣子弟的初等教育機構，1898 年公學校令公布後，實施附屬學校之改廢（告示第 53 號），第一、第三附屬學校廢止；第二附屬學校改稱第一附屬學校；第四附屬學校改為第二附屬學校；另再增設第三附屬學校於士林（原第一附屬學校女子部）。

〔註63〕《臺灣總督府府報》，第 107 號，府令第 27 號，明治 30 年 6 月 25 日，頁 41。

〔註64〕1899 年至 1901 年間又陸續新設了臺中、滬尾、宜蘭、嘉義、苗栗、媽宮、鳳山小學校。

64〕並發布府令第 81 號，有關小學校之學年、學期、教授日數及年中休業日依照「臺灣總督府國語學校規則」辦理；而有關教授之事務則依照「臺灣總督府國語學校第四附屬學校規程」辦理。〔註 65〕因此並未另行發布小學校規則。

　　由於臺灣小學校與日本小學校之間連繫困難且產生許多不便，因此總督府於明治 35 年（1902）4 月 1 日發布「臺灣小學校規則」（府令第 24 號），使臺灣小學校規則與日本小學校的規則一致。其中小學校規則第一條規定：「小學校以留意兒童身體之發展，教以道德教育及國民教育之基礎，以及教以生活必需之普通知識、技能為主。」故可發現小學校的教育目的和以普及日語為主要目的的公學校教育不同。以下將日治時期臺灣小學校制度的沿革整理如表 2－2－3。

表 2－2－3：小學校制度之沿革

年　度	修業年限	入學年齡	附設科別
1898 年	小學科 6 年，補習科 2 年	滿 6 歲以上滿 17 歲以下	補習科
1902 年	尋常小學校 4 年，高等小學校 2 年或 4 年	滿 6 歲的次月起至滿 14 歲止的 8 年期間	廢除補習科
1907 年	尋常小學校 6 年，高等小學校 2 年，但得延長為 3 年〔註 66〕	滿 6 歲的次日起至滿 14 歲止的 8 年期間〔註 67〕	得設置補習科〔註 68〕
1922 年			得並設幼稚園、盲啞學校、實業補習學校

資料來源：《臺灣總督府府報》，第 107 號，府令第 28 號，明治 30 年 6 月 25 日。
　　　　　《臺灣總督府府報》，第 252 號，府令第 7 號，明治 31 年 3 月 4 日。
　　　　　《臺灣總督府府報》，第 1132 號，府令第 24 號，明治 35 年 4 月 1 日。
　　　　　《臺灣總督府府報》，第 1481 號，府令第 17 號，明治 37 年 2 月 23 日。

〔註 65〕《臺灣總督府府報》，第 349 號，府令第 81 號，明治 31 年 8 月 16 日，頁 34。
〔註 66〕1907 年 3 月 21 日，日本小學校令部分條文修正，將義務教育延長為 6 年，而臺灣小學校大致上比照日本小學校之原則設置，惟未實施義務教育。若一校同時設有尋常小學校及高等小學校之教學科目，則稱為尋常高等小學校。
〔註 67〕1904 年 2 月 23 日「臺灣小學校規則」修正第四十四條。
〔註 68〕1904 年 2 月 23 日「臺灣小學校規則」修正新增第六條之二：「小學校得設置補習科」。同時發布「臺灣小學校補習科規程」，規定補習科的修業年限為 2 年以內，1915 年 5 月 6 日將修業年限改為 2 年或 1 年。

《臺灣總督府府報》，第 1481 號，府令第 18 號，明治 37 年 2 月 23 日。

《臺灣總督府府報》，第 2291 號，府令第 81 號，明治 40 年 10 月 8 日。

《臺灣總督府府報》，第 747 號，府令第 31 號，大正 4 年 5 月 6 日。

《臺灣總督府府報》，第 2620 號，府令第 64 號，大正 11 年 4 月 1 日。

大正 11 年新教育令公布，採取日臺融合的教育政策，同年 4 月 1 日修正了「臺灣公立小學校規則」（府令第 64 號），其中在第三條列舉由於臺灣特殊情況無法適用日本小學校令的條文，故採取與日本本土小學校不同的措施。另外在第四條規定不常用日語者想進入小學校就讀，只要經過州知事或廳長的批准也可以入學，爲臺灣上層階級的子弟打開就讀小學校的途徑。〔註69〕

（四）國民學校

昭和 16 年（1941）3 月 1 日「國民學校令」公布後，臺灣總督府於同年 3 月 25 日公布修正「臺灣教育令」，將初等普通教育一律改爲依據「國民學校令」實施，3 月 30 日發布「臺灣公立國民學校規則」（府令第 47 號），廢除小學校和公學校的區別，一律改稱爲國民學校。不過，由於考慮到臺灣的特殊情況，在法律的適用上仍與日本本土有不同之處，依國民學校規則第二條規定，臺灣的國民學校不適用「國民學校令」第五條第二項、第六條、第八條至第十二條、第四章至第九章及附則的規定。

此外，有鑑於臺灣特殊的情況，則分成三種不同課程的國民學校，課程第一號表招收常用日語家庭的子弟，爲以前的小學校；課程第二、三號表招收不常用日語家庭的子弟，爲以前的公學校，而其中第二號表是漢人就讀的學校，第三號表則是原住民就讀的學校。但依據國民學校規則第八十九條規定，在州知事或廳長的批准下，學校校長得讓不常用日語家庭的子弟就讀第一號表國民學校，以及常用日語家庭的子弟就讀第二、三號表國民學校。

在修業年限方面，課程第一、二號表國民學校分爲初等科 6 年，高等科 2 年，而爲了給予國民學校高等科畢業生補習實業和國民學校的學科，又設置了特修科，修業年限 1 年。課程第三號表國民學校則沒有初等科和高等科的

〔註69〕李園會，《日據時期臺灣初等教育制度》，頁 522。

區別，修業年限只有 6 年。〔註 70〕學童的入學年齡爲滿 6 歲的翌日至滿 14 歲的 8 年期間。

　　昭和 18 年（1943）總督府公告諭告第一號，規定自 4 月起臺灣即將開始實施義務教育，因此於同年 3 月 23 日修正「臺灣公立國民學校規則」（府令第 45 號），其中規定學童從滿 6 歲至滿 12 歲的 6 年期間內，須就讀國民學校接受義務教育，但臺灣學生受義務教育的年限仍比日本本土的國民學校少了 2 年。〔註 71〕

　　昭和 16 年「臺灣公立國民學校規則」發布後，表面上看似廢除了小學校與公學校的區別，不分日、臺人都在國民學校接受教育。但實際上仍依照常用日語與否區分爲三種不同課程表的國民學校來授課，因此在本質上仍然與從前的小學校和公學校制度大同小異。

　　綜上所述，臺灣的初等普通教育由最初的國語傳習所以及國語學校第四附屬學校，逐漸演變爲日本人就讀小學校；臺灣人就讀公學校；原住民就讀蕃人公學校。至大正 11 年新教育令公布廢除種族區別，改爲常用日語者就讀小學校，不常用日語者就讀公學校，最後於昭和 16 年將小、公學校全部改爲國民學校。表面上看似日、臺人逐漸融合的教育制度，然而實際上仍然嚴格的區分日本人、臺灣人與原住民三種不同的教育制度，詳細情形如圖 2－2－1 所示。

〔註 70〕 李園會，《日據時期臺灣初等教育制度》，頁 531～532。
〔註 71〕 依「國民學校令」第八條之規定，日本本土的國民學校受義務教育的年齡爲滿 6 歲至滿 14 歲的 8 年期間。

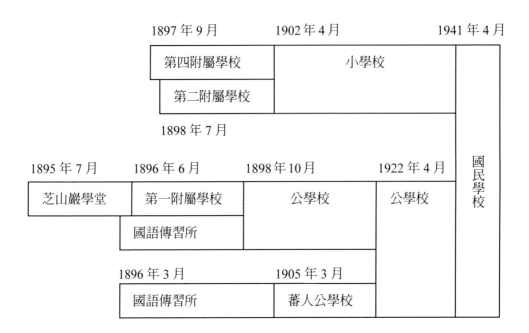

圖 2－2－1：日治時期初等教育制度沿革

資料來源：重繪自李園會，《日據時期臺灣初等教育制度》，頁 537。

第三節　朴子地區近代初等教育機構

　　明治 29 年（1896）5 月 21 日，總督府發布府令第 44 號，設立「嘉義國語傳習所」，爲嘉義地區第一個招收臺灣人子弟的初等普通教育機構，至明治 33 年（1900）4 月 1 日總督府發布告示第 26 號，設立嘉義小學校，此屬日本人子弟就讀的初等普通教育機構。這兩所近代學校先後於樸仔腳設立分教場，而這二個分教場後來也分別獨立爲公學校和小學校，成爲日治時期朴子地區近代學校發展的起源。以下將日治時期朴子地區各公學校的設立時間、學校位址及學校沿革做簡要的介紹，而各校設立的先後順序則如圖 2－3－1 所示（頁 46）。

一、朴子公學校

（一）設立時間：明治 31 年（1898）10 月 1 日

（二）學校位址：朴子街朴子 352 番地

（三）學校沿革：

原嘉義國語傳習所樸仔腳分教場依法成校，為樸仔腳公學校，創校之初暫借魚仔市耶穌教堂為校舍。明治 38 年（1905）10 月擇安溪厝廟（安福宮）對面的公墓清塚後，興建學校教室三、辦公室、值夜室、廁所各一為今址；隆重舉辦首屆畢業典禮，卒業生 3 名。大正 2 年（1913）4 月 7 日設南勢竹分校認可；大正 9 年（1920）2 月 24 日依地方制度改正，更校名為朴子公學校；大正 11 年（1922）4 月 1 日增設高等科；大正 12 年（1923）4 月 1 日擇址西側創立朴子女子公學校，原有女生皆讓移開課，朴子公學校遂成為男校。昭和 2 年（1927）4 月 1 日設立鴨母寮分教場；昭和 3 年（1928）舉辦創校三十週年紀念慶祝活動。昭和 15 年（1940）奉令男女合校制劃分學區，將朴子街內劃分為東西區與大和公學校互換，將原屬西區的男生讓出並接收東區的女生；昭和 16 年（1941）4 月改校名為朴子東國民學校，係今日朴子國民小學前身。〔註72〕

二、牛挑灣公學校

（一）設立時間：大正 6 年（1917）4 月 1 日
（二）學校位址：義竹庄牛挑灣
（三）學校沿革：

緣起於大正 2 年 4 月 7 日由樸仔腳公學校設立認可，擇街最南端郊區距三公里處南勢竹庄設分教場，借用牛挑灣基督教會堂充當校舍開始上課。大正 4 年（1915）6 月 9 日更校名為牛挑灣分校；同年 11 月 25 日由鄉黨釀貲七千日圓新築校舍兩教室、事務室一間、宿舍一棟等竣工，遂於遷移新校舍啟用為今址。自大正 6 年 4 月 1 日正式獨立為牛挑灣公學校；同年 10 月 17 日新築校舍兩教室完竣。大正 8 年（1919）4 月 1 日修業年限四年制延長為六年制；大正 10 年（1921）1 月鑑及地方向學力漸次增多，校舍不足；更增築校舍兩教室、宿舍一棟及倉庫一棟；同年 5 月 1 日擇南方二公里處設置東後寮分離教室，並於大

〔註72〕邱奕松，《朴子市志》（嘉義：嘉義縣朴子市公所，1998 年），頁 505、536～537。

正 12 年 3 月 31 日升格爲東後寮分教場，延至昭和 12 年（1937）4 月
1 日始獨立成校，爲東後寮公學校。昭和 16 年 4 月改校名爲牛挑灣國
民學校，係今日松梅國民小學前身。〔註73〕

三、朴子女子公學校

（一）設立時間：大正 12 年 4 月 1 日

（二）學校位址：朴子街朴子 343 番地

（三）學校沿革：

緣源旨以分離性別設校，擇朴子公學校西鄰成立女校，並將朴子公學
校原有全部女生移讓編制四學級開課。大正 12 年 6 月 20 日新築校舍
三間及中廊、倉庫、工友室、廁所等均竣工；同年 11 月及翌年 9 月各
增築教室一間；大正 14 年（1925）11 月校長宿舍新築完成；大正 15
年（1926）10 月更增築一教室。昭和 4 年（1929）3 月 29 日設修業年
限兩年制補習科；翌年增築一棟兩教室竣工。昭和 8 年（1933）3 月增
築一教室及事務室、中廊和走廊等全校結構整備，煥然一新。昭和 15
年 4 月以男女兼收旨趣與朴子公學校互交換男女生，校名改爲大和公
學校；昭和 16 年校名改爲大和國民學校；昭和 17 年（1942）4 月 1 日
全校遷移至下竹圍段新校地即今址，並將舊址移交給朴子公學校，係
今日大同國民小學前身。〔註74〕

四、朴子公學校鴨母寮分教場

（一）設立時間：昭和 2 年 4 月 1 日

（二）學校位址：朴子街鴨母寮 314 番地

（三）學校沿革：

緣起昭和 2 年 3 月 31 日朴子公學校設立鴨母寮分校場認可，擇街南端
郊外，距三公里處鴨母寮部落設立分教場，並於 4 月 1 日擇崁前廟舉
行入學式開始授業。轄區有鴨母寮、過埤仔（今竹村里）、吳仔厝、陳
竹仔腳（今德家里）、龜仔港（今安順里）及崁前、崁後、新庄三里；

〔註73〕邱奕松，《朴子市志》，頁 506、548。

〔註74〕邱奕松，《朴子市志》，頁 505～506、541。

學區總面積 15.84 平方公里。同年 4 月 25 日新築校舍竣工，遷移新校舍爲今校址，並於 6 月 11 日舉行盛況開校式。昭和 12 年 4 月編制四學級；分校場主任岡部久興訓導。昭和 15 年 4 月正式獨立成校，爲鴨母寮公學校；翌年 4 月改校名爲鴨川國民學校，係今日竹村國民小學前身。〔註75〕

〔註75〕邱奕松，《朴子市志》，頁 507、546。

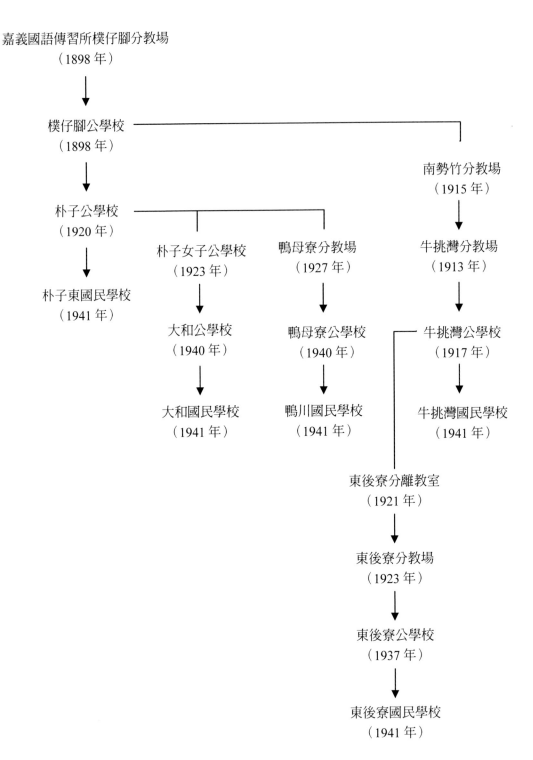

圖 2－3－1：日治時期朴子地區公學校發展流程

　　日治時期的朴子地區除了設有四所公學校之外，另外還有一所小學校，為「朴子尋常高等小學校」，其設立時間、學校位址、學校沿革簡要介紹如下，而校名的演變則如圖2－3－2所示。

（一）設立時間：明治45年（1912）5月1日

（二）學校位址：東石神社外苑西側（今東石國民中學址）

（三）學校沿革：

　　嘉義尋常高等小學校樸仔腳分教場設立認可創辦，以迄大正6年（1917）4月1日獨立成校，稱樸仔腳尋常小學校，地址在今市東路崧園大廈南端附近。大正9年10月1日改校名朴子尋常小學校。大正12年4月1日高等科併置認可，定名朴子尋常高等小學校；同時增築校舍兩教室，編制兩學級。越歲5月改築校門；昭和3年4月編制三學級；昭和10年（1935）擇今址新築校舍竣，並全部遷新校地。其後昭和16年陸續建講堂擴張校地，規模竟然不亞於其他小學校；同年4月改校名為朴子國民學校，戰後廢校，校址移交給東石國民中學。〔註76〕

嘉義尋常高等小學校樸仔腳分教場
（1912 年）

樸仔腳尋常小學校
（1917 年）

朴子尋常小學校
（1920 年）

朴子尋常高等小學校
（1923 年）

朴子國民學校
（1941 年）

圖2－3－2：
日治時期朴子地區小學校發展流程

<hr>

〔註76〕邱奕松，《朴子市志》，頁502、508。

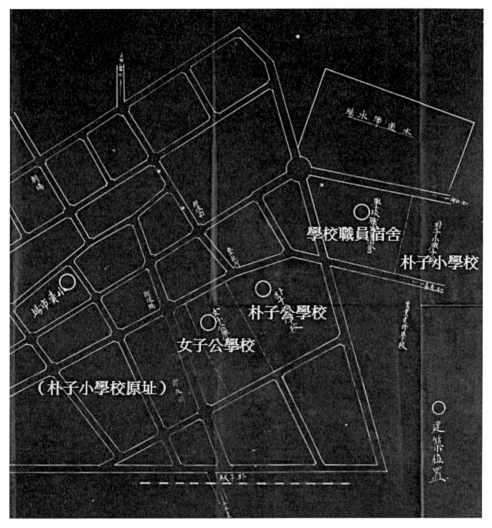

圖2－3－3：昭和11年朴子街內小公學校位置圖

資料來源：重繪自《臺灣總督府公文類纂》，永久保存，「朴子街公學校校舍改築工事」，
1936－09－01（昭和11年）。

圖 2－3－4：今日朴子國民小學位置圖

資料來源：重繪自 Yahoo 奇摩地圖：https://tw.maps.yahoo.com/#lat=23.464132084230187
&lon=120.246262550354&zoom=16&mvt=m。

第三章　朴子公學校所在地之探討

　　一地區公學校之成立，表示當地之人口與經濟發展，已達相當程度，是以有成立公學校之需要，同時也有維持公學校經營之能力。因此，地方上早期成立的公學校，其成立之地點，也大多為當時地方發展之源頭與經濟重心。〔註1〕故本章主要探討朴子地區從明清以來到日治時期的發展情形，以及日治時期朴子街的經濟發展概況，進而了解朴子公學校和地方繁榮的相互關係，並從朴子地區的發展過程來了解日治時期當地初等教育發展之情形。

第一節　朴子之地名源流

一、街名起源

　　今日的朴子市街舊稱猴樹港街。根據乾隆28年（1763）余文儀主修之《續修臺灣府志》中記載：「朴仔腳街：距縣四十里。在大糠榔保。舊為猴樹港街，今更名。〔註2〕」

　　此外，根據藍鼎元《東征集》中〈紀荷包嶼〉一文所描述：

　　　辛丑秋，余巡臺北，從半線遵海而歸。至猴樹港以南，平原廣野，
　　　一望無際。忽田間瀦水為湖，周可二十里。水中洲渚，昂然可容小
　　　城郭，居民不知幾何家，甚愛之。問何所：輿夫曰，荷包嶼大潭也……
　　　洲中村落，即名荷包嶼莊。〔註3〕

〔註1〕洪郁嫻，《日治時期「高雄第一公學校」之研究》，國立臺南大學台灣文化研究所碩士論文，2003年，頁27～28。

〔註2〕余文儀，《續修臺灣府志》（臺北：臺灣銀行經濟研究室，1962年），頁87。

〔註3〕藍鼎元，《東征集》（臺北：臺灣銀行經濟研究室，1958年），頁89。

　　文中提到猴樹港之南有荷包嶼，而今荷包嶼一地就位於朴子市街南方。從明治 37 年（1904）所出版的《臺灣堡圖》中，可以清楚看到在大槺榔西堡的下竹圍庄（今竹圍里）南方有內、外荷包嶼湖，荷包嶼就在外荷包嶼湖中，苦瓜寮（今佳禾里）的東方，相關位置如圖 3－1－1 所示。因此，從上述兩段文獻之記載，似可推論猴樹港街就是朴仔腳街的舊稱。

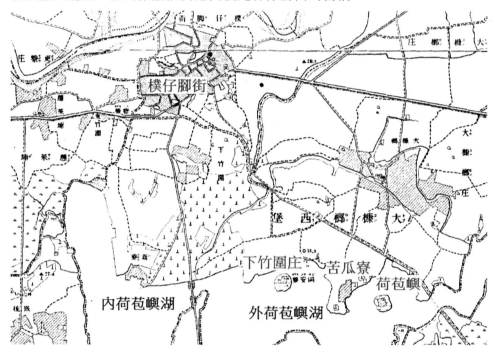

圖 3－1－1：1904 年《臺灣堡圖》中的荷包嶼

資料來源：重繪自日治二萬分之一臺灣堡圖（明治版）：http://gissrv4.sinica.edu.tw
　　　　　/gis/twhgis.aspx。

　　朴子地處牛稠溪〔註4〕（今朴子溪）下游的南畔，清康熙年間牛稠溪的河口段稱做猴樹港。之後因貿易往來，人口逐漸聚集增加形成街市，就稱為猴樹港街，屬於一河口港市。而猴樹港一詞的來源為何？傳說某次帆船進港時，見到滾滾洪流中一隻猿猴抱樹一株，由上游隨波逐流而下，〔註5〕故命名為猴樹港。

─────────────

〔註 4〕　清代文獻中亦有牛椆溪、牛朝溪之稱。
〔註 5〕　臺灣大百科全書──猴樹港街：http://taiwanpedia.culture.tw/web/content?ID=
　　　　　5724。

　　而根據陳美玲〈朴子地區的生態環境變遷與地名〉所述，猴樹港一詞的
來源有二：一說乃當時兩岸沙丘後側長有茂密的樹林，因常見野猿跳擲其中，
遂得此名。另一說係因先民渡臺入港時，由海上遙望陸地，見樹叢中有數株
較為高凸，迎風招搖，猶如群猿在嬉戲，船隻皆以此為航路指標，故名。但
陳美玲本人則認為可能昔日此地因近海口，一般臺灣西部平原的海邊或近海
濕潤地方，在海岸林投灌叢後側，常生有俗稱「猴歡喜」（又稱水漆）的海芒
果樹，因而得名。〔註6〕

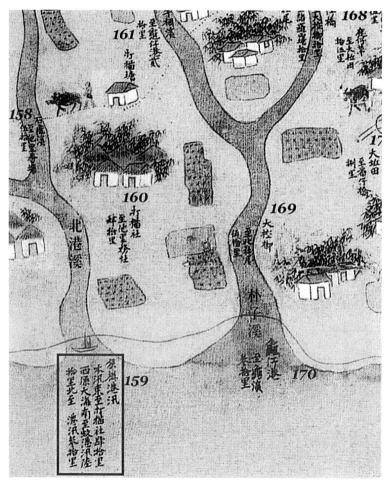

圖3－1－2：《康熙臺灣輿圖》中的猴樹港汛

資料來源：洪英聖，《畫說康熙臺灣輿圖》（臺北：聯經出版公司，2002年），頁130。

〔註6〕陳美玲，〈朴子地區的生態環境變遷與地名〉，《嘉義大學人文藝術學報》第三
　　　　期（2004年4月），頁248。

　　從圖 3－1－2《康熙臺灣輿圖》中來看，當時已出現「猴樹港汛」，顯示康熙年間已在此設立海防。康熙 56 年（1717）周鍾瑄主修之《諸羅縣志》中，出現有「猴樹港街」之記載，[註7] 表示此地的發展已達到一定的程度，所以才會形成街市。此外，圖中的沿海地區亦出現了零星聚落，如：大槺榔、龜仔港、大坵田，可見當時已有漢人在此開墾聚居，而其中的龜仔港與大槺榔二地皆位於現在的朴子市境內。然而對照往後的地圖，可以發現《康熙臺灣輿圖》的錯誤之處，石龜溪（北港溪）下游出海處應該是笨港（北港），而非猴樹港；牛稠溪下游出海處應該是猴樹港，而非龜仔港。

　　其後因牛稠溪改道，流經觀音亭之北，碼頭漸改設於網仔寮（博文街北端），而舊市街主要分布於媽祖廟前一帶（開元路），離港口已較遠，且該廟本位於樸仔樹下，逐漸改稱「朴仔腳街」。[註8] 此地名來源相傳為今日布袋鎮貴舍里半月庄先民林馬因篤信媽祖，於康熙 21 年（1682）從湄洲祖廟恭請分靈媽祖回家供奉，當行經牛稠溪畔時於一棵千年樸樹下休息，附近居民聞香氣氤氳，紛往膜拜。停留數日後，林馬欲啓程返鄉時發現媽祖重如泰山無法移動，經請示媽祖聖懿後，媽祖表示欲永駐此地，眾人即鳩工建廟在樸仔樹下，謂之「樸樹宮」，此為「樸仔腳」地名之由來。[註9]

〔註 7〕　土獅仔街、猴樹港街、井水港街（俱屬外九莊）。周鍾瑄，《諸羅縣志》（臺北：臺灣銀行經濟研究室，1962 年），頁 32。

〔註 8〕　陳美玲，〈朴子地區的生態環境變遷與地名〉，頁 248。

〔註 9〕　亦有一說乃鄰近居民強求媽祖聖像暫駐數日，以供眾人膜拜，挽留數日後仍無法迎回半月庄，林馬毅然讓聖像永久坐鎮斯土，彼亦自半月庄偕眷遷徙，擇鄰近開拓，即今日安溪厝一帶。邱奕松，《朴子市志》（嘉義：嘉義縣朴子市公所，1998 年），頁 19。

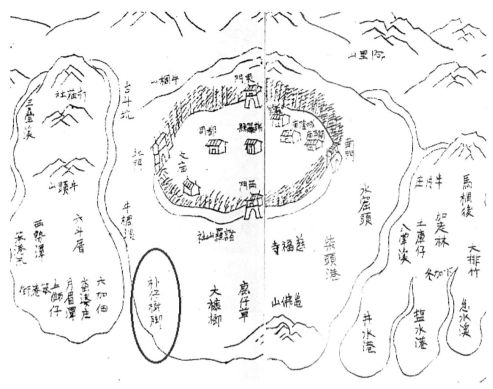

圖3－1－3：《重修福建臺灣府志》〈諸　縣圖〉中的朴仔樹腳

資料來源：劉良璧，《重修福建臺灣府志》（臺北：臺灣銀行經濟研究室，1961年），
　　　　　頁8～9。

　　圖3－1－3為乾隆6年（1741）劉良璧所修之《重修福建臺灣府志》中的〈諸羅縣圖〉，可以看到在牛稠溪的河口處有「朴仔樹腳」一地名，此為「朴仔腳」一詞較早出現之記載。另再從圖3－1－4《乾隆臺灣輿圖》中來看，該圖在牛稠溪口繪有猴樹港（約今日東石港附近），而在較內陸則繪有「朴仔腳庄」，顯示此時期舊市街和港口已分離，且有一段距離。據此推論，猴樹港在康熙、雍正年間原指朴仔腳街（猴樹港街）之港口，而後隨著牛稠溪逐漸淤淺，其河口段西移至今日東石一帶，再加上河道改道，至乾隆中葉時，猴樹港街已更名為「朴仔腳街」。此時的猴樹港已不再是朴仔腳街之港口，而是指今日嘉義縣的東石港。

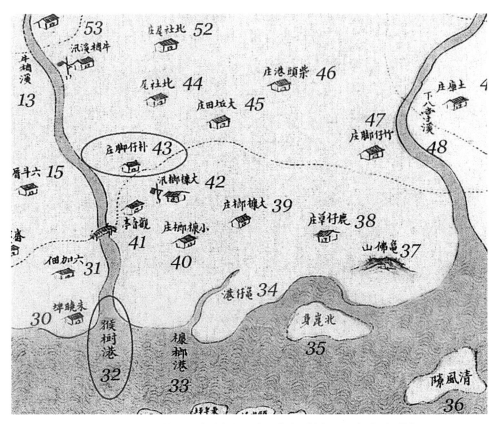

圖3－1－4：《乾　臺灣輿圖》中的朴仔腳庄與猴樹港

資料來源：洪英聖，《畫說乾隆臺灣輿圖》（臺北：聯經出版公司，2002年），頁123。

　　嘉慶末年以後，隨著來自泉州府晉江縣東石的移民定居此地者日漸增多，猴樹港遂改名爲東石。〔註10〕清末，此地已漸取代朴仔腳之航運；日治初期，此地因設有東石港，故稱「東石港」（嘉義廳下的東石港支廳）。從圖3－1－5《臺灣堡圖》中來看，當時的樸仔腳街已經與靠海的東石港隔有一段距離，隨著地理環境的變遷，今日的朴子早已看不到海，更沒有絲毫港口的氣息了。

〔註10〕臺灣大百科全書——猴樹港街：http://taiwanpedia.culture.tw/web/content?ID=5724。

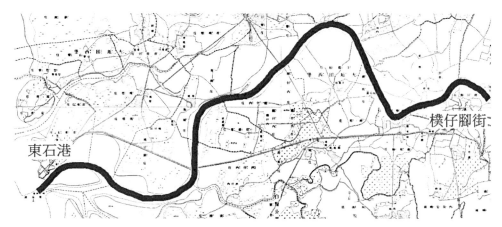

圖 3－1－5：1904 年《臺灣堡圖》中的樸仔腳街及東石港（圖中藍線爲
　　　　　朴子溪）

資料來源：重繪自日治二萬分之一臺灣堡圖（明治版）：http://gissrv4.sinica.edu.tw/gis/
　　　　　twhgis.aspx。

　　明治 28 年（1895）日本統治臺灣後，朴仔腳街則被記爲「樸仔腳街」。大
正 9 年（1920）地方制度改正，將日治前期，原隸屬嘉義廳下樸仔腳支廳中，
樸仔腳區的 12 個街庄，改稱「朴子街」，隸屬臺南州東石郡。並將街役場設於
樸仔腳街，原樸仔腳街大字改名爲「朴子」，其市街地逐漸改稱今名。〔註11〕
　　民國 51 年（1962）行政區域調整，將當時將原屬於義竹鄉內的松華、梅
華、南竹等三村劃入朴子鎮（現爲朴子市）轄域，〔註12〕爲今日朴子的全貌，
此範圍也正是本文研究中所稱的「朴子地區」。

二、街外莊名

　　除了朴子（原樸仔腳街）以外，現今的朴子地區（朴子市）所涵蓋的範
圍尚有日治時期朴子街的其他 11 個大字（應菜埔、下竹圍、大槺榔、小槺榔、
雙溪口、鴨母寮、龜仔港、崁前、崁後、吳竹仔腳、新庄）及當時屬義竹庄
的牛挑灣、南勢竹等 2 個大字。在《朴子市志》中將這些地方稱做街外，以
下將街外的莊名做一探討，整理如表 3－1－1，而日治時期各大字的位置則如
圖 3－1－6 所示。

〔註11〕陳美玲等撰述，《臺灣地名辭書卷八：嘉義縣》（南投：臺灣文獻館、嘉義：
　　　　嘉義縣政府，2008 年），頁 83。
〔註12〕日治時期這三個村落屬臺南州東石郡義竹庄的牛挑灣、南勢竹二大字。

表3－1－1：朴子街外莊名緣由

街庄名	大字名	名　　稱　　緣　　由
朴子街	應菜埔	地名來源有二種說法，一說先民移墾時見此地爲多甕菜生長之地方；一說昔日此地居民，多以種植甕菜爲生，故名。此外，另有一說是昔時先民置有草仔廍，專門製蔗，工寮林立而名。
	下竹圍	位於樸仔腳街的南方，因黃姓祖先自內厝移居此地之初，四周圍植竹子，遂得名。
	大槺榔	康熙4年（1665），涂遠招佃拓墾之初，本地因近海，原始植被景觀多見槺榔樹，而得槺榔莊之名。後以附近又形成另一個小村落，本地因集結歷史較久，且規模較大，故得大槺榔之名。
	小槺榔	因位於槺榔莊墾區，本地村落形成時間較大槺榔晚，且規模小，因以名之。
	雙溪口	牛稠溪主流流經此地的西端與北側，但昔日牛稠溪流至本地東側，支分成另一分流，向西南方流經大槺榔的西北方，向南注入荷包嶼湖；因村落位處牛稠溪之分叉口附近，故得雙溪口之名。
	鴨母寮	此地原多沼澤，係因前人移居至此時，在此搭寮養鴨而得名。
	龜仔港	昔日小船可由海邊沿港水上溯，駛入本地，載卸貨物出海。先民來此居住時，因村落近海邊，四周皆有埤池、溝水繚繞，北方有一地勢微凸猶如龜形狀之小丘，常見許多龜爬至其上，且又有港水貨物可出海口，故得名。
	崁前	昔日龜仔港河道流經村落南側，曲流地形發達，村落位於曲流之凹岸，河道爲基蝕坡，切蝕成一陡崖，崖高約1～2公尺（俗稱崁），因村落位於此溪崁之上方，故得此名。
	崁後	地名源自與崁前的相對位置，因位在崁前村落的北方，離溪較遠，故得名。
	吳竹仔腳	先民入墾時，係建屋舍於竹叢下，因以得竹仔腳之名，同治初年，稱「下竹仔莊」；後以西側另有一陳姓家族聚居區，故地名上乃互冠以姓氏，以區別之。又因係以姓吳爲多數的血緣村，俗稱「吳仔厝」或簡稱「吳厝」。
	新庄	因位於大坵田南方，昔日村落沿龜仔港溪畔發展，知縣在此建一新橋，形成聚落時間較周圍聚落晚，故名。
義竹庄	牛挑灣	昔日村落東方有一彎曲之廢河道，係龜仔港之舊河道，該溪曲流發達（村人稱彎龜溝），因流路變遷而形成一牛軛（俗稱牛挑）形之大彎，有如牛隻拉犁時掛在肩部的「牛軛」，故得此名稱。另一說法，本地原有棵桃子樹，供牛隻之繩縛，故稱牛桃灣，後來轉訛爲牛挑灣。

街庄名	大字名	名　　稱　　緣　　由
義竹庄	南勢竹	係位朴子市最南端的兩個村落之一。村落成立之初，係建屋於竹叢下，傳聞此地為顏思齊拓臺十寨之第四寨，由其位置觀之，在此十寨之最南方，故可能因此得名。

資料來源：1. 陳美玲等撰述，《臺灣地名辭書卷八：嘉義縣》，頁 95、98、101、105
　　　　　　～109、111～114。

　　　　　2. 邱奕松，《朴子市志》，頁 32。

圖 3－1－6：嘉義縣朴子市日治初期街庄分布圖（1904）

資料來源：重繪自陳美玲等撰述，《臺灣地名辭書卷八：嘉義縣》，頁 73。

三、朴子市行政區域沿革

自康熙 23 年（1684）將臺灣正式納入清朝版圖後，朴子在行政區域的劃分上，歷經了多次的變革。最初隸屬於臺灣府諸羅縣，至乾隆 52 年（1787）因為發生林爽文事件，諸羅縣改名為嘉義縣。光緒 13 年（1887），行政區劃調整，嘉義縣改隸屬臺南府。清代的行政區域雖然歷經多次變遷，但是朴子地區始終都隸屬於嘉義縣的管轄範圍內。

日治初期因為臺灣島內的統治尚未穩定，因此行政區域頻繁的變動，一直到明治 34 年（1901）11 月廢縣置廳，行政區域的變動頻率趨於減緩。二十廳時期下的朴子市，在行政上分別屬於嘉義廳和鹽水港廳，共有 14 個街庄：

（一）嘉義廳

屬樸仔腳支廳下的樸仔腳區，在清代時，原分屬兩堡：1.大槺榔西堡：樸仔腳街、大槺榔庄、小槺榔庄、雙溪口庄、下竹圍庄。2.大坵田西堡：新庄、應菜埔庄、崁前庄、崁後庄、龜仔港庄、鴨母寮庄、吳竹仔腳庄。

（二）鹽水港廳

為廳直轄中的南勢竹區，在清代時，屬白鬚公潭堡之牛挑灣、南勢竹二庄。明治 42 年（1909）總督府將原有之二十廳，廢止合為十二廳，牛挑灣、南勢竹二庄改隸嘉義廳，屬東石港支廳下之南勢竹區。

大正 9 年實施街庄制，行政區劃改制，當時的朴子市隸屬臺南州東石郡下，原樸仔腳區下的 12 個大字併為朴子街，另南勢竹區的 2 個大字，則劃歸義竹庄之下。當時朴子市的範圍，分屬兩個不同的行政區。因朴子街的行政中心（街役場），即位於樸仔腳區區役場所在的樸仔腳街大字，故以該大字名為街名，但因名稱太長，而簡化之為「朴子街」。〔註13〕另有一說乃是當時日本人認為「樸仔腳」一詞過於俗氣，因而改名為「朴子」。

民國 39 年（1950）實施地方自治，行政區調整後，隸屬嘉義縣轄下，改稱「朴子鎮」，內部劃分成 30 個里。民國 43 年（1954），調整行政區，將其中 12 個里合併成 6 個里，共計轄 24 里。民國 51 年，原隸義竹鄉的梅華、松華、南竹等 3 村，被併入為增加 3 里，共計轄 27 里。〔註14〕民國 71 年（1982）嘉義市改制省轄市，嘉義縣新縣治遷往太保與朴子交界處，且縣議會座落於

〔註13〕陳美玲等撰述，《臺灣地名辭書卷八：嘉義縣》，頁 69。
〔註14〕陳美玲等撰述，《臺灣地名辭書卷八：嘉義縣》，頁 70。

朴子鎮內，因此朴子鎮於民國 81 年（1992）改制為市。表 3－1－2 為現今朴子市內各里從清代、日治時期一直到今日的沿革。

表 3－1－2：朴子市各里沿革

民國時期		日治時期				清　代	
嘉義縣		臺南州東石郡		嘉義廳樸仔腳支廳		臺南府嘉義縣	
市名	里名	街庄名	大字名	區名	街庄名	堡名	街庄名
朴子市	安福里	朴子街	朴子	樸仔腳區	樸仔腳街	大槺榔西堡	樸仔腳街
	開元里		朴子		樸仔腳街		樸仔腳街
	中正里		朴子		樸仔腳街		樸仔腳街
	順天里		朴子		樸仔腳街		樸仔腳街
	內厝里		朴子		樸仔腳街		樸仔腳街
	博厚里		朴子		樸仔腳街		樸仔腳街
	文化里		朴子		樸仔腳街		樸仔腳街
	平和里		朴子		樸仔腳街		樸仔腳街
	大鄉里		大槺榔		大槺榔庄		大槺榔庄
	大葛里		大槺榔		大槺榔庄		大槺榔庄
	仁和里		小槺榔		小槺榔庄		小槺榔庄
	雙溪里		雙溪口		雙溪口庄		雙溪口庄
	溪口里		雙溪口		雙溪口庄		雙溪口庄 官埔寮庄 下寮仔庄
	德興里		雙溪口		雙溪口庄		雙溪口庄
	竹圍里		下竹圍		下竹圍庄		下竹圍庄
	新寮里		下竹圍		下竹圍庄		下竹圍庄 新寮庄
	佳禾里		下竹圍		下竹圍庄		東安寮庄 荷苞嶼庄 苦瓜寮庄

民國時期		日治時期		嘉義廳樸仔腳支廳		清　代	
嘉義縣		臺南州東石郡		嘉義廳樸仔腳支廳		臺南府嘉義縣	
市名	里名	街庄名	大字名	區名	街庄名	堡名	街庄名
朴子市	新庄里	朴子街	新庄	樸仔腳區	新庄	大坵田西堡	新庄 港仔墘庄
	永和里		應菜埔		應菜埔庄		甕菜埔庄
	崁後里		崁後 崁前		崁後庄 崁前庄		崁後庄 埔中央庄
	崁前里		崁前		崁前庄		崁前庄
	順安里		龜仔港		龜仔港庄		龜仔港庄
	竹村里		鴨母寮		鴨母寮庄		鴨母寮庄 張竹仔腳庄
	德家里		吳竹仔腳		吳竹仔腳庄		陳竹仔腳庄 吳竹仔腳庄
嘉義縣		臺南州東石郡		鹽水港廳直轄		臺南府嘉義縣	
市名	里名	街庄名	大字名	區名	街庄名	堡名	街庄名
朴子市	梅華里	義竹庄	牛挑灣	南勢竹區	牛挑灣庄	白鬚公潭堡	牛挑灣庄
	松華里		牛挑灣		牛挑灣庄		牛挑灣庄
	南竹里		南勢竹		南勢竹庄		南勢竹庄

資料來源：整理自陳文尚、陳美鈴等，《嘉義縣志・卷一・地理志》（嘉義：嘉義縣政府，2009 年），頁 588～589。

第二節　朴子地區之發展過程

一、清代以前之漢人活動

　　朴子地區的發展甚早，早在漢人進入開墾之前已有平埔族在此活動，現今朴子市的內厝地區，據傳為平埔族覺妻妻社的活動範圍，〔註 15〕但是目前並無相關史料可以證明。但早自荷、鄭時期，內厝已有軍隊駐紮屯墾。其後

〔註15〕邱奕松，《朴子市志》，頁 29。

漢人的拓墾係沿溪而入：1.沿朴子溪進來，最早的二個據點為大槺榔和樸仔腳街的安溪厝，由此向外擴展。2.沿龜仔港進來，以南勢竹、牛挑灣二地為據點，向周圍進駐。〔註16〕

　　據傳，最早來到朴子地區的漢人為顏思齊等海盜集團。天啓元年（1621），顏思齊於倭密謀起事洩露，幕府緝捕危急，陳衷紀之議，若據臺勢控東南亞更能前進四方可成霸業。顏思齊從其議率黨羽十三艘，奔臺登陸笨港築寨以居，曾分笨港、鹿仔草、龜佛山、南勢竹、井水港、大坵田、大小槺榔、龜仔港、北新、土獅仔十寨以自保。〔註17〕但黃阿有則認為十寨分布在魍港內海之河口附近，以魍港為總出口，故推估大奎壁、井水港、下茄苳、鹿仔草、龜佛山、南勢竹、龜仔港、大小槺榔、大坵田、魍港，最有可能是當年顏思齊之十寨。〔註18〕

　　雖然上述二種說法並不一致，但卻僅有三個聚落之差異。姑且不論十寨位置的說法為何，其中位於朴子境內之南勢竹、大小槺榔、龜仔港，都是不變的。然而何時建立十寨，確切的年代並不可考，但根據康熙35年（1696）高拱乾所修之《臺灣府志》記載：「天啓元年，顏思齊為東洋國甲螺，引倭屯聚於臺，鄭芝龍附之，始有居民。〔註19〕」因此可得知，顏思齊是於天啓元年時入臺，而根據連橫《臺灣通史》所載，顏思齊卒於天啓五年（1625），〔註20〕故推測十寨的建立時間應該在十七世紀中葉以前。「寨」雖具有軍事性質，但也顯示出築寨的地點適合居住發展，從圖3-2-1可看出當時十寨的位置皆靠近海岸或河流，具航行與取水之便，有利於開墾定居，因此才成為早期漢人來臺灣開拓的據點。

〔註16〕陳美玲等撰述，《臺灣地名辭書卷八：嘉義縣》，頁77～78。

〔註17〕邱奕松，《朴子市志》，頁49。

〔註18〕黃阿有，〈顏思齊鄭芝龍入墾臺灣研究〉，《臺灣文獻》第54卷第4期（2003年12月），頁117。

〔註19〕高拱乾，《臺灣府志》（臺北：臺灣銀行經濟研究室，1960年），頁3。

〔註20〕「五年秋九月，思齊率健兒入諸羅山打獵，歡飲大醉，傷寒病數日篤……思齊死，葬於諸羅東南三界埔山，其墓猶存。」連橫，《臺灣通史》（臺北：臺灣銀行經濟研究室，1962年），頁728。

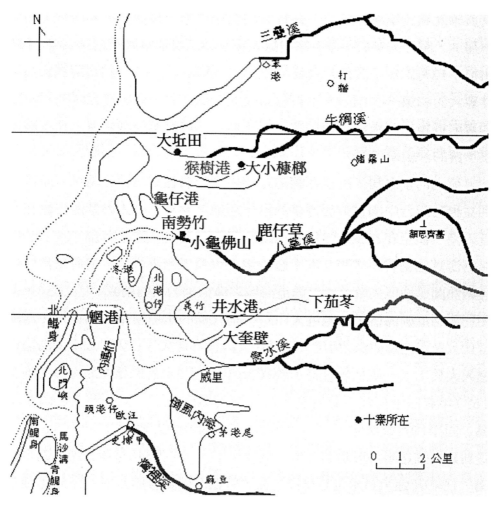

圖 3－2－1：十寨位置圖

資料來源：重繪自黃阿有，〈顏思齊鄭芝龍入墾臺灣研究〉，頁 109。

荷、鄭時期嘉義縣的拓墾主要集中在今平原中部，即朴子溪與北港溪之間，以六腳鄉一帶最多，其次則是朴子溪與八掌溪之間，從拓墾地點的分布來看，顯示其位置皆距海不遠，且多臨一主要溪流，普遍具有沿溪分布的空間特性。〔註 21〕若以交通觀點來看，早期的朴子溪與北港溪具有船舟之利，當先民渡海來臺後，此地可提供航行與停泊之便；再以地理位置來看，此時期的朴子地區離海並不遠，所以開墾點多分佈在朴子溪及北港溪間的平原，

────────────

〔註21〕陳文尚、陳美鈴等，《嘉義縣志・卷一・地理志》，頁 479～480。

即今日的朴子、六腳一帶，再加上此地地勢平坦，取水方便，亦有利於農耕事業的推展。〔註22〕因此，永曆19年（1665）漳州府詔安縣人涂遠開拓大榔槺庄，在今朴子市大鄉、大葛二里地區；永曆35年（1681）泉州府安溪縣人林馬入墾樸仔腳，在今中正、順天、開元等里。〔註23〕

明鄭時期，朴子地區已有七個主要的漢庄出現，即觀音亭（內厝）、大榔槺、猴樹港（樸仔腳）、南勢竹、牛挑灣、大坵田、龜仔港。清代以後就以這幾個主要漢庄為中心，逐漸拓墾朴子地區。〔註24〕

二、清代之聚落發展情形

有關清代朴子地區的聚落發展，可由早期的方志來探討當時的情形，根據康熙35年《臺灣府志》所載，當時的嘉義地區已有八個主要的漢人聚落出現，其中南勢竹莊、龜仔港莊、榔槺莊即位於今日朴子市行政區域內：

> 鹿仔草莊（離府治一百五十五里）、龜佛山莊（離府治一百六十里）、
> 南勢竹莊（離府治一百六十五里）、大坵田莊（離府治一百七十里）、
> 龜仔港莊（離府治一百七十五里）、榔槺莊（離府治一百七十七里）、
> 諸羅山莊（離府治一百八十里）、打貓莊（離府治一百九十里）……。

〔註25〕

接著再看這八個聚落的規模可發現，除了諸羅山莊（今嘉義市）以外，其餘七個聚落的規模並不大：

> 鹿仔草莊二甲、龜佛山莊二甲、南勢竹莊一甲、大坵田莊二甲、龜
> 仔港莊一甲、榔槺莊一甲、諸羅山莊一十甲、打貓莊二甲……。

〔註26〕

而康熙35年《臺灣府志》的記載中，嘉義地區八個主要的漢人聚落中還未見有猴樹港街（今樸仔腳街）之記載。林玉茹《清代臺灣港口的空間結構》將此時期的猴樹港歸類為四級港。四級港大多是小於一個堡或里的出入口，

〔註22〕張君豪，《朴子——一個近海街市的歷史變遷》，國立中央大學歷史研究所碩士論文，2001年，頁32～33。
〔註23〕阮忠仁，《嘉義縣志・卷二・沿革志》（嘉義：嘉義縣政府，2009年），頁111。
〔註24〕陳美玲等撰述，《臺灣地名辭書卷八：嘉義縣》，頁78。
〔註25〕高拱乾，《臺灣府志》，頁37。
〔註26〕高拱乾，《臺灣府志》，頁39。

通常只有較低位階的商業和軍事機能，主要進行島內的沿岸貿易，並與三級港以上的港口有轉運關係，爲地方性的轉運港口。〔註27〕

　　雖然樸仔腳一地的發展甚早，但地方上的開闢仍相當有限，亦未見商船往來記載，因此尚未形成街市，相形之下港口的軍事機能顯得較爲重要，且與附近小港僅組成因軍事連結而成的小系統。根據《臺灣府志》的記載，當時猴樹港已設有營汛，由臺灣水師左營負責：「分防猴樹港、笨港二汛（係報部本營官兵輪防）：千把一員、步戰守兵五十五名，戰船一隻。〔註28〕」

　　至康熙56年周鍾瑄《諸羅縣志》記載：「諸羅山庄（在縣治廟外）、外九莊（北新莊、大小榔梆莊、井水港莊、土獅仔莊、鹿仔草莊、龜佛山莊、南勢竹莊、大坵田莊、龜仔港莊）……。〔註29〕」文獻中將今日朴子市範圍內的大榔梆、小榔梆、南勢竹、龜仔港以及其他六個聚落合稱「外九莊」，而此時期的文獻中也首度出現「猴樹港街」的記載，顯示此時期的猴樹港除了原有的軍事機能外，其商業發展也已達到一定的程度，因而形成街市。

　　此時期的猴樹港已發展爲三級港。三級港主要做爲一個縣轄境內的出入口之一，通常具有商業、軍事機能，少數港口也有行政機能，並與一、二級港有轉運關係，和大陸口岸也有非官方允許的往來，爲地區性的中心港口。〔註30〕而此時的猴樹港已形成市街、商賈輻輳的港口，且因爲擁有軍事和港口機能，乃逐漸發展成嘉義平原西部的最高級中地。〔註31〕這時期的猴樹港主要從事沿岸貿易，與鄰近的鹿耳門、笨港互動較密切。根據《諸羅縣志》記載如下：

> 一曰牛朝溪，發源於大武巒。出大福興、牛朝二山之北，爲牛朝溪渡，溪過北新，至於小榔梆，爲龜仔港，又至西於猴樹港（商船輻集，載五穀貨物），南出青峰闕，入於海。〔註32〕

> 笨港街（商賈輻集，臺屬近海市鎮，此爲最大）、土獅仔街、猴樹港街、井水港街（俱屬外九莊）……。〔註33〕

〔註27〕林玉茹，《清代臺灣港口的空間結構》（臺北：知書房出版社，1996年），頁111。

〔註28〕高拱乾，《臺灣府志》，頁73。

〔註29〕周鍾瑄，《諸羅縣志》，頁30。

〔註30〕林玉茹，《清代臺灣港口的空間結構》，頁111。

〔註31〕陳文尚、陳美鈴等，《嘉義縣志・卷一・地理志》，頁542～543。

〔註32〕周鍾瑄，《諸羅縣志》，頁12。

〔註33〕周鍾瑄，《諸羅縣志》，頁32。

　　此後再依乾隆 6 年（1741）劉良璧《重修福建臺灣府志》及乾隆 12 年（1747）范咸《重修臺灣府志》中有關坊里、街市之記載，得知此時期的諸羅縣有 4 里、7 保、17 莊，〔註34〕其中位於朴子市境內的聚落仍然與康熙時期方志中的記載相同，並未出現新的街庄。至乾隆 28 年（1763）余文儀《續修臺灣府志》中，諸羅縣新增了 39 保 1 莊，〔註35〕其中今日的朴子市則分別位於大槺榔西保、大坵田西保以及白鬚公潭保的範圍內。此時期朴子地區聚落的記載仍與以前相同，未有新的街莊出現；而在街市方面，原來的「猴樹港街」也改名爲「朴仔腳街」。

　　以上的清代方志中，雖然僅記載朴子地區部分的聚落，但其他未於方志中出現的聚落卻是很早就有漢人移入開墾。到了康熙末期，朴子多數地區皆已完成拓墾並水田化，水利設施也多已修築完成，故農業收穫較爲穩定；村落內部的人口逐漸繁衍，或分立新據點，或凝聚人口形成新聚落。〔註36〕以下將荷、鄭時期以來至清代朴子地區的土地拓墾情形整理如表 3－2－1，而朴子地區各聚落出現之年代則整理如表 3－2－2。

表 3－2－1：朴子地區的土地拓墾情形

拓墾地區	時　　間	墾戶（首）	原　　籍
大 槺 榔	康熙 4 年（1665）	涂遠（招佃開墾）	漳州詔安縣
樸仔腳街	康熙 20 年以前（1681）	林馬	泉州安溪縣
下 竹 圍	康熙 28 年（1689）	李惜、黃英	泉州同安縣
雙 溪 口	康熙 40 年（1701）	陳智、侯東興、侯朝	泉州南安縣
小 槺 榔	康熙 40 年（1701）	陳智、侯東興、侯朝	泉州南安縣
牛 挑 灣	荷蘭時代（1650）	伍、麥、黃、潭、陸姓 6 人	不詳
南 勢 竹	康熙 24 年（1685）	不詳	不詳
龜 仔 港	康熙 33 年（1694）	鄭允成	泉州南安縣
新　　庄	康熙 33 年（1694）	鄭允成	泉州南安縣

〔註34〕劉良璧，《重修福建臺灣府志》，頁 78。范咸，《重修臺灣府志》（臺北：臺灣銀行經濟研究室，1958 年），頁 67。
〔註35〕余文儀，《續修臺灣府志》，頁 72。
〔註36〕陳美玲等撰述，《臺灣地名辭書卷八：嘉義縣》，頁 78。

拓墾地區	時　間	墾戶（首）	原　籍
吳竹仔腳	康熙 48 年（1709）	鄭允成	泉州南安縣
鴨母寮	康熙 48 年（1709）	鄭允成	泉州南安縣
崁　前	康熙 48 年（1709）	鄭允成	泉州南安縣
崁　後	康熙 48 年（1709）	鄭允成	泉州南安縣
應菜埔	康熙 48 年（1709）	鄭允成	泉州南安縣

資料來源：1. 陳美玲等撰述，《臺灣地名辭書卷八：嘉義縣》，頁 78。

　　　　　2. 臨時臺灣土地調查局，《臺灣土地慣行一斑》第壹編（臺北：臨時臺灣土地調查局，1905 年），頁 110～112。

表 3－2－2：朴子地區聚落出現之年代

時　期	街　庄　名　稱	聚落數
康熙	大坵田、南勢竹、龜仔港、大槺榔、小槺榔、猴樹港街、觀音亭（內厝）、牛挑灣、張竹仔腳、荷苞嶼	10
雍正──乾隆	崁後、甕菜埔（應荼埔）、下竹圍、新庄、雙溪口、安溪厝	6
嘉慶──同治	鴨母寮、崁前、新店街、頂灰磘、下灰磘、過溝（大槺榔）	6
光緒	芊埔寮、下寮、新寮、同安寮、苦瓜寮、港子垵、過港、陳竹仔腳、吳竹仔腳、竹圍子（龜仔港）、埔中央	11
日治時期	德化村（新結庄）、大館、東安寮仔、天星新村	4

資料來源：陳美玲等撰述，《臺灣地名辭書卷八：嘉義縣》，頁 79。

三、日治時期之政治沿革

　　朴子地區經過清代以來陸續的拓墾與開發，到了日治時期，各聚落大致已經發展完成，與今日朴子市的情況相去不遠。因此，本段內容主要探討日治時期朴子地區的政治沿革，將行政區域的變動分成：縣制時期、廢縣置廳、州廳時期三個階段，探討當時管轄朴子地區的行政組織、機關。

（一）縣制時期（1895～1901）

　　日治初期由於武裝抗日活動不斷，行政區域常隨局勢需要而頻繁變動。

明治 28 年（1895）6 月 28 日發布「地方官假官制」，係參考清代舊制，將臺灣地區劃為臺北、臺灣、臺南三縣，及澎湖島廳，並在縣內設支廳，此時期的樸仔腳隸屬臺灣縣嘉義支廳轄下。

此時由於臺灣人民激烈抗日，所以總督府仍然繼續實施軍政，明治 28 年 8 月 6 日發布「臺灣總督府條例」，臺灣總督府改組為軍事官衙；8 月 24 日發布「民政支部及出張所規程」，設一縣二民政支部一廳，原臺灣及臺南二縣改為民政支部，且在民政支部下設出張所，以配合軍事統治。此時期的樸仔腳屬臺南民政支部嘉義出張所管轄。同時為了安定民心，維持社會秩序，成立了樸仔腳保良局，局址位於配天宮媽祖廟東廂，由黃連興擔任局長。〔註37〕

明治 29 年（1896）4 月 1 日，由於各地抗日勢力大致底定，因此恢復民政，實施「臺灣總督府地方官組織」，廢除民政支部與出張所，改設臺北、臺中、臺南三縣及澎湖島廳，各縣下仍置支廳。同年 5 月 20 日發布「縣島廳及支廳管轄區域」，此時期的樸仔腳屬臺南縣嘉義支廳管轄，而原先樸仔腳保良局的功能則為嘉義警察署樸仔腳警察分署所取代，首任分署長為筑紫照門。

明治 30 年（1897）5 月 3 日公布「臺灣總督府地方官官制」（敕令第 152 號），進行地方制度改正，將原三縣一廳改為六縣（臺北、新竹、臺中、嘉義、臺南、鳳山）三廳（宜蘭、臺東、澎湖），並廢止原有支廳，在縣廳之下設置辦務署以執行轄區內事務，且地方基層派街庄長代行職責。此時期樸仔腳屬嘉義縣管轄，同年 6 月 14 日設立樸仔腳辦務署，首任署長為田島基胤，參事為黃連興，起初暫借配天宮媽祖廟西廂辦公，10 月新築廳舍落成遷移。〔註38〕其管轄範圍為：大槺榔東下堡、蔦松堡、大坵田西堡、大槺榔西堡、鹿仔草堡。〔註39〕

明治 31 年（1898）6 月 18 日修正公布「臺灣總督府地方官官制」（敕令第 108 號），改設三縣（臺北、臺中、臺南）三廳（宜蘭、臺東、澎湖）。此時期樸仔腳改隸屬臺南縣轄下，仍設樸仔腳辦務署，管轄範圍不變，轄下另設東石港支署。此外，因為打貓、樸仔腳、嘉義辦務署三地之距離甚近，若

〔註37〕邱奕松，《朴子市志》，頁 74。
〔註38〕邱奕松，《朴子市志》，頁 75。
〔註39〕《臺灣總督府府報》，第 95 號，府令第 21 號，明治 30 年 6 月 10 日，頁 3。

分別行政的話則會造成統治上的不便，所以於明治 33 年（1900）時將其改隸屬於嘉義辨務署之下，樸仔腳辨務署則改爲樸仔腳支署。該年《臺灣日日新報》報導如下：

> 辨務署減數實爲確立行政之基礎，本島統治上所最切要也……又打貓與樸仔腳俱廢屬嘉義之專管，以打貓距嘉義僅二里半，聞其中市街自嘉義可得見之不過一部落耳，且其位置與臺中縣相接，土匪之關係等相維繫焉。而樸仔腳亦相距不遠，與嘉義之關係甚大，地形上一般之事業隱然嘉義之轄下，欲使之三分相對立，統治上亦太不便，況嘉義爲中部鄰境之重鎮，故廢此二署爲嘉義所專管。〔註40〕

（二）廢縣置廳（1901～1920）

明治 34 年（1901）11 月 9 日「臺灣總督府地方官官制」修正公布（敕令第 202 號），進行大規模的地方行政區域改革，廢除縣及辨務署，全臺改設二十廳（臺北、基隆、宜蘭、深坑、桃仔園、新竹、苗栗、臺中、彰化、南投、斗六、嘉義、鹽水港、臺南、蕃薯寮、鳳山、阿猴、恆春、臺東、澎湖），廳下則設支廳。此時期嘉義廳下轄樸仔腳、東石港、新港、打貓、中埔、梅仔坑、大莆林等七支廳。〔註41〕樸仔腳支廳廳址爲樸仔腳街原支署，首任支廳長爲庄崎惣次郎，但同年 11 月 23 日卻因爲發生樸仔腳事件而殉職。〔註42〕

明治 42 年（1909）10 月 23 日「臺灣總督府地方官官制」修正公布（敕令第 282 號），將原有二十廳整併爲十二廳（臺北、宜蘭、桃仔園、新竹、臺中、南投、嘉義、臺南、阿猴、臺東、花蓮港、澎湖），廳下仍設置支廳，而廳及支廳之下則設區，管轄街庄社。此時期的嘉義廳下轄十二支廳（中埔、竹頭崎、打貓、土庫、斗六、西螺、下湖口、北港、樸仔腳、東石港、鹽水港、店仔口），〔註43〕而樸仔腳支廳則下轄樸仔腳、灣內、六腳佃、後潭、鹿仔草等五區。〔註44〕廢縣置廳後臺灣地方行政區域制度逐漸穩定。

〔註40〕《臺灣日日新報》，〈辨務廢合〉，第 569 號，明治 33 年 3 月 28 日。
〔註41〕陳淳斌，《嘉義縣志·卷四·政事志》（嘉義：嘉義縣政府，2009 年），頁 23。
〔註42〕明治 34 年 11 月 23 日新嘗祭，來自十八重溪義首黃松茂、後大埔義首陳堤，統率各地義軍集結四百名：匯聚潛伏內應義首黃國鎮、本街義首陳大泉所率二百六十名，大舉血洗日籍機構，支廳長庄崎警部以下日籍人員十一名罹難。邱奕松，《朴子懷舊》（嘉義：嘉義縣朴子市公所，1999 年），頁 14。
〔註43〕陳淳斌，《嘉義縣志·卷四·政事志》，頁 24。
〔註44〕陳淳斌，《嘉義縣志·卷四·政事志》，頁 25。

（三）州廳時期（1920～1945）

大正 8 年（1919）首任文官總督——田健治郎就任，其爲推行同化政策而致力於制定地方自治制度。大正 9 年（1920）7 月 26 日公布「臺灣總督府地方官官制」（敕令第 218 號），〔註45〕並於同年 7 月 30 日公布「臺灣州制」（律令第 3 號）、「臺灣市制」（律令第 5 號）、「臺灣街庄制」（律令第 6 號），將全臺劃爲五州（臺北、新竹、臺中、臺南、高雄）二廳（花蓮港、臺東），州下設郡及市，廳下仍設支廳，郡之下再設街庄。地方制度改正後，規定州、市、街庄不僅是行政區劃，也是地方公共團體。此外，原地名「樸仔腳」也在此時改爲「朴子」，隸屬臺南州東石郡朴子街轄下，地方行政中心——東石郡役所及朴子街役場均設置在此。而首任朴子街長——黃媽典，即爲朴子公學校的畢業校友。

朴子街役場除了做爲朴子街的行政機關外，尚設有其他附屬機構，如：朴子市場、朴子魚市場、朴子家畜市場、朴子自來水廠等。而地方制度改正後，公布街庄制始實施地方團體制度，按街庄制有關法令規定得設街庄協議會，且悉數協議會員皆官派，本質上非議事機關，亦非諮議機構，其目的乃推行殖民政策，輔助地方行政作用。朴子街協議會於大正 9 年 10 月 1 日成立，並核派首屆朴子街協議會員，地址位於朴子街役場二樓。〔註46〕表 3－2－3 爲首屆朴子街協議會員名錄。

表3－2－3：首屆朴子街協議會員名錄

姓　　名	履　　歷	住　　所	備　　註
戶板守正	朴子公學校長	朴 子 街	
川瀨吉藏	朴子郵便局長	朴 子 街	
福島　寬	嘉義銀行朴子出張所長	朴 子 街	
黃 慎 儀	保正保甲聯合會長	朴 子 街	
陳 添 貴	請負業	朴 子 街	
鄭 國 樹	西醫師	朴 子 街	

〔註45〕「臺灣總督府地方官官制」自大正 9 年 9 月 1 日起施行，然有關街庄之規定則自同年 10 月 1 日起施行。
〔註46〕邱奕松，《朴子市志》，頁 80。

姓　　名	履　　歷	住　　所	備　　註
鄭　罳	商業	朴子街	
黃楷侯	煙草賣捌人（配銷者）	朴子街	
涂分局	保正保甲聯合會長	大糠榔庄	
張枝生	農業	鴨母寮庄	
穎川一三	公醫	朴子街	大正9年12月25日增派
蔡啓耀	保正	朴子街	大正10年4月27日增派
蔡芳善	壯丁團長	朴子街	大正11年4月13日增派
丸野公雄	朴子小學校長	朴子街	大正11年5月15日增派

資料來源：邱奕松，《朴子市志》，頁80。

圖3－2－2：東石郡役所

資料來源：邱奕松，《朴津寫眞》（嘉義：嘉義縣朴子市公所，1998年），附錄68。

圖 3－2－3：朴子街役場

資料來源：邱奕松，《朴津寫眞》，附錄 69。

第三節　日治時期朴子街之經濟概況

明治 31 年（1898）公布的「臺灣公學校令」規定，公學校的設立與維持之經費須由地方負擔。而地方的經費來源則與當地的經濟活動息息相關，是以本節主要探討當時朴子街的經濟概況，透過經濟發展了解公學校和地方繁榮的相互關係。朴子因具備（河）港口貿易性質，故產業本身並不侷限於農業，而是具備高度商業色彩，雖然在清中葉以後，整體的自然環境使得船舶無法直接停泊靠岸，但基礎的商業機能都較其他鄉鎮完備，所以朴子一直是當地重要的經濟中心。〔註47〕

一、工商業發展情況

朴子地處牛稠溪下游南畔，昔時溪寬水深，可使船舶自由航行。根據乾隆 6 年（1741）《重修福建臺灣府志》所載：「諸羅縣：笨港、蚊港、鹽水港、猴樹港（以上惟臺屬小商船往來貿易）。〔註48〕」雍正 4 年（1726）泉州府同安縣人陳金生溯沿溪流至樸樹宮旁側定居，從事貿易。繼之，有同鄉商賈數

〔註47〕張建俅，《嘉義縣志・卷七・經濟志》（嘉義：嘉義縣政府，2009 年），頁 85。
〔註48〕范咸，《重修臺灣府志》，頁 89。

人來渡築商舖營估。當時竹筏以擺渡猴樹港，上溯牛稠溪抵網仔寮，集散諸羅縣境物資，朴子乃成爲貨物的集散地。即使在乾隆中葉以後，因牛稠溪淤淺與猴樹港陸化，使朴子失去原有河港口功能，被今東石港所取代，[註49]但因爲具有貨物集散地及鄰近東石港的優勢，朴子仍不失爲一重要街市。

表3－3－1：清代朴子街商號一覽

行 號	年代	祖籍	開基祖	營業項目
義興	乾隆中葉	漳洲海澄	陳崇秀	油車
復成	嘉慶元年	泉州同安	陳拔浚	糖販、籤仔貨
玉勝、玉珍、玉豐	嘉慶5年	泉州晉江	黃多俊	餅舖
義成	道光中葉	泉州晉江	蔡清智	請負、染布、油車
振昌、振利	道光中葉	泉州同安	劉光平	陶器、船頭行
東瑞	道光中葉	泉州同安	吳國樑	陶器、船頭行
長興	咸豐中葉	漳洲	蘇福、蘇海	布帛
源遠	光緒中葉	泉州晉江	蔡涵	油車、船頭行
香美齋	光緒中葉	泉州同安	吳紹協	餅舖
源興	光緒中葉	泉州	蘇風榮	船頭行
連謀	光緒中葉	泉州同安	蔡士來	刺繡
慶順	光緒末葉	泉州	陳信	糖廍、油車

資料來源：邱奕松，《朴子市志》，頁376。

由表3－3－1得知，朴子街的商號大多數都是泉州人經營的，這和朴子居民多爲泉州籍有密切關連，[註50]從表3－2－1的內容來看，早期朴子地區的開墾也是以泉州人居多。而這些商號所經營的項目多是民生必需品，大多是臺灣無法自行生產的用品。此外，亦有些商號經營船頭行，專門從事各地物產與商品的販賣與流通，與中國有密切的貿易關係。由此證明，雖然朴子在清末時期就已經不具備港口條件，但因爲鄰近東石港，所以仍具有港口貿易的功能。

〔註49〕邱奕松，《朴子市志》，頁20～21。
〔註50〕根據昭和3年（1928）的調查，朴子街居民祖籍爲泉州者約占81.29％；漳州者約占18.71％。臺灣總督官房調查課，《臺灣在籍漢民族鄉貫別調查》（臺北：臺灣時報發行所，1928年），頁24～25。

日治時期朴子街上的店鋪，主要販售的物品仍以民生日用品相關的為最多，如：食品、衣服、日用雜貨、燃料等，但值得注意的是，金融、服務業性質的行業也開始出現，如：銀行業、貸付業等。根據昭和 2 年（1927）《臺灣商工名錄》、昭和 9 年（1934）《臺灣商工業案內總覽》之記載，以及昭和 15 年（1940）富田芳郎對朴子街所做的調查，將各時期街上店鋪的種類、數量整理如下：

（一）昭和 2 年《臺灣商工名錄》

白米 4 家、菓子 3 家、魚類 9 家、肉類 13 家、食料品 4 家、酒 10 家、食鹽 5 家、醬油 5 家、砂糖 4 家、煙草 14 家、吳服 8 家、和洋雜貨 2 家、小間物 1 家、雜貨 16 家、荒物 5 家、陶器 2 家、石油木炭 10 家、雜穀肥料 5 家、賣藥阿片 6 家、木材水泥 2 家、金物 1 家、度量衡器 1 家、爆竹 2 家、古物 1 家、問屋業 1 家、請負業 1 家、銀行業 1 家、貸付業 9 家、製造業 4 家、運送業 3 家、料理店業 4 家、飲食店業 1 家、其他 1 家。〔註51〕

（二）昭和 9 年《臺灣商工業案內總覽》

日用品（食料品、雜貨）46 家、吳服（隨身物品）10 家、家具類（金物、建具）10 家、時計業 3 家、自轉車 9 家、印刷文具 5 家、藥品 20 家、醫院 13 家、其他 25 家。〔註52〕

（三）昭和 15 年富田芳郎的調查

飲食店 176 家、日用雜貨店 96 家、藥種賣藥店 73 家、米店 36 家、海產生魚店 35 家、糕餅生果店 34 家、洋品百貨店 34 家、五金店 27 家、家俱器俱店 25 家、肉類店 24 家、木材水轄磚瓦店 21 家、洋服洋裝店 16 家、肥料種子店 14 家、蔬菜店 12 家、竹籐細工店 14 家、綢布棉被店 12 家、自行車店 9 家、鞋店 9 家、古物店 9 家、挽車店 6 家、家畜店 6 家、鐘錶珠寶店 5

〔註51〕整理自栗田政治，《臺灣商工名錄》（臺北：臺灣物產協會，1927 年），頁 67、106、133～134、180、199、210、265、287、297、317、387～388、433、461～462、499、615～616、642、662、702～703、730、773～774、799、818、822、832、854、861、883、896、928、1010、1042、1086、1113、1135。小間物：婦女小件用品雜貨店（針線舖）、荒物：日用雜貨、金物：金屬器具、問屋業：批發商業、請負業：承包業、貸付業：貸款業。
〔註52〕整理自陳永清，《臺灣商工業案內總覽》（臺中：東明印刷合資會社，1934 年），頁 349～351。

家、金銀細工店 5 家、棺材店 1 家、文具店 3 家、其他 26 家，合計 728 家。
〔註 53〕

　　日治時期的朴子街除了商業發達外，工業亦相當興盛。清代臺灣的日常
生活用品多從中國進口，因此臺灣本島並不具備製造能力；而進入到日治時
期後，日本刻意切斷臺灣與中國之關係，於是原本自中國輸入的商品遂逐漸
斷絕，所以朴子街便開始製造日常生活所需之物品，發展輕工業，工商業蓬
勃發展。

　　根據大正 10 年（1921）《朴子沿革誌》、昭和 6 年（1931）《朴子街勢一
覽》以及昭和 10 年（1935）《朴子街要覽》之記載，可發現街上主要的工業
設施以食品加工及手工業為主，如：製油、製麵、碾米、磚瓦、鐵工等。茲
將各時期朴子街的工業概況整理如下：

（一）大正 10 年《朴子沿革誌》

　　台灣電氣合同株式會社朴子營業所（技術員 1 人、職工 4 人）、台樸製酒
株式會社（技術員 1 人、職工 2 人）、煉瓦工廠 4 間（職工 38 人）、精米工廠
8 間（職工 17 人）、製藤工廠 3 間（職工 107 人）、製粉工廠 1 間（職工 2 人）、
染色工廠 1 間（職工 5 人）；另有規模較小的醬製造 2 戶、家具 19 戶、竹細
工 6 戶、油製造 7 戶、製麵 18 戶、製粉 7 戶、靴製造 1 戶。〔註 54〕

（二）昭和 6 年《朴子街勢一覽》

　　製油 5 戶（職工 26 人）、製麵 22 戶（職工 47 人）、磚瓦 5 戶（窯數 23，
職工 141 人）、醬油 4 戶（職工 10 人）、碾米 15 戶（職工 37 人）、金銀紙 26
戶（職工 71 人）、線香 3 戶（職工 3 人）、染色 4 戶（職工 6 人）、金銀細工 6
戶（職工 14 人）、鐵工 21 戶（職工 32 人）、木製品 29 戶（職工 38 人）、竹
細工 7 戶（職工 14 人）、製餅 10 戶（職工 24 人）。〔註 55〕

（三）昭和 10 年《朴子街要覽》

　　製麵 18 戶（職工 25 人）、製油 4 戶（職工 20 人）、帽子製造 1 戶（職工

〔註 53〕富田芳郎，〈臺灣鄉鎮之地理學的研究〉，《臺灣風物》第 5 卷第 1 期（1955
　　　　年 1 月），頁 27。
〔註 54〕朴子街役場，《朴子沿革誌》（大正 10 年），轉引自邱奕松，《朴子市志》，頁
　　　　401～403。
〔註 55〕朴子街役場，《朴子街勢一覽》（昭和 6 年），轉引自邱奕松，《朴子市志》，頁
　　　　404。

4 人)、藤細工 1 戶(職工 1 人)、皮革製品 8 戶(職工 12 人)、磚瓦類(窯數 29，職工 180 人)、本島式醬油 5 戶(職工 12 人)、籾摺及精米 12 戶(職工 21 人)、金銀紙 23 戶(職工 74 人)、線香 3 戶(職工 3 人)、金銀細工 5 戶(職工 7 人)、鐵工 13 戶(職工 34 人)、木造品 24 戶(職工 44 人)、竹細工 9 戶(職工 16 人)、製菓 10 戶(職工 20 人)。〔註56〕

　　而根據富田芳郎的調查，昭和 12 年(1937)時朴子街的脫穀碾米業有 17 戶，使用職工 32 人，其他產業還有製麵、豚肉加工、製油(主要為胡麻油)、金銀加工、皮革、醬油、竹加工、木工家俱、打鐵等。家庭副業以編帽為最，從事人員達 700 人，又有紙錁製造，如內厝部落各戶皆有從事者。〔註57〕

二、農業發展情況

　　除了街內繁盛的工商業外，街外的村落因地處平原地帶，故自先民移墾以來，便是以農業為主要的經濟活動。然而，清代的朴子地區乾季長達半年以上，雖然早自康熙年間部分地區已築埤灌溉田地，但多數地區仍缺乏穩定灌溉水源，水資源的開發有限，故土地利用向來以旱園為主，水田極少。根據《諸羅縣志》記載，清代朴子地區的水利設施大致可分成「陂」及「涸死陂」二種：

> 陂
>
> 朱曉陂，在外九莊大坵田。源由荷包嶼大潭出，有泉；淋雨時，鹿仔草、大榔梆、坑埔之水注大潭中，透至鬼仔潭止；大旱不涸。康熙四十三年，管事同莊民合築。
>
> 樹林頭陂，在外九莊。源由八掌溪尾出，長五、六里許；灌樹林頭、新南勢竹二莊。康熙五十六年，知縣周鍾瑄捐穀五十石助莊民合築。
>
> 牛挑灣陂，在外九莊。源由龜仔港頭出，灌牛挑灣、龜仔港二莊。康熙三十四年，莊民合築。〔註58〕

〔註56〕整理自朴子街役場，《朴子街要覽》(臺南：朴子街役場，1935 年)，頁 18～24。
〔註57〕富田芳郎，〈臺灣鄉鎮之地理學的研究〉，頁 27。
〔註58〕周鍾瑄，《諸羅縣志》，頁 36。

> 涸死陂
>
> 楝梛莊陂，在外九莊。灌大、小楝梛二莊。康熙五十三年，知縣周
> 鍾瑄捐穀五十石助莊民合築。
>
> 竹仔腳陂，在外九莊龜仔港北。康熙五十五年，莊民合築。〔註59〕

此情形一直要到昭和5年（1930），嘉南大圳開發完成，原牛挑灣陂、樹林頭陂的灌溉區以外地區，全被納入此一新灌溉系統；實施三年輪灌，才有了穩定的灌溉水源，提高單位面積的產量。〔註60〕

朴子地區的農業經營方式，從清代至昭和初年，大都維持類似的形態；作物的種類相當雜異多樣性，除了稻作外，以雜糧和經濟作物爲主。其作物之種植，採輪作方式，在傳統埤圳灌溉區，早冬種植陸稻、芝麻，晚冬爲水稻；無埤圳灌溉區則早冬種植陸稻，晚冬爲甘藷、甘蔗，若爲土質黏重的看天田，則僅在晚冬雨季來臨時種水稻。〔註61〕因此，以旱田爲主的朴子地區種蔗煮糖就變成了一項重要的工作。在今日的朴子市範圍內，經實察即有舊式糖廍 19 處；而在日治初期，統計自《南部臺灣紳士錄》，經營糖業的便有20 人，證明糖業在朴子地區的重要性與普遍性。〔註62〕

然而，到了日治時期新式糖廠設立之後，舊式糖廍因生產成本和產能均低的劣勢之下，不到十年之間，便消失於平原上。當時朴子地區的蔗園，轉而變成明治製糖株式會社蒜頭製糖工廠的原料區。此後朴子地區的土地利用，也因新式糖廠擴大蔗作面積、購地自營農場，並改變農民的耕作習慣；同時因昭和 5 年嘉南大圳通水，雖然水田面積大量增加，但在三年輪作制的實施下，其作物種類均一且面積大，逐漸形成專業化的農業景觀。〔註63〕

表 3－3－2：朴子街耕地面積變化情形（1921～1939）

年　度	田	畑	合　計
大正 10 年（1921）	830.00 甲	2835.00 甲	3665.00 甲
昭和 5 年（1930）	880.33 甲	2795.60 甲	3675.93 甲
昭和 8 年（1933）	819.94 甲	2707.24 甲	3527.18 甲

〔註59〕周鍾瑄，《諸羅縣志》，頁 40。
〔註60〕陳美玲，〈朴子地區的生態環境變遷與地名〉，頁 235。
〔註61〕陳美玲等撰述，《臺灣地名辭書卷八：嘉義縣》，頁 80。
〔註62〕陳美玲等撰述，《臺灣地名辭書卷八：嘉義縣》，頁 81。
〔註63〕陳美玲等撰述，《臺灣地名辭書卷八：嘉義縣》，頁 81。

年　度	田	畑	合　計
昭和 9 年（1934）	822.25 甲	2700.43 甲	3522.68 甲
昭和 10 年（1935）	3456.70 甲	298.53 甲	3755.23 甲
昭和 11 年（1936）	3434.35 甲	303.43 甲	3737.78 甲
昭和 13 年（1938）	3467.05 甲	277.41 甲	3744.46 甲
昭和 14 年（1939）	3486.43 甲	279.25 甲	3765.68 甲

資料來源：1. 朴子街役場，《朴子沿革誌》（大正 10 年），轉引自邱奕松，《朴子市志》，頁 393。

2. 東石郡役所，《東石郡要覽》（1932、1934～1937、1938、1939）。

表 3－3－2 為 1921 年至 1939 年間朴子街耕地面積變化情形，可以發現在昭和 10 年以前朴子街的耕地仍以旱田為主，但昭和 10 年以後反而以水田所占面積較多，此情況與昭和 5 年嘉南大圳的完工有相當密切的關係。然而，朴子多數地區早在清代就已完成拓墾，故嘉南大圳通水啓用後並未讓朴子街的整體耕地面積有大幅度的增加，僅止於旱田的水田化而已。

表 3－3－3：大正 10 年朴子街各大字耕地面積、農業人口

大 字 名	田	畑	耕地面積	農業人口
朴　　子	－	107 甲	107 甲	15
雙 溪 口	55 甲	440 甲	495 甲	798
大 榔 槺	31 甲	391 甲	422 甲	600
小 榔 槺	62 甲	401 甲	463 甲	440
下 竹 圍	79 甲	251 甲	330 甲	638
應 菜 埔	65 甲	124 甲	189 甲	107
崁　　前	92 甲	96 甲	188 甲	303
崁　　後	65 甲	242 甲	307 甲	981
龜 子 港	78 甲	48 甲	126 甲	507
鴨 母 寮	50 甲	364 甲	414 甲	892
吳竹仔腳	27 甲	108 甲	135 甲	433
新　　庄	226 甲	263 甲	489 甲	1052

大字名	田	畑	耕地面積	農業人口
共　計	830 甲	2835 甲	3665 甲	6766

資料來源：朴子街役場，《朴子沿革誌》（大正 10 年），轉引自邱奕松，《朴子市志》，頁 393；張君豪，《朴子——一個近海街市的歷史變遷》，頁 83。

此外，根據表 3－3－3 的內容來看，大正 10 年朴子街各大字的耕地面積以朴子爲最少，所以從事農業工作的人口也最少，僅有 15 人而已，且耕地僅有旱田沒有水田。因爲市街內主要的經濟活動並非以農業爲主，所以耕地面積及農業人口當然也較少。朴子街的耕地主要是分布在市街外的其他 11 個大字，農業人口也以這 11 個大字爲最多，尤其是在朴子的南方（新庄、崁後、鴨母寮、下竹圍）與東方（雙溪口、大槺榔、小槺榔）一帶。

在農作物種類方面，朴子地區因地處平原，耕種方便，故農業發達。從大正 10 年《朴子沿革誌》及昭和 9 年（1934）《樸樹の蔭》的統計中，可得知朴子街主要的農作物爲米、甘蔗、甘藷、豆類，這些作物在種植面積、收穫量都較其他作物來的多。此外，雙溪口、大槺榔等地因爲鄰近明治製糖株式會社蒜頭製糖工廠，所以甘蔗的產量及產值也較其他地區多。〔註64〕

表 3－3－4：朴子街各產業生產額（1921～1930）

年　度	生　　產　　額				
	農　業	商工業	畜產、水產	其　他	合　計
大正 10 年	195160 圓	282850 圓	50630 圓	160670 圓	689310 圓
	28.31%	41.03%	7.35%	23.31%	100.00%
大正 11 年	281906 圓	193093 圓	31510 圓	279765 圓	786274 圓
	35.85%	24.56%	4.01%	35.58%	100.00%
大正 12 年	402891 圓	186106 圓	39500 圓	353346 圓	981843 圓
	41.03%	18.95%	4.02%	35.99%	100.00%
昭和 3 年	404000 圓	281000 圓	50000 圓	315000 圓	1050000 圓
	38.48%	26.76%	4.76%	30.00%	100.00%

〔註64〕朴子街役場，《朴子沿革誌》（大正 10 年），轉引自邱奕松，《朴子市志》，頁 395、399～400。朴子公學校（日籍）教師群合著、邱奕松，《樸樹の蔭》（嘉義：朴子公創校百年紀念會，1995 年），頁 102。

年　度	生　　產　　額				
	農　業	商工業	畜產、水產	其　他	合　計
昭和4年	422000圓	295000圓	48000圓	311000圓	1076000圓
	39.22%	27.42%	4.46%	28.90%	100.00%
昭和5年	383000圓	260000圓	67000圓	368000圓	1078000圓
	35.53%	24.12%	6.22%	34.14%	100.00%

資料來源：臺南州知事官房文書課，《臺南州統計書》（1922、1924、1925、1930～1932）。

　　由表3－3－4來看可得知，日治時期朴子街的經濟型態還是以農業為主，除了大正10年農業的產額較工商業低以外，其餘年度大概都占朴子街整體產額的40%左右。而工商業的產額以大正10年最高，占整體產額的41.03%；最低時為大正12年（1923）的18.95%，其餘年度大概都占整體產額的25%左右。

三、樸仔腳街的牛墟

　　在農業社會中，牛是相當重要的工具，所以牛墟的出現，亦見證著農業的發達。朴子因本身交通、經濟、政治等因素，可說是鄰近村落的交易中心，而在以農業為主的年代中，牛便成為相當重要的資產，而牛墟自然成為牛隻販賣的主要場所。〔註65〕朴子地區早在清代便設有牛墟，但到了日治初期，原本的牛墟因戰亂或政策使然，曾暫停運作一段時間，造成民眾諸多的不便，於是明治31年地方人士便請願，要求重開牛墟：

> 　　從來設置大槺榔西堡下竹圍庄牛墟場者，在清國時代為官物，其所收利益者納官，迨本島入日本帝國版圖以來，沒有關取辦方法，致現今人民互相爭起，苟且貪利，謀一身一己之利而已，斯不益於社會如何。遺憾想邇來欲為公共事業與一般人民協議，另別紙規則定制該照規則，收其利充為教育、衛生、其他為公共事業，請將右牛墟場允准稟請。
>
> 　　明治三十一年八月三日
>
> 　　　　　　　臺南縣大槺榔西堡樸仔腳管內人民總代

〔註65〕張君豪，《朴子——一個近海街市的歷史變遷》，頁87。

辦務署參事黃連興

辦務署參事吳澤三

第一區街長黃楷侯

第二區街長劉達材

第三區街長黃國藩

臺南縣知事磯貝靜藏殿〔註66〕

　　根據該請願書中「牛墟規則」之規定，樸仔腳街的牛墟設在大槺榔西堡下竹圍庄人民共有地，為樸仔腳管內人民的公共事業。每月二、五、八之日開墟，〔註67〕牛墟的收入，扣除墟長以下之月手當及雜費，其餘充為管內教育、衛生，其他為公共事業費，〔註68〕惟礙於目前史料之不足，因此無法得知當時牛墟場的收入是如何分配做為朴子街的教育經費使用，有待日後發現相關資料後再繼續探討。此外，在牛墟內買賣者必納墟科，若在墟外買賣者，罰墟科金十倍。〔註69〕

表3－3－5：大槺榔西堡樸仔腳街牛墟交易概況

年　　度	開設回數	出場頭數		販賣頭數		販賣價額（圓）		
		水牛	黃牛	水牛	黃牛	水牛	黃牛	合計
明治43年	108	2600	2150	650	230	18100	7960	26060
明治44年	90	2500	2500	700	265	2948	4385	7333
大正元年	97	4200	1640	750	450	19500	11600	31100
大正2年	95	5400	2320	1126	493	27781	11924	39705

〔註66〕《臺灣總督府公文類纂》，永久保存，「樸仔腳黃連興牛墟願處分ノ件」（元臺南縣），1898－08－01（明治31年）。

〔註67〕即每月的二、五、八、十二、十五、十八、廿二、廿五、廿八等日開墟。牛墟的交易並不是每天進行，而是鄰近數墟之間採輪墟的方式，一般以三日墟為主。所謂三日墟，即每旬（十日為一旬，每月三旬）三次集的集期，例如鹽水墟每逢陽曆一、四、七日開墟，善化墟是二、五、八日開墟，北港則是三、六、九日開墟，每逢十日停墟（俗稱犯十，牛販藉此休息）。邱淵惠，《臺灣牛：影像‧歷史‧生活》（臺北：遠流出版社，1997年），頁156。

〔註68〕明治31年樸仔腳公學校設立請願書即提到，學校基本財產來自牛墟場的收入。《臺灣總督府公文類纂》，永久保存，「公學校設置認可ノ件」（元臺南縣），1898－09－01（明治31年）。

〔註69〕《臺灣總督府公文類纂》，「樸仔腳黃連興牛墟願處分ノ件」（元臺南縣）。

年　　度	開設回數	出場頭數		販賣頭數		販賣價額（圓）		
		水牛	黃牛	水牛	黃牛	水牛	黃牛	合計
大正 3 年	100	3861	2832	2309	3237	65811	94290	160101
大正 5 年	108	4444	2787	1235	744	38082	20816	58898
大正 6 年	112	3260	1539	1877	844	73714	34832	108546

資料來源：嘉義廳庶務課，《嘉義廳統計摘要》（1911～1915、1917、1918）。

四、經濟發展與人口成長

　　表3－3－6為大正9年至昭和16年間朴子街的人口成長趨勢，在20年的時間內，朴子街的總戶口大約增加了一千戶，而總人口則增加了一萬人左右。

表3－3－6：朴子街人口概況（1920～1941）

年　　度	戶　　數				人　　口			
	內地人	本島人	其他	合計	內地人	本島人	其他	合計
大正 9 年	78	3290	4	3372	221	16272	44	16537
大正 11 年	79	3267	7	3353	280	16828	46	17154
大正 12 年	84	3220	4	3308	257	16825	36	17118
大正 13 年					276	16854	64	17194
大正 14 年	97	3263	7	3367	322	16984	45	17351
昭和 2 年	106	3221	3	3330	358	17400	36	17794
昭和 3 年	116	3275	9	3400	377	17774	51	18202
昭和 4 年	118	3269	13	3400	381	18227	67	18675
昭和 5 年	122	3335	17	3474	405	19009	96	19510
昭和 6 年	129	3399	14	3542	407	19390	84	19881
昭和 7 年	113	3409	8	3530	377	19920	77	20374
昭和 8 年	123	3672	17	3812	395	21566	86	22047
昭和 9 年	126	3740	16	3882	451	22029	96	22576
昭和 10 年	132	3800	18	3950	451	22587	111	23149
昭和 11 年	136	3935	24	4095	446	23235	144	23825
昭和 12 年	160	3978	24	4162	523	23866	118	24507

年　度	戶　　數				人　　口			
	內地人	本島人	其他	合計	內地人	本島人	其他	合計
昭和 13 年	161	4020	33	4214	517	24313	149	24979
昭和 14 年	157	3975	31	4163	539	24617	138	25294
昭和 16 年	163	4175	37	4375	583	25817	122	26522

備註：其他包含外國人、朝鮮人、支那人。

資料來源：臺南州知事官房文書課，《臺南州統計書》（1922、1924～1927、1929～1941、
　　　　　1943）。

　　朴子街的產業結構完整，日常所需的民生用品皆可以自行生產，或是透
過街上的商家購買，街上手工業發達且店舖林立，此外又鄰近蒜頭製糖工廠，
爲製糖原料的生產區，因此農、工、商業均有一定程度的發展。再加上大正 9
年地方制度改正後，朴子街爲臺南州東石郡役所的所在地，在經濟持續發展
與地方行政中心設立的加持下，人口數呈現出逐年上升的趨勢。

　　經濟發展帶動朴子街人口的成長，而人口成長也連帶影響就學人口的增
加，人民有求學的需求，自然會有學校的設立。因此，日治時期的朴子街就
陸續設立了三所公學校（朴子公學校、朴子女子公學校、鴨母寮公學校）及
一所小學校（朴子尋常高等小學校）。而明治 31 年的公學校令規定，除了教
職員的俸給與旅費外，公學校的設置及維持所需的經費須由地方街庄社來負
擔，以日治時期朴子街的經濟狀況來看，確實具有設立公學校的能力。由此
可知，經濟發展、人口成長與學校設立三者之間有著密不可分的關係。再從
表 3－3－7 來看可得知大正 9 年度樸仔腳公學校的收入在扣除經常費和臨時
費後還有結餘可轉入下個年度使用。

表 3－3－7：大正 9 年度朴子公學校歲入及歲出決算

歲　　入			歲　　出			
經常費	臨時費	計	經常費	臨時費	翌年度繰越	計
9901 圓	1489 圓	11390 圓	4647 圓	4609 圓	2133 圓	11389 圓

備註：「翌年度繰越」：將餘款轉入下個年度。

資料來源：臺南州知事官房文書課，《臺南州統計書》（臺南：臺南州知事官房文書課，
　　　　　1923 年），頁 48。

第四章　朴子公學校之設立與發展

　　「朴子公學校」為朴子地區第一所近代學校，在日本統治臺灣期間，為因應歷史與政策的發展，校名曾多次變更，而在時代的推進下，亦衍生出許多的分校，因此「朴子公學校」在朴子地區的初等教育發展上有其重要性。本章將從「朴子公學校」的設立經過與發展過程進行探討，了解當時的學校規模，並且對當時公學校的教師與學生進行相關的分析。

第一節　學校沿革

一、國語傳習所分教場時期

　　明治 29 年（1896）9 月 1 日，嘉義地區第一所近代學校「嘉義國語傳習所」開所，乙科生開始上課。然而，初期因為受到戰亂的影響，所以在學生的招募過程中並不順利，依《臺灣教育沿革誌》所述可得知：

> 嘉義國語傳習所由永田巖奉命任所長，著手招募學生，但當時雲林乃土匪巢穴，嘉義亦遭戰火波及，是個人心惶惶的時代，故而招募事宜未能盡如人意。九月一日乙科生開始上課。當日出席者唯有陳天恩一人。向保良局長、四門之總理問其原因，答曰日軍無法擊潰土匪、保護良民安寧，故無學習日本語之必要。所員極力曉諭其非，告知大勢既已安定，局部得見平靜之日亦不遠矣，從而約定漸次說服其子弟就學，其後終達二十一名。〔註1〕

〔註 1〕 臺灣教育會編著；許錫慶譯注，《臺灣教育沿革誌（中譯本）》（南投：國史館臺灣文獻館，2010 年），頁 81。

　　同年 11 月 1 日，甲科生開始上課，出席學生人數 35 名。〔註2〕而當時校舍因適當之處所皆被軍隊及其他單位所占，故約定期限借三山國王廟充用。〔註3〕沿襲舊時的書房，使用廟宇為校舍的國語傳習所為數不少。如鳳山國語傳習所即使用鳳山西門內昭忠廟；苗栗國語傳習所則設在社寮崗庄褒忠祠內；其他如恆春、淡水、澎湖島也都是使用廟宇為校舍。可見在新學校的建立過程當中，也充分利用舊有的社會資源或習慣。〔註4〕明治 31 年設立的嘉義國語傳習所樸仔腳分教場與大正 2 年（1913）設立的樸仔腳公學校南勢竹分校亦不例外。

　　明治 31 年（1898）9 月 8 日「嘉義國語傳習所樸仔腳分教場」正式設立，以魚仔市耶穌教堂做為校舍使用。此外，與樸仔腳分教場同時獲得設立認可的還有鹽水港、蔴荳、蕭壠、新南港、店仔口等五分教場。〔註5〕然而國語傳習所自明治 29 年以來，隨著分教場之增設，國庫的支給漸感困難，因此在「樸仔腳分教場」設立之前，總督府於明治 31 年 2 月 17 日發布內部訓令：

> 語學普通教育之普及，於本島諸般經營上具有重要意義，自設置國語傳習所以來，其腳步漸進，今人心亦感語學之必要，興起向學之念，其結果為陸續設置分教場，且欲意設置者之數不少。當局者應盡心盡力，勿逸失此一機會，戮力獎勵之，以期語學之普及。然國幣之限定，不允許支給經費之全額。自今日起倘有欲設置分教場，除職員之俸給外，應依有志者之捐贈或其他方法，由該當設置區域內之住民負擔，俟他日公學校令實施之時，即易變更為公學校，務必注意做此一準備。〔註6〕

　　由此可知明治 31 年後，地方上若是要設立國語傳習所，其設立經費應由設置區域內的居民來負擔。因此，「樸仔腳分教場」在成立之初的經費，即是由當時樸仔腳地區的 24 位居民所捐款而來，金額從 4 到 25 圓不等，捐款總金額共計 265 圓，詳細內容整理如表 4－1－1。

〔註2〕《臺灣總督府公文類纂》，乙種永久保存，「嘉義國語傳習所開始ノ件」，1896－11－01（明治 29 年）。
〔註3〕臺灣教育會編著；許錫慶譯注，《臺灣教育沿革誌（中譯本）》，頁 81。
〔註4〕許佩賢，《殖民地臺灣的近代學校》（臺北：遠流出版社，2005 年），頁 31。
〔註5〕《臺灣總督府公文類纂》，乙種永久保存，「嘉義國語傳習所鹽水港外五分教場設置認可」，1898－06－23（明治 31 年）。
〔註6〕臺灣教育會編著；許錫慶譯注，《臺灣教育沿革誌（中譯本）》，頁 86～87。

表4－1－1：樸仔腳分教場設立費捐款人名錄

金額	捐 款 人	備註（明治31年）
25圓	須田綱鑑	臺南縣樸仔腳辨務署署長
25圓	筑紫照門	臺南縣樸仔腳辨務署警部
20圓	黃 楷 侯	樸仔腳辨務署大槺榔西堡第一區街長
20圓	陳 益 謙	樸仔腳辨務署鹿仔草堡第十一區庄長
16圓	王 朝 文	
15圓	黃 連 興	臺南縣樸仔腳辨務署參事
15圓	吳 澤 三	臺南縣樸仔腳辨務署參事
14圓	劉 達 材	樸仔腳辨務署大槺榔西堡第二區街長
14圓	林 禮 樂	樸仔腳辨務署大坵田西堡第十五區庄長
13圓	黃 國 藩	樸仔腳辨務署大槺榔西堡第三區庄長
12圓	吳 踏	樸仔腳辨務署大坵田西堡第十八區庄長
8圓	侯 評	樸仔腳辨務署大槺榔西堡第六區庄長
6圓	呂 昇 平	樸仔腳辨務署大槺榔西堡第四區庄長
6圓	侯 寶 善	樸仔腳辨務署大槺榔西堡第五區庄長
6圓	黃 在 旋	樸仔腳辨務署大槺榔西堡第八區庄長
6圓	許 如 珪	樸仔腳辨務署大槺榔西堡第九區庄長
6圓	陳 仁 發	樸仔腳辨務署大槺榔東下堡第十區庄長
6圓	陳 國 珍	樸仔腳辨務署鹿仔草堡第十二區庄長
6圓	蔡 萬 全	樸仔腳辨務署大坵田西堡第十三區街庄長
6圓	蔡 鴻 書	樸仔腳辨務署大坵田西堡第十四區庄長
6圓	黃 甲	樸仔腳辨務署大坵田西堡第十六區庄長
6圓	蔡 德 綱	樸仔腳辨務署蔦松堡第十九區庄長〔註7〕
4圓	洪 摺	樸仔腳辨務署大槺榔西堡第七區庄長

〔註7〕根據明治31年《臺灣總督府職員錄》記載，樸仔腳辨務署蔦松堡第十九區庄
　　　長為「蔡綱」，在此推測應與該年「樸仔腳分教場設立費二寄付ノ件」一文中
　　　所載的「蔡德綱」為同一人。

金額	捐　款　人	備註（明治31年）
4圓	陳　　虎	樸仔腳辨務署大坵田西堡第十七區庄長

資料來源：1.《臺灣總督府公文類纂》，永久保存，「樸仔腳分教場設立費ニ寄付ノ件」
（元臺南縣），1898－09－01（明治31年）。

2. 臺灣總督府職員錄系統：http://who.ith.sinica.edu.tw/mpView.action。

而從表 4－1－1 中可發現，樸仔腳分教場設立費的捐款人幾乎全是任職於樸仔腳辨務署管轄內的公職人員，其中擔任最高職務者為樸仔腳辨務署署長，而大部分的捐款人為樸仔腳辨務署管轄內各區的街、庄長，顯示出當時地方社會的代表對於朴子地區教育發展之關心。

然而「樸仔腳分教場」存在的時間相當短暫，僅不到一個月，因為明治31年7月27日「臺灣公學校令」（勅令第178號）公布，並自10月1日起施行之，其中第十二條規定：「國語學校附屬學校及國語傳習所之設備得全部讓與公學校」因此「嘉義國語傳習所樸仔腳分教場」於臺灣公學校令開始實施之日起改制，並獨立成為「樸仔腳公學校」。

二、公學校時期

國語傳習所自創立以來，就學人數不斷增加，造成國庫沉重的負擔；此外通譯人才的需求已漸趨緩和，對於以培養通譯員為主要目的的國語傳習所，其重要性自然日益降低。因此，總督府便將國語傳習所改制為公學校，其經費來源須由地方社會負擔，以減少國庫的支出。明治31年公布「臺灣公學校令」，其中第一條規定：「公學校以一街、庄、社或數街、庄能負擔其設置維持經費並獲認可為限，由知事、廳長認可其設立。」由此可知公學校與國語傳習所最大的不同是經費的來源，國語傳習所的經費是由國庫支付，而公學校的經費則是由地方社會負擔。地方社會所要負擔之經費項目規定於第四條中，除了教職員相關的俸給與旅費以外，其餘經費皆須由地方社會來負擔。

隨後總督府於8月16日發布「臺灣公學校設置廢止規則」（府令第79號），其中更進一步規定：

> 欲設置公學校，須由街庄社長載明下列事項，並經由辨務署長獲得知事、廳長之認可。

一 名稱

二 位置及建地物之平面圖（百分之一平面圖）

三 學生之概略人數

四 速成科之有無

五 基本財產之有無〔註8〕

由此可知要創設一所公學校，首先地方上必須要有能力負擔公學校的設置以及維持學校運作的經費，並由街庄社長向辦務署長提出請願書，且獲得知事、廳長的認可後才得以設立。以下為明治31年樸仔腳街欲設立「樸仔腳公學校」的請願書內容：

> 此次臺灣公學校令發布，本街接收從來國語分教場之設備，希望於十月一日起設置公學校。如蒙許可，同令第四條所皆示諸費目，本街庄可繼承支辦。根據臺灣公學校設置廢止規則第一條，如別記請願。
>
> 明治三十一年九月十八日
>
> 　　　　　　　　臺南縣大槺榔西堡樸仔腳街七百七十三番戶
> 　　　　　　　　　　　　　　　　　第一區街長黃楷侯
> 　　　　　　　　臺南縣大槺榔西堡樸仔腳街九百四十二番戶
> 　　　　　　　　　　　　　　　　　第二區街長劉達材
>
> 臺南縣知事磯貝靜藏殿
>
> 一 名稱　臺南縣樸仔腳公學校
>
> 二 位置及敷地建物圖面　別紙
>
> 三 學生概數　三十人
>
> 四 速成科有無　現今國語分教場甲科生三十人
>
> 五 基本財產有無　牛墟場收入
> 　　若不足時，徵收學費或以捐款補充〔註9〕

此份請願書中雖提到樸仔腳公學校的基本財產是來自牛墟場的收入，但或許是檔案缺漏，也有可能是請願書原先就未詳列基本財產的收入細目，在

〔註8〕臺灣教育會編著；許錫慶譯注，《臺灣教育沿革誌（中譯本）》，頁106。

〔註9〕《臺灣總督府公文類纂》，永久保存，「公學校設置認可ノ件」（元臺南縣），1898－09－01（明治31年）。

此並未標明基本財產與經常性支出的差別，所以無法得知樸仔腳公學校成立之初實際的經費數目。而根據《臺南州統計書》之記載，大正 10 年朴子公學校的基本財產包含土地 1329 圓、建物 34512 圓，共計 35841 圓。〔註10〕

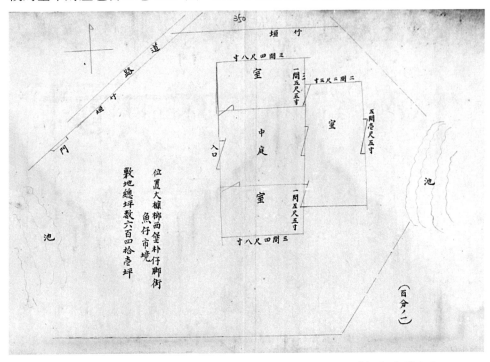

圖 4－1－1：明治 31 年樸仔腳公學校位置及敷地建物圖

資料來源：《臺灣總督府公文類纂》，「公學校設置認可ノ件」（元臺南縣）。

從圖 4－1－1 來看可得知，樸仔腳公學校創立之初仍繼續借用國語傳習所時期的魚仔市耶穌教堂做爲校舍，其中有三教室以及一中庭可供學童使用，面積總共有 641 坪，此外校舍附近還有二個池塘。

朴子公學校是朴子地區的第一所近代學校，其後由於地方日益發展，學生人數漸增，因此在大正 2 年時，選擇在樸仔腳街最南端郊區距三公里處的南勢竹庄設南勢竹分校，借用牛挑灣基督教會堂充當校舍開始上課。據該年 4 月 22 日《臺灣日日新報》報導如下：

　　當年度以南勢竹庄可設分教場，計畫叛立，現在略一鼓舞，以得生

────────────

〔註10〕臺南州知事官房文書課，《臺南州統計書》（臺南：臺南州知事官房文書課，1923 年），頁 51。

徒七十名，遂由二十一日開始授業。擬本二十二日請舉開校式，瀨
尾事務官及塚越學務係長，均擬臨場云。〔註11〕

　　大正 4 年（1915）南勢竹分校改設於牛挑灣庄，於是校名改稱爲牛挑灣分校；大正 5 年（1916）牛挑灣分校校舍落成，該年 3 月 7 日《臺灣日日新報》報導當時情況：

嘉義廳下樸仔腳公學校牛挑灣分校，於昨夏以工費七千餘圓，著手
新築校舍，至近全部竣工，由上月念九日午前十時半，舉落成式。
津田廳長臨場，訓示一番，來賓高科東石港支廳長、塚越學務係長、
古賀太保公學校長，及樸仔腳區長黃楷侯等皆有祝辭。……〔註12〕

　　大正 6 年（1917）4 月 1 日樸仔腳公學校牛挑灣分校獨立設校，改校名爲「牛挑灣公學校」，其學區包含當時南勢竹區內的八庄（牛挑灣、南勢竹、樹林頭、溪垹、過溝、貴舍、崩山、茱舖廍）。〔註13〕

　　大正 9 年（1920）樸仔腳公學校附設創立幼稚園及青年會，〔註14〕根據該年 5 月 4 日《臺灣日日新報》報導：「樸仔腳幼稚園的開園式以及樸仔腳青年會的發會式，於二日午前十一時在樸仔腳公學校舉行，來賓有相川廳長、阿東田警務課長。〔註15〕」而據《朴子市志》所載，大正 10 年（1921）朴子幼稚園有教員 2 名，園生 31 名，其中男生 28 名、女生 3 名；昭和 9 年（1934）曾頒令廢止公立朴子幼稚園，並認可爲新設立私立幼稚園。而朴子青年會以衛生講習及風俗改良爲社會教化之目的，代表者爲鄭國樹，會員有 45 名，並且常舉辦衛生巡迴講義。〔註16〕

　　大正 9 年 10 月行政區劃改制，開始實施街庄制，因此將樸仔腳街由原屬的嘉義廳樸仔腳支廳改隸屬於臺南州東石郡轄下，街名改爲「朴子街」，所以樸仔腳公學校也在此時改校名爲「朴子公學校」。

　　大正 11 年（1922）2 月 4 日新教育令公布（勅令第 20 號），其中第五條第二項及第三項規定：

〔註11〕《臺灣日日新報》，〈教育振興〉，第 4626 號，大正 2 年 4 月 22 日。

〔註12〕《臺灣日日新報》，〈分校落成〉，第 5637 號，大正 5 年 3 月 7 日。

〔註13〕《臺灣日日新報》，〈新設公校〉，第 6042 號，大正 6 年 4 月 25 日。

〔註14〕張萬益，《朴子國小壹世紀 1898〜1997》（嘉義：嘉義縣朴子國民小學，1997 年），頁 97。

〔註15〕《臺灣日日新報》，〈地方近事　樸仔腳　幼稚園と青年會〉，第 7147 號，大正 9 年 5 月 4 日。

〔註16〕邱奕松，《朴子市志》（嘉義：嘉義縣朴子市公所，1998 年），頁 500。

　　修業年限六年之公學校得設修業年限二年之高等科。

　　高等科就讀者爲修業年限六年之公學校畢業生，或依臺灣總督規定

獲認定具有同等以上學力者。〔註17〕

　　根據大正 11 年 5 月 31 日《臺南州報》所載，朴子公學校於大正 11 年 4 月 28 日核准設立高等科，並於該年度 5 月 1 日起開始上課。而蒜頭公學校亦於同時期設立高等科，〔註18〕成爲東石郡內唯二核准設立高等科的公學校。

　　大正 12 年（1923）4 月 1 日朴子女子公學校核准設立，設立者爲東石郡朴子街，定修業年限爲 6 年，〔註19〕並將朴子公學校原有女生全部移讓，編制四學級開課，校址設於朴子公學校西側，從該年度起朴子公學校成爲男校。根據大正 12 年《臺南州管內學事一覽》之記載，該年度朴子公學校本科與高等科男童共有 888 人。〔註20〕

　　昭和 2 年（1927）4 月 1 日，爲方便朴子街的學童就學，因此選擇在朴子街南端郊外距三公里處的鴨母寮部落設立朴子公學校鴨母寮分教場，並擇崁前廟舉行入學式開始授業。據 5 月 24 日《臺灣日日新報》報導如下：

　　　朴子街鴨母寮，者番設立朴子公學校分校，當地人士喜教育之普及，

　　　兒童授業之便利，免似從前赴朴子公學校之遠涉，爰是擇定來十一

　　　日午前十時，在該分校，舉行開校祝賀式。〔註21〕

　　同年 6 月 11 日朴子公學校鴨母寮分教場舉行盛況開校式，該年 6 月 17 日《臺灣日日新報》報導當時開校盛況如下：

　　　去十一日午前，東石郡朴子街民，爲祝賀分校設立，假該分校爲會

　　　場，高懸萬國旗造花等，大開盛會，是日秋永郡守、石川州視學、

　　　西本警察課長、村上郡視學、黃街長、隣接地校長、庄長及庄中有

　　　志等百餘名興會。先由劉主任起敘開會辭，唱君代歌，勅語奉讀，

　　　黃街長報告經過，三好校長式辭，郡守及石川州視學訓示教育趣旨，

　　　希庄民一同努力，和衷共濟，以增福利，西本警察課長爲來賓祝辭，

〔註17〕臺灣教育會編著；許錫慶譯注，《臺灣教育沿革誌（中譯本）》，頁48。

〔註18〕《臺南州報》，第 176 號，告示第 95 號，大正 11 年 5 月 31 日，頁 151。

〔註19〕《臺南州報》，第 245 號，告示第 60 號，大正 12 年 6 月 1 日，頁 93。

〔註20〕臺南州內務部教育課，《臺南州管內學事一覽》（臺南：臺南州內務部教育課，1923 年），頁 15。

〔註21〕《臺灣日日新報》，〈朴子　分校祝賀〉，第 9737 號，昭和 2 年 6 月 7 日。

庄民代表張枝生道謝，竝述獎學金之事。式後，大開祝宴，有本島
劇扮舊演，及盛鳴爆竹，以爲餘興云。〔註22〕

昭和13年（1938）朴子公學校組織少年團、青年團，並舉行授旗典禮。
〔註23〕青年團的成立主要是以街庄爲主，但可視情況以學校、部落爲單位。
就朴子地區而言是和學校有關，主要是以學校爲根據地，結合地方的力量，
做爲推廣政府政策的團體，所以往往一所公學校便會成立一個青年團。而除
了青年團外，地方還設有少年團，顧名思義，少年團的成員年齡更低，組成
方式亦類似青年團，以學校爲單位。〔註24〕根據昭和13年《臺南州社會教育
要覽》記載，該年朴子青年團的團長爲朴子公學校的學校長近藤賢司，團員
有145人；而朴子少年團的代表者同樣爲近藤賢司，其團員有44人。〔註25〕

昭和15年（1940）朴子公學校兼辦國語講習所。〔註26〕起因於昭和6年
（1931）3月26日，臺南州發布「臺南州國語講習所要項」，乃告統一日語普
及事業措施，而各市街庄紛紛設立，成果極佳。同年11月29日，臺灣總督府
以府今第73號公告有關公立社教設施案，並規定經費得由國庫負擔。〔註27〕
根據昭和15年《臺南州社會教育要覽》記載，當時朴子公學校的學校長松元
輝興爲內厝、雙溪口、德化村、大槺榔、小槺榔等朴子街中五所國語講習所
的主事者，而這五所國語講習所的學生人數共有302人。〔註28〕

昭和15年4月1日鴨母寮分校場正式獨立成校，爲鴨母寮公學校。此外，
該年度朴子公學校奉令男女合校制劃分學區，將街內劃分爲東西區與大和公
學校（原朴子女子公學校）互換，將原屬西區的男生讓出並接收東區的女生。
〔註29〕

三、國民學校時期

昭和16年（1941）3月1日日本政府公布「國民學校令」（勅令第148號）

〔註22〕《臺灣日日新報》，〈鴨母寮分校開式校〉，第9750號，昭和2年6月20日。
〔註23〕張萬益，《朴子國小壹世紀1898～1997》，頁98。
〔註24〕張君豪，《朴子──一個近海街市的歷史變遷》，國立中央大學歷史研究所碩
　　　　士論文，2001年，頁159、161。
〔註25〕臺南州，《臺南州社會教育要覽》（臺南：臺南州，1938年），頁214、236。
〔註26〕張萬益，《朴子國小壹世紀1898～1997》，頁98。
〔註27〕邱奕松，《朴子市志》，頁514。
〔註28〕臺南州，《臺南州社會教育要覽》（臺南：臺南州，1940年），頁272。
〔註29〕邱奕松，《朴子市志》，頁537。

後，同年 3 月 25 日臺灣總督府公布修正「臺灣教育令」（勅令第 255 號），將臺灣的小、公學校改爲依據「國民學校令」實施；至 3 月 30 日「臺灣公立國民學校規則」（府令第 47 號）發布後，廢除小學校和公學校的區別，一律改稱爲國民學校，但仍分爲課程第一號表、第二號表及第三號表等三種國民學校。朴子公學校於此時改校名爲「朴子東國民學校」，屬課程第二號表的國民學校。

昭和 18 年（1943）3 月 23 日總督府公告諭告第一號，開始實施國民義務教育，該年朴子東國民學校兼辦青年學校。〔註 30〕青年學校是來自合併實業補習學校與青年訓練所而設立，其中男生特別重視職業科目及軍事訓練科目；而女生則特別注重職業科、家事及裁縫科。原本僅收日籍青年而設立的青年學校至大東亞戰爭末期，便以專收臺籍青年而設立之青年學校。〔註 31〕當時的朴子街便先後成立了「大和青年學校」以及「朴子青年學校」，詳見表 4－1－2。

表 4－1－2：朴子街內青年學校一覽

校　名	校　址	創　立	校　長	專任指導者	備　註
大和青年學校	大和國民學校內	昭和 19 年	竹內壽	沈雄佐	三年制
朴子青年學校	朴子東國民學校內	昭和 20 年	西尾帝助	陳嘉雄	三年制

資料來源：邱奕松，《朴子市志》，頁 518。

樸仔腳公學校自 1898 年創校以來，至 1945 年日本戰敗前的這段期間，學校蓬勃的發展，以下將日治時期朴子公學校的學校沿革做一整理，如表 4－1－3。

表 4－1－3：日治時期朴子公學校校史沿革

年　代	事　　　　項
明治 31 年（1898）	9 月 8 日開設嘉義國語傳習所樸仔腳分教場，校舍借用魚仔市耶穌教堂。10 月 1 日改爲樸仔腳公學校，學生本科 8 名、速成科 33 名。

〔註 30〕張萬益，《朴子國小壹世紀 1898～1997》，頁 98。但根據《朴子市志》之記載，朴子青年學校創立於昭和 20 年。
〔註 31〕邱奕松，《朴子市志》，頁 518。

年　　代	事　　　　　項
明治 32 年（1899）	10 月 1 日速成科畢業生 13 名。
明治 33 年（1900）	第一任校長小泉順就任，校舍借用媽祖廟禪房。
明治 34 年（1901）	編制 2 班，男生 162 名、女生 14 名，二、三年級合班上課。
明治 35 年（1902）	編制 3 班，男生 134 名、女生 14 名，三、四年級合班上課。
明治 36 年（1903）	編制 4 班，男生 197 名、女生 31 名，教室不足借用現安福宮，鼠疫流行臨時停課。
明治 37 年（1904）	編制 5 班，男生 218 名、女生 42 名，因鼠疫死亡及隔離學生達 20 名。
明治 38 年（1905）	新建校舍一棟，第一屆畢業生畢業典禮。
明治 39 年（1906）	鼠疫流行臨時停課，又因暴風雨來襲校舍破損頗巨。
明治 40 年（1907）	編制 5 班，五、六年級合班上課。
明治 41 年（1908）	新建教室、辦公室、宿舍落成，前辦公室充爲教室。
明治 42 年（1909）	行政區域由原二十廳改爲十二廳，本校隸屬嘉義廳。
明治 43 年（1910）	新建教室二間，編制 6 班，從此可容納全部學生。
明治 44 年（1911）	編制 7 班，教室不足，再借用安福宮補充。
明治 45 年（1912）	編制 7 班，出席率九成以上。
大正 2 年（1913）	編制 7 班，增建教室一間，設立南勢竹分校。
大正 3 年（1914）	第二任校長戶板守正就任，增建教室一間。
大正 4 年（1915）	南勢竹分校改設於牛挑灣庄，易名爲牛挑灣分校。
大正 5 年（1916）	編制 8 班，增建教室一間，牛挑灣分校校舍落成。
大正 6 年（1917）	牛挑灣分校獨立，爲牛挑灣公學校。
大正 7 年（1918）	編制 9 班，增建教室二間。
大正 8 年（1919）	編制 10 班，增建教室一間，校長宿舍落成，增設女子部於校本部西側，招收一年級女生 53 名，編爲一班。
大正 9 年（1920）	校名改爲朴子公學校，創設幼稚園及青年會。
大正 10 年（1921）	成立小公學校聯合國語演習會及教育研究會第一部會。

年　代	事　　　項
大正 11 年（1922）	增設高等科，5 月 1 日開始上課。
大正 12 年（1923）	女子部遷址，另設立朴子女子公學校。
大正 13 年（1924）	第一屆高等科畢業，第三任校長東園榮治就任。
大正 14 年（1925）	增設漢文及農業兩科，興建木造教室一棟，第四任校長三好照藏就任。
大正 15 年（1926）	興建廁所一棟。
昭和 2 年（1927）	設立鴨母寮分教場，興建木造日本瓦教室一棟。
昭和 3 年（1928）	舉辦創立 30 週年校慶，建造國旗臺一座。
昭和 4 年（1929）	興建磚造大禮堂一棟（面積 357 平方公尺）。
昭和 5 年（1930）	第五任校長林庄一就任。
昭和 6 年（1931）	林瑞西先生故夫人捐贈鋼琴一架。
昭和 7 年（1932）	興建木造教室一棟、宿舍二棟。
昭和 8 年（1933）	制定帽章（櫻花、樸樹、中央朴公字樣）。
昭和 9 年（1934）	第六任校長工藤豐就任。
昭和 10 年（1935）	組織教職員棒球隊。
昭和 11 年（1936）	校舍受蟻害且腐朽嚴重，進行改建及增建。
昭和 12 年（1937）	第七任校長近藤賢司就任。
昭和 13 年（1938）	組織少年團、青年團，並舉行授旗典禮。
昭和 14 年（1939）	第八任校長松元輝興就任。
昭和 15 年（1940）	兼辦日語講習所。鴨母寮分教場獨立，爲鴨母寮公學校。學制修改，男女合校。
昭和 16 年（1941）	校名改稱爲朴子東國民學校。〔註 32〕
昭和 17 年（1942）	第二次世界大戰發生，隨即實施戰時教育。

〔註32〕 《朴子國小壹世紀 1898～1997》在此處記載「朴子國民學校」有誤，因爲「朴子國民學校」應是「朴子尋常高等小學校」於 1941 年後改稱的校名，而非「朴子公學校」。

年　代	事　　　項
昭和 18 年（1943）	第九任校長西尾帝助就任，實施國民義務教育兼辦青年學校。
昭和 19 年（1944）	參加臺南州藝能競賽榮獲冠軍。

資料來源：1. 張萬益，《朴子國小壹世紀 1898～1997》，頁 96～98。

2. 邱奕松，《朴子市志》，頁 536～537。

3. 《臺灣總督府公文類纂》，永久保存，「指令第二○三三號朴子街小公學校校舍及宿舍建築資金借入」，1932－07－01（昭和 7 年）。

4. 《臺灣總督府公文類纂》，永久保存，「朴子街公學校校舍改築工事」，1936－09－01（昭和 11 年）。

第二節　學校規模

　　樸仔腳公學校自明治 31 年（1898）10 月創校以來，學校規模不斷的擴大，在設施方面有公學校校地的擴張、校舍的增建；而在人員方面則是學生數、班級數以及教師員額的增加。因此，本節內容主要探討日治時期朴子公學校學校規模的發展過程。

一、校地擴張

　　明治 34 年（1901）9 月 3 日「臺灣公學校設備規程」（訓令第 295 號）發布，其中第一條明確指出公學校在校地選擇上之規定：

　　校地須選擇具備適合學校規模之面積及地形、乾燥清潔合乎衛生且便利學童通學之場所。

　　校地須不鄰近在道德上遭嫌惡之場所、喧鬧妨礙教學之場所或危險之場所。〔註 33〕

　　而樸仔腳公學校成立之初並無自己的校地與校舍，因此授課的地點是陸續借用魚仔市耶穌教堂、媽祖廟禪房與安福宮來當作教室，直到明治 38 年（1905）10 月擇安福宮對面的公墓清塚後，興建學校教室三、辦公室、值夜室、廁所各一為今日學校校址。〔註 34〕日後由於學生數與班級數的增加，校舍也陸續的增建，所以校地不斷的向外擴張，漸漸形成今日朴子國小的輪廓。

〔註 33〕臺灣教育會編著；許錫慶譯注，《臺灣教育沿革誌（中譯本）》，頁 112。

〔註 34〕邱奕松，《朴子市志》，頁 536。

　　爲了瞭解日治時期朴子公學校的校地來源爲何，筆者透過嘉義縣朴子地政事務所保存的日治時期土地臺帳、土地登記簿並對照今日的嘉義縣土地登記簿及朴子國小校地地籍圖謄本後，發現朴子國小之校地來源非常複雜，表4－2－1爲今日朴子國小校地所屬之地號與日治時期的地番對照表。

表4－2－1：朴子國小校地所屬之地號對照

民國72年重測後地號	民國72年重測前地號	日治時期地番	備　註
安福段952地號			民國73年新登錄
安福段953地號	朴子段346－1地號	東石郡朴子街朴子346番之1	
安福段964地號	朴子段336地號	東石郡朴子街朴子336番	1.民國72年重測與同段377、377－1、337－4、338地號合併 2.民國72年重測後爲安福段962〔註35〕、964地號
安福段966地號	朴子段341－2地號	東石郡朴子街朴子341番之2	
安福段968地號	朴子段342地號	東石郡朴子街朴子342番	
安福段973地號	朴子段276－1地號	東石郡朴子街朴子276番之1	民國72年重測與同段276－2、277－8地號合併
安福段963地號 安福段970地號	朴子段254地號	東石郡朴子街朴子254番	民國72年重測與同段273、274－1、274－3、275－2、275－4、277－1、340、343、344、345、346、347、348、349、350、351地號合併

資料來源：臺灣省嘉義縣土地登記簿、朴子國小校地地籍圖謄本、日治時期土地臺帳。

〔註35〕安福段962地號目前爲朴子市公所、朴子市民代表會、朴子市金臻圖書館所在地。

　　由表4－2－1可看出，民國72年重測前的地號是延續日治時期的地番而來，地段則是由「東石郡朴子街朴子」變更爲「朴子段」。而今日朴子國小校地分屬安福段952、953、963、964、966、968、970、973這八個地號，爲民國72年重測後登記的新地號，詳細情形可參照圖4－2－1朴子國小校地地籍圖。

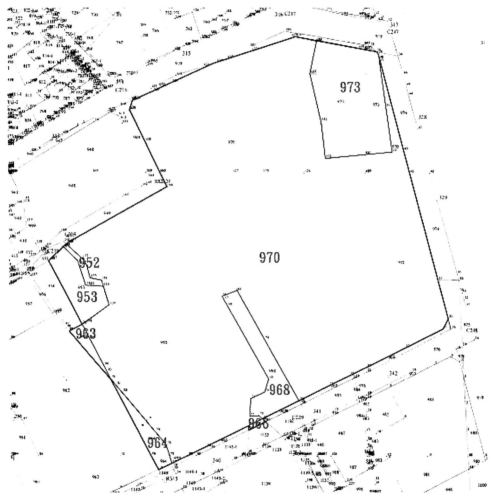

圖4－2－1：朴子國小校地地籍圖（2014）

資料來源：嘉義縣朴子地政事務所提供。

　　但今日朴子國小的校地在日治時期並非全做爲公學校敷地使用，有些校地在日治時期還是屬於其他單位使用的，推測應該是戰後才陸續轉變成爲朴子國小的校地。除了民國73年新登錄的安福段952地號與民國53年分割轉

載的朴子段 276－2、277－8 地號外，其餘的土地均在日治時期就有登記。以下將日治時期朴子國小所屬校地的用途整理如表 4－2－2。

表 4－2－2：日治時期朴子國小所屬校地之用途

日治時期地番	土地用途	目前地號
東石郡朴子街朴子 346 番之 1	不詳	安福段 953 地號
東石郡朴子街朴子 336 番	公會堂敷地	安福段 962、964 地號
東石郡朴子街朴子 377 番	公會堂敷地	
東石郡朴子街朴子 377－1 番	公會堂敷地	
東石郡朴子街朴子 337－4 番	公會堂敷地	
東石郡朴子街朴子 338 番	公會堂敷地	
東石郡朴子街朴子 341 番之 2	公學校敷地	安福段 966 地號
東石郡朴子街朴子 342 番	不詳	安福段 968 地號
東石郡朴子街朴子 276 番之 1	不詳	安福段 973 地號
東石郡朴子街朴子 254 番	公學校敷地	安福段 963、970 地號
東石郡朴子街朴子 273 番	農業實習學校敷地	
東石郡朴子街朴子 274 番之 1	公學校敷地	
東石郡朴子街朴子 274 番之 3	東國民學校敷地	
東石郡朴子街朴子 275 番之 2	公學校敷地	
東石郡朴子街朴子 275 番之 4	公學校敷地	
東石郡朴子街朴子 277 番之 1	公學校敷地	
東石郡朴子街朴子 340 番	公學校敷地	
東石郡朴子街朴子 343 番	公學校敷地	
東石郡朴子街朴子 344 番	公學校敷地	
東石郡朴子街朴子 345 番	國民學校敷地	
東石郡朴子街朴子 346 番	公學校敷地	
東石郡朴子街朴子 347 番	公學校敷地	
東石郡朴子街朴子 348 番	朴子女子公學校敷地	
東石郡朴子街朴子 349 番	國民學校校舍用地	

日治時期地番	土地用途	目前地號
東石郡朴子街朴子 350 番	不詳	安福段 963、970 地號
東石郡朴子街朴子 351 番	朴子女子公學校敷地	

資料來源：臺灣省嘉義縣土地登記簿、日治時期土地臺帳。

　　從表 4－2－2 可得知，目前朴子國小所屬的校地，其中安福段 964 地號於日治時期是屬於公會堂敷地，而有部分安福段 963、970 地號於日治時期則做為農業實習學校敷地與朴子女子公學校敷地使用。此外，東石郡朴子街朴子 346 番之 1、342 番、276 番之 1、350 番在土地臺帳的摘要欄中並未記載，故無法得知這四筆土地在日治時期做為何用。

　　將表 4－2－2 所整理出之內容與圖 4－2－1 朴子國小校地地籍圖相互對照，可發現目前朴子國小校地面積最大的一筆土地是安福段 970 地號，也是主要的校地所在，而其土地範圍於日治時期大部分均做為公學校敷地使用。故可推測，今日安福段 970 地號在日治時期時就是朴子公學校的主要校地範圍。

　　瞭解今日朴子國小的校地於日治時期做為何種用途之後，接下來要探討的則是在日治時期即屬於朴子公學校用地的土地所有權人移轉關係，透過土地所有權的移轉過程，了解當時校地的取得方式，並從土地的合併、分割與地域變更，進一步探討日治時期朴子公學校校地的擴張，詳見表 4－2－3。

表 4－2－3：日治時期朴子公學校校地移轉過程

地　番	時　間	土　地				取得原因	備　註
		地目	面積〔註36〕	移轉者	取得者		
254 番	明治38年6月26日	建物敷地	0.0555	鄭蹺	樸仔腳公學校	受寄附	1.明治43年2月 10 日土地合併：1.0380 2.地域變更：1.0310

〔註36〕朴子地政事務所登記課江清賢先生說明，日治時期土地臺帳中所使用的面積單位為「台甲」。

地 番	時 間	土 地				取得原因	備 註
		地目	面積	移轉者	取得者		
254 番	大正 11 年 6 月 22 日	建物敷地	1.0310	樸仔腳公學校	朴子街	移轉	1.昭和 4 年 12 月 20 日土地合併：1.0575 2.地域變更：1.2415
274 番之 1	大正 12 年 4 月 12 日	畑	0.1433		邱塔	拂下	
	大正 14 年 3 月 31 日	畑	0.1433	邱塔	朴子街	賣買	昭和 2 年 6 月 30 日地目變換：建物敷地
274 番之 3	昭和 12 年 4 月 9 日	建物敷地	0.0971	邱塔	共有	相續	昭和 10 年 12 月 20 日地目變換：畑→建物敷地
	昭和 13 年 11 月 1 日	建物敷地	0.0971	共有	邱安全	共有物分割	
	昭和 14 年 1 月 17 日	建物敷地	0.0971	邱安全	朴子街	賣買	
275 番之 2	大正 12 年 11 月 30 日	畑	0.1119	共有	林氏腿	共有物分割	
	大正 12 年 11 月 30 日	畑	0.1119	林氏腿	朴子街	賣買	昭和 2 年 6 月 30 日地目變換：建物敷地
275 番之 4	大正 15 年 11 月 8 日	畑	0.2338		王國財	賣買	
	昭和 2 年 11 月 28 日	畑	0.2338	王國財	朴子街	賣買	昭和 4 年 12 月 20 日地目變換：建物敷地
277 番之 1	明治 39 年 2 月 20 日	畑	0.6715		黃番	保存	明治 43 年 2 月 10 日地域變更：0.6900

地　番	時　間	土　地				取得原因	備　註
		地目	面積	移轉者	取得者		
277番之1	大正 15 年 11 月 4 日	畑	0.6900	黃番	王國財	賣買	大正 15 年 12 月 20 日土地分割：0.0152
	昭和 2 年 11 月 28 日	畑	0.0152	王國財	朴子街	賣買	昭和 7 年 12 月 12 日地目變換：建物敷地
340番	大正 5 年 7 月 21 日	建物敷地	0.1375		樸安記	保存	
	大正 5 年 12 月 7 日	建物敷地	0.1375	樸安記	相賀照鄉	賣渡証	
	大正 11 年 12 月 16 日	建物敷地	0.1375	相賀照鄉	朴子街	贈與字	大正 15 年 12 月 20 日土地分割：0.0511
343番	明治 40 年 7 月 8 日	畑	0.1130	鄭江河	鄭草	相續	
	明治 40 年 7 月 8 日	畑	0.1130	鄭草	林活源	主賣杜盡根契字	
	明治 44 年 6 月 7 日	畑	0.1130	林活源	王利	杜賣契字	
	大正 11 年 6 月 16 日	畑	0.1130	王利	朴子街	賣買	昭和 2 年 6 月 30 日地目變換：建物敷地
344番	大正元年 11 月 14 日	池沼	0.0260		鄭江河	保存	
	大正 12 年 6 月 28 日	池沼	0.0260	鄭江河	鄭重	相續	
	大正 12 年 6 月 28 日	池沼	0.0260	鄭重	朴子街	賣買	昭和 2 年 6 月 30 日地目變換：建物敷地
345番	明治 40 年 7 月 8 日	畑	0.1260	鄭江河	鄭草	相續	

地番	時間	土地				取得原因	備註
		地目	面積	移轉者	取得者		
345番	明治40年7月8日	畑	0.1260	鄭草	林活源	主賣杜盡根契字	
	明治44年6月7日	畑	0.1260	林活源	王利	杜賣契字	大正5年10月20日地目變換：建物敷地
	大正14年5月9日	建物敷地	0.1260	王利	有限責任朴子信用組合	賣買	1.昭和10年8月29日改名：保證責任朴子信用組合 2.昭和11年5月18日改名：保證責任朴子信用購買販賣利用組合
	昭和11年9月29日	建物敷地	0.1260	保證責任朴子信用購買販賣利用組合	朴子街	賣買	
346番	明治43年5月12日	畑	0.5525	林順茂	共業	杜賣契字	大正5年10月20日土地分割：0.4434
	大正11年6月8日	畑	0.4434	共業	朴子街	賣買	昭和2年6月30日地目變換：建物敷地
347番	明治43年5月12日	畑	0.0375	林順茂	共業	杜賣契字	
	大正12年3月23日	畑	0.0375	共業	朴子街	賣買	昭和2年6月30日地目變換：建物敷地

地　番	時　　間	土　　地				取得原因	備　　註
		地目	面積	移轉者	取得者		
349 番	明治43年6月29日	建物敷地	0.0380		林驥	保存	
	大正10年7月2日	建物敷地	0.0380	林驥	共業	賣買	
	昭和12年5月28日	建物敷地	0.0380	共業	朴子街	賣買	
341 番之 2	昭和17年4月22日	建物敷地	0.0050	臺南州	朴子街	賣買	昭和 4 年 12月 20 日地目變換：原野→建物敷地

資料來源：日治時期土地臺帳、日治時期土地登記簿。

　　分析表 4－2－3 日治時期朴子公學校校地移轉的過程並對照表 4－1－1 朴子國小的校史沿革可以發現，班級數的增加、校舍的增建、校地的擴張這三者之間有著相當密切的關係，以下將日治時期朴子公學校校地的擴張分爲明治、大正、昭和三個階段來探討。

（一）明治時期

　　樸仔腳公學校成立之初並無自己的校舍，授課地點是借用魚仔市耶穌教堂與媽祖廟禪房，到了班級數增加爲 4 班時，再度借用安福宮來當作教室。明治 37 年（1904）班級數達到 5 班，於是在明治 38 年時興建校舍一棟，才終於有了自己的教室。而根據土地臺帳之記載，同年 6 月鄭蹺將東石郡朴子街朴子 254 番這筆土地捐贈給樸仔腳公學校，是所有校地中最早有記載的時間，故此地應是樸仔腳公學校最早的校地所在。

　　明治 43 年（1910）2 月，樸仔腳公學校最初的所在地——東石郡朴子街朴子 254 番合併了同段的十八筆土地，〔註37〕校地面積從原本的 0.0555 甲增加到 1.0380 甲，同時間進行地域變更，面積縮減爲 1.0310 甲，而同年樸仔腳公學校則是新建教室二間，可容納全校 6 班的學生。

〔註37〕這 18 筆土地依序爲：東石郡朴子街朴子 253 番之 1、255、256、257、258、259、260、261、262、263、264、265、266、267、268、269、271、272 番，但因查無土地臺帳，故無法得知其來源爲何。

（二）大正時期

大正 11 年（1922）6 月，原本屬於朴子公學校所有的東石郡朴子街朴子 254 番這筆土地，其所有權移轉給朴子街，但土地仍做爲公學校敷地使用。

在大正時期朴子街透過賣買和贈與的方式取得七筆土地的所有權，並做爲公學校敷地使用，分別是 274 番之 1、275 番之 2、340、343、344、346、347 番，其中有五筆土地的地目爲畑；一筆爲池沼；一筆爲建物敷地。至大正 15 年（1926）12 月，340 番進行土地分割，面積剩下 0.0511 甲。

然而土地臺帳中並未記載這七筆土地從何時開始做爲公學校敷地使用，在此推測有可能是在昭和 2 年（1927）前後，因爲經過明治與大正年間校舍不斷的增建，原有的校地可能漸漸不敷使用，再加上同年朴子公學校興建木造日本瓦教室一棟，需要新的校地。所以朴子街便於昭和 2 年 6 月將其中六筆土地的地目變更爲建物敷地，加上原有的一筆建物敷地，共七筆土地提供給朴子公學校使用。此時期取得這七筆土地面積共計有 0.9262 甲，再加上明治時期最早取得的校地 254 番有 1.0310 甲，大正時期的校地面積共有 1.9572 甲。

（三）昭和時期

昭和 4 年（1929）12 月，東石郡朴子街朴子 254 番合併了同段 270 番這筆土地，因此面積增加到 1.0575 甲，接著在同時間進行地域變更，所以面積增加爲 1.2415 甲。

昭和年間朴子街藉由賣買的方式取得六筆土地的所有權來做爲公學校敷地使用，分別是 274 番之 3、275 番之 4、277 番之 1、345 番、349 番、341 番之 2，其中四筆土地的地目爲建物敷地；二筆爲畑，而 275 番之 4 和 277 番之 1 分別於昭和 4 年與 7 年（1932）地目變換爲建物敷地。這六筆土地面積共計有 0.5151 甲，再加上昭和 4 年土地合併後的 254 番有 1.2415 甲以及大正時期取得的七筆土地有 0.9262 甲，昭和時期校地總面積達到 2.6828 甲。

然而此時期仍然無法得知這六筆土地是從何時開始做爲公學校敷地使用，但仍可推測昭和年間校地面積的擴張應與朴子公學校陸續增班以及興建磚造大禮堂、木造教室和職員宿舍有關。

二、校舍增建

　　當時臺灣公學校校舍的情況可根據明治 37 年 7 月 2 日《臺灣日日新報》的報導得知，其內容摘要如下：

> 本島當創設公學校之初，即欲新築校舍，故非容易之事，當道者所以暫借廟宇，充爲校舍之用，亦覺多數矣，惟是爾來就學兒童著之增加，校舍漸次告厥狹隘，去三十一年以來，或增或改築……。

〔註38〕

　　而樸仔腳公學校亦不例外，在創校之初便是借用魚仔市耶穌教堂做爲校舍使用。明治 37 年樸仔腳公學校的班級數已達到 5 班，學生人數有 260 人，但仍無自己的校舍可用，直到明治 38 年 12 月新校舍竣成（圖 4－2－2），才終於有了自己的教室。

圖 4－2－2：明治 38 年 12 月西側第一棟教室竣成

資料來源：張萬益，《朴子國小壹世紀 1898～1997》，頁 51。

〔註38〕《臺灣日日新報》，〈全島公學校校舍現況〉，第 1850 號，明治 37 年 7 月 2 日。

圖 4－2－3：東側第一棟至第二棟教室之間走廊

資料來源：張萬益，《朴子國小壹世紀 1898～1997》，頁 51。

關於當時公學校校舍的樣式，在明治 34 年發布的「臺灣公學校設備規程」其中第四條有詳細之規定：

校舍建築須以謀求授課、管理、衛生上之便及質樸堅固爲要。

校舍之形狀須爲長方形，若有二棟以上之建築，應取適當間隔，大致平行排列。

校舍須爲平房造型，但若有特別事由，得爲二層樓造型。

校舍之構造爲木造、木骨磚造、石造、磚造或水泥造等，尤須注意可擋風雨兼具防暑、防濕、採光及通風等衛生需求，應便於消毒清潔，若依地方之情況擬採土磚建造，其基礎及主要部分應採行堅固構造，其外部需用瓦片或採相當之方法覆蓋以防雨水滲漏。〔註39〕

從第四條的條文內容可看出，當時公學校的校舍特別強調堅固及衛生，乃因爲公學校的建築逐漸增多，但其中往往因設備不齊全導致教學上感到不

〔註39〕臺灣教育會編著；許錫慶譯注，《臺灣教育沿革誌（中譯本）》，頁 112。

便，或因風雨造成崩塌等，於是在參酌土木科課及衛生課之意見後，完成「臺灣公學校設備規程」之制定。〔註40〕大正元年（1912）11月28日，「臺灣公學校規則」（府令第40號）修正發布，將設備列為第八章，原本的「臺灣公學校設備規程」於大正元年12月31日限期廢止。

　　此外，根據筆者訪問邱奕松老師表示，日治時期朴子街的學校，教室都固定在北邊，操場則是在南邊。而樸仔腳公學校自明治31年成立以來，班級數與日俱增，教室逐漸不敷使用，因此學校校舍亦有多次的增建，包含教室、辦公室、宿舍、廁所、國旗臺、大禮堂等，其中又以大正時期增建的次數最多。以下將日治時期朴子公學校校舍增建的情況整理如表4－2－4。

表4－2－4：日治時期朴子公學校校舍增建情形

年　　代	校舍增建
明治38年（1905）	新建校舍一棟
明治41年（1908）	新建教室、辦公室、宿舍
明治43年（1910）	新建教室二間
大正2年（1913）	增建教室一間
大正3年（1914）	增建教室一間
大正5年（1916）	增建教室一間
大正7年（1918）	增建教室二間
大正8年（1919）	增建教室一間、校長宿舍
大正14年（1925）	興建木造教室一棟
大正15年（1926）	興建廁所一棟
昭和2年（1927）	興建木造日本瓦教室一棟
昭和3年（1928）	建造國旗臺一座
昭和4年（1929）	興建磚造大禮堂一棟
昭和7年（1932）	興建木造教室一棟、宿舍二棟

〔註40〕臺灣教育會編著；許錫慶譯注，《臺灣教育沿革誌（中譯本）》，頁112。

年　　代	校舍增建
昭和 11 年（1936）	校舍受蟻害且腐朽嚴重，進行改建及增建

資料來源：1. 張萬益，《朴子國小壹世紀 1898～1997》，頁 96～98。

　　　　　2.《臺灣總督府公文類纂》，「指令第二○三三號朴子街小公學校校舍及宿舍建築資金借入」。

　　　　　3.《臺灣總督府公文類纂》，「朴子街公學校校舍改築工事」。

　　昭和 7 年（1932）朴子公學校增建教室一棟、宿舍二棟，此項工程在該年度的《臺灣總督府公文類纂》中有詳細的記載。其中提到目前朴子公學校編制 18 班，但現有教室只有 17 間，尚缺少 1 間教室，由於教室不足，現有 17 間教室的其中一間有時候也當作講堂使用；職員宿舍需要 14 間，而目前僅有 5 間，尚不足 9 間。因此該年度新建校舍一棟，含一間教室；職員宿舍二棟，一棟可住二戶，包含男子、女子各二戶，總共可住四戶。〔註 41〕以下將該年度新建的校室及宿舍概況整理如表 4－2－5，圖 4－2－4 爲校舍增築工事配置圖。

表 4－2－5：昭和 7 年朴子公學校校舍增建概況

朴子公學校	棟數	何戶建	總坪數	總金額	建築仕樣
校舍增築	一棟	教　室	27.5	1815.000 圓	木造平家建
職員宿舍	二棟	二戶建	54.0	3985.200 圓	木造平家建

資料來源：《臺灣總督府公文類纂》，「指令第二○三三號朴子街小公學校校舍及宿舍建築資金借入」。

〔註41〕《臺灣總督府公文類纂》，「指令第二○三三號朴子街小公學校校舍及宿舍建築資金借入」。

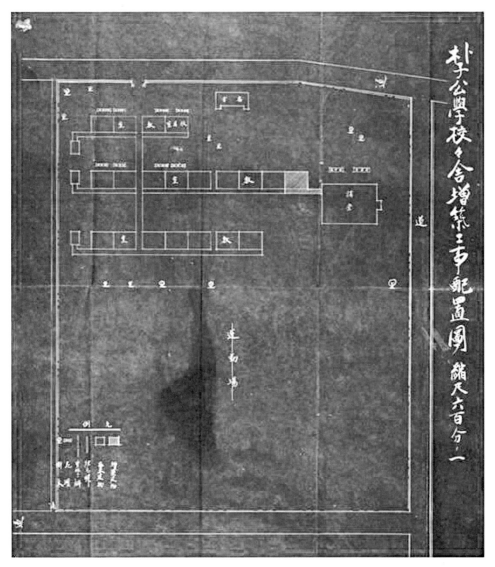

圖 4－2－4：昭和 7 年臺南州朴子公學校校舍增築工事配置圖

資料來源：《臺灣總督府公文類纂》，「指令第二○三三號朴子街小公學校校舍及宿舍建築資金借入」。

　　到了昭和 11 年（1936），因為校舍半數以上都是三十多年前的建築，受到蟻害且腐朽嚴重，處於危險的狀態。此外，學校北側校舍的七間教室中有三間教室已經相當腐朽，就算盡快修繕也不堪使用，因此將這三間教室改建，且進一步應該增建應接室和教具室各一間，建築樣式如同以前建造的木造平

房。是以朴子公學校開始進行校舍的改建以及增建工程，此項工程共花費一萬六千圓，改建後的校舍總面積為 954.225 坪，較改建前的 759.88 坪多出 194.345 坪，且新建了應接室、事務室、教具室等以及教室二間。〔註42〕以下將該年度校舍改建前後的數量及面積整理如表4－2－6，而圖4－2－5則是校舍改增築後的新舊對照配置圖。

表4－2－6：昭和11年朴子公學校新舊建物面積對照

種　別	改增築前		改增築後		坪數增減
	數　量	坪　數	數　量	坪　數	
玄　關	1	2.00	2	15.00	13.00
應接室	－	－	1	11.00	11.00
事務室	－	－	1	36.00	36.00
教具室	－	－	1	12.00	12.00
教　室	20	400.00	22	440.00	40.00
廊　下	－	189.38	－	263.225	73.845
講　堂	1	121.00	1	121.00	－
小使室	1	5.50	1	8.00	2.50
倉　庫	1	24.00	1	24.00	－
便　所	3	18.00	3	24.00	6.00
總　計	－	759.88	－	954.225	194.345

備註：應接室：會客室、事務室：辦公室、小使室：工友休息室。

資料來源：《臺灣總督府公文類纂》，「朴子街公學校校舍改築工事」。

〔註42〕《臺灣總督府公文類纂》，「朴子街公學校校舍改築工事」。

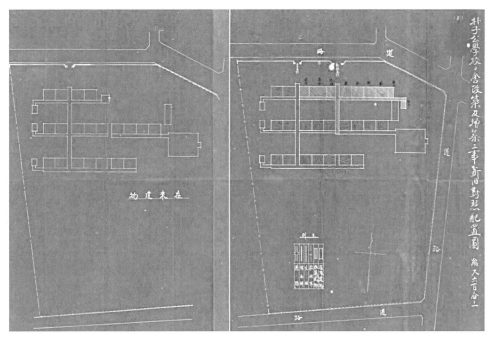

圖 4-2-5：昭和 11 年朴子公學校校舍改築及增築工事新舊對照配置圖

資料來源：《臺灣總督府公文類纂》，「朴子街公學校校舍改築工事」。

三、班級數、學生數、教師員額

　　有關公學校的編制方面，由於在公學校令實施時尚未完成制定，因此總督府於明治 31 年 10 月 6 日對各地方廳下達通知，暫依下列的標準來編制教師：

　　（一）班級依地方情況、教員人數做適當編制。

　　（二）全校學生人數未滿五十　　　　　　教諭　二　訓導　一
　　　　　全校學生人數五十以上未滿一百　　教諭　三　訓導　一
　　　　　全校學生人數一百以上未滿一百五十　教諭　四　訓導　二
　　　　　全校學生人數一百五十以上未滿二百　教諭　五　訓導　二

　　上開為每增加五十人，則增設教諭一名，每增一百人，則增設訓導一名。〔註43〕

　　但是依以上的編制標準來實施，卻造成各地方的編制紛亂不一，且在教

〔註43〕臺灣教育會編著；許錫慶譯注，《臺灣教育沿革誌（中譯本）》，頁110。

學及財務上亦產生許多不便之處，所以有制定統一規定之必要。因此明治 34 年 9 月 3 日發布「臺灣公學校編制規程」（訓令第 296 號），以下將有關學校班級數、班級學生數、教師編制方面的條文內容整理如下：〔註44〕

有關學校班級數、班級學生數方面，規定一所學校之班級數為 10 班級以下，但視地方情況，最多得設 12 班級，而每一分校之班級數為 2 班級。全校學童人數未滿百人，以 2 班級編制，百人以上則每增 50 人得增設一班級，但一班級的學童人數不得超過 60 人。若全校女生人數 20 人以上，應區隔男女分編班級。而在教師編制方面，規定每一班級應設教諭 1 人，但教諭的半數以內得以訓導代用之。此外為輔助學校長所擔任之教學，5 班級以上的學校得增設教諭 1 人，4 班級以下的學校得增設訓導 1 人。前述應設置之訓導若難以覓得，得以未持有許可證者代用之。學校亦得設置專門教授裁縫之教員。

該年度樸仔腳公學校雖然僅編制 2 班，但學童卻有 176 人，顯然不符「臺灣公學校編制規程」之規定。此外該年度全校女童人數為 14 人，則尚未達男女分班之標準。有關日治時期朴子公學校各年度的班級數、學生數與教師員額概況可參閱表 4－2－7。

表 4－2－7：朴子公學校班級數、學生數、教師員額（1898～1941）

年　度	班級數	教師數			學生數			備　註
		內地	本島	計	男	女	計	
明治 31 年		1	－	1	41	－	41	速成科 33 人 本科 8 人
明治 33 年	2	1	－	1	96	－	96	
明治 34 年	2	2	－	2	162	14	176	
明治 35 年	3	3	2	5	134	14	148	
明治 36 年	4			6	197	31	228	
明治 37 年	5	2	5	7	208	40	248	
明治 38 年	5	2	5	7	217	43	260	
明治 39 年	5	2	5	7	213	53	266	

〔註44〕《臺灣總督府府報》，第 1015 號，訓令第 296 號，明治 34 年 9 月 3 日，頁 2。

年　度	班級數	教師數			學生數			備　註
		內地	本島	計	男	女	計	
明治 40 年	5	2	4	6	234	49	283	
明治 41 年	5	2	5	7	230	46	276	
明治 42 年	5	2	6	8	287	37	324	
明治 43 年	6	2	6	8	301	39	340	
明治 44 年	7	2	6	8	348	35	383	
明治 45 年	7	2	7	9	337	40	377	
大正 2 年	7	2	7	9	334	42	376	
大正 3 年	7	3	7	10	357	44	401	
大正 4 年	7	3	7	10	343	49	392	
大正 5 年	8	4	7	11	386	57	443	
大正 6 年	8			8	414	72	486	
大正 7 年	9			12	443	75	518	
大正 8 年	10			13	482	119	601	
大正 9 年	13			15	577	153	730	
大正 10 年	16			17			804	
大正 11 年	17	4	14	18	739	227	966	設置高等科
大正 12 年	15	4	14	18	888	—	888	朴子女子公學校成立
大正 13 年	16	5	12	17	953	—	953	
大正 14 年	17	4	13	17	985	—	985	
大正 15 年	18	7	13	20	962	—	962	
昭和 2 年	18	9	10	19	916	—	916	含高等科男生 41 人
昭和 3 年	19	8	13	21	961	—	961	
昭和 4 年	19	8	11	19	966	—	966	
昭和 5 年	19	8	11	19	961	—	961	含高等科男生 75 人
昭和 6 年	18	9	10	19	971	—	971	含高等科男生 95 人

年　度	班級數	教師數			學生數			備　註
		內地	本島	計	男	女	計	
昭和 7 年	18	8	11	19	975	－	975	含高等科男生 89 人
昭和 8 年	18	9	10	19	1016	－	1016	含高等科男生 96 人
昭和 9 年	18	7	11	18	1119	－	1119	含高等科男生 119 人
昭和 10 年	18	10	8	18	1217	－	1217	含高等科男生 160 人
昭和 11 年	19	13	6	19	1265	－	1265	含高等科男生 155 人
昭和 12 年	19	14	6	20	1384	－	1384	含高等科男生 155 人
昭和 13 年	21	17	5	22	1544	－	1544	含高等科男生 152 人
昭和 14 年	23	17	7	24	1633	－	1633	含高等科男生 152 人
昭和 15 年	25	21	5	26	1292	415	1707	奉令男女合校 含高等科男生 147 人
昭和 16 年	26	16	9	25	1282	515	1797	含高等科男生 152 人

備註：大正 11～15 年及昭和 3～4 年，因統計資料未將高等科人數另外記載，故無法
　　　得知確切人數。

資料來源：1. 張萬益，《朴子國小壹世紀 1898～1997》，頁 89。

　　　　　2. 臺灣總督府職員錄系統:http://who.ith.sinica.edu.tw/mpView.action。

　　　　　3. 臺灣總督府民政部學務部學務課，《臺灣總督府學事年報》（1903～
　　　　　　 1921）。

　　　　　4. 臺南州內務部教育課，《臺南州管內學事一覽》（1922～1924）。

　　　　　5. 臺南州教育課，《臺南州學事一覽》（1925～1926、1928、1935～1941）。

　　　　　6. 臺南州知事官房文書課，《臺南州統計書》（1927、1929～1934）。

　　　　　7.《臺灣總督府公文類纂》，「指令第二〇三三號朴子街小公學校校舍及宿
　　　　　　 舍建築資金借入」。

此後，由於公學校的學生人數逐年增加，因此總督府於明治 37 年 3 月 23 日修正「臺灣公學校編制規程」（訓令第 110 號），有關學校班級數、班級學生數、教師編制方面的條文內容如下：〔註45〕

有關學校班級數、班級學生數方面，規定公學校之班級數爲 12 班級以下，而每一分校之班級數爲 3 班級以下。且一班級之學童數爲 60 人以下，若有特別之事情得增加 10 人。全校女童若爲 30 人以上，則依男女分編班級。而在教師編制方面，規定每一班級應置教諭 1 人，但教諭人數的三分之二以內得以訓導代用之。前述規定設置之訓導若難以覓得，得以未持有許可證者代用之。此外爲輔助學校長所擔任之教學，得置訓導 1 人。並得置專門教授裁縫、手工、農業或商業之教員。

從此次的修正內容可看出，公學校的學童有逐漸增加的趨勢，有關學校班級數與班級學生數之規定都較修正前增加，此外有關男女分班之規定，女童從原有的 20 人以上改爲 30 人以上，亦可發現女童入學人數之增加。而訓導代用比例的上升，則顯示出日籍教師（教諭）的缺乏。該年度樸仔腳公學校編制 5 班，教員 7 人（日籍 2 人、臺籍 5 人），學生 248 人，其中女童 40 人，達到男女分班之標準。且班級數的編制已符合修正後「臺灣公學校編制規程」之規定。

其後，因爲社會之進步，故認爲已無分別年幼者班級之必要，因此於明治 40 年（1907）將男女分班之標準修正爲：「第五學年以上之女學生若是 30 人以上，應依男女分編班級。〔註46〕」此外，因爲學生人數逐年增加，故於明治 43 年將原本學校班級的數編制修正爲：「公學校之班級數爲 18 班級以下，分校之班級數爲 4 班級以下。有特別事由時，得不受前項之限制。〔註47〕」至大正元年「臺灣公學校規則」修正發布，將編制列爲第五章，原本的「臺灣公學校編制規程」於該年 12 月 31 日限期廢止。

大正元年「臺灣公學校規則」修正，在學校班級數與教師編制方面仍維持之前的規定，關於班級學生數與男女分班標準之規定則有進行調整，相關條文內容整理如下：〔註48〕

〔註45〕《臺灣總督府府報》，第 1499 號，訓令第 110 號，明治 37 年 3 月 23 日，頁 72。
〔註46〕《臺灣總督府府報》，第 2139 號，訓令第 25 號，明治 40 年 2 月 26 日，頁 59。
〔註47〕《臺灣總督府府報》，第 3131 號，訓令第 261 號，明治 43 年 12 月 28 日，頁 87。
〔註48〕《臺灣總督府府報》，第 87 號，府令第 40 號，大正元年 11 月 28 日，頁 119。

　　有關學校班級數、班級學生數方面，規定公學校之班級數爲 18 班級以下，分校之班級數爲 4 班級以下，若有特別情況，得不受以上之限制。而每一班級之兒童人數以 40 人爲標準，若有特別事由，得最多增加 10 人。第三學年以上之女童人數若是 40 人以上，應依男女區隔班級。而在教師編制方面，規定應在各班級置教諭 1 人，但教諭人數的三分之二以內得以訓導代用之。若難覓訓導時，得以未持有公學校教員證書者代用之。此外爲輔助學校長所擔任之授課，得置訓導 1 人。並得配置教員以外的專科教員。

　　此時期規定一個班級的學生數由原先的 60 人，但最多可增加至 70 人，降至 40 人，且最多僅能增加到 50 人，班級學生數的減少可以減輕公學校教師的負擔，對於教學品質的提升也有很大的幫助。然而大正 2 年（1913）樸仔腳公學校編制 7 班，教員 9 人（日籍 2 人、臺籍 7 人），學生 376 人，在未考慮男女分班的情況下，若依規定一班最多可編制 50 名學童來看，則最少應該要編制 8 班，顯然在學校班級數方面樸仔腳公學校並未符合編制的規定。

　　大正 10 年（1921）4 月 24 日，修正「臺灣公學校規則」（府令第 75 號），在學校班級數與教師編制方面仍無太大的變動，而有關班級學生數之規定則又回到明治時期的標準，男女分班的規定亦有修正，相關條文內容整理如下：〔註 49〕

　　有關學校班級數、班級學生數方面，規定公學校之班級數爲 18 班級以下，分校所招收的兒童爲第四學年以下，班級數爲 5 班級以下，若有特別事由，得不受以上之限制。而一班級之兒童數以 60 人爲標準，若有特別事由，得增加 10 人以內。第五學年以上之女生人數若爲 40 人以上，應依男女區分班級。而在教師編制方面，規定應於各班級置教諭 1 人，此外爲輔助學校長所擔任之授課，得再另置教諭 1 人。且教諭人數的三分之二以內得以訓導代用之。若難覓訓導時，得以其他人員代用之，並得另配置專科教員。

　　此時期一個班級的學生人數又回到了明治時期所規定的 60 人，而該年度朴子公學校編制 16 班，教員 17 人，學生 804 人，若在未考慮男女分班的情況下，平均一個班級的學生數約 50.3 人，低於編制規定的 60 人。

　　大正 11 年 2 月 4 日新教育令（勅令第 20 號）公布，廢除了臺灣島內日、臺人在教育上的區別，同年 4 月 1 日「臺灣公立公學校規則」（府令第 65 號）

〔註 49〕《臺灣總督府府報》，第 2360 號，府令第 75 號，大正 10 年 4 月 24 日，頁 75。

發布，在編制方面僅就公學校分教場的班級數做調整，其餘並無太大的修正，有關編制及教員相關條文內容整理如下：〔註50〕

　　有關學校班級數、班級學生數方面，規定公學校之班級數爲 18 班級以下，分教場之班級數爲 6 班級以下，若有特別事由，得不受以上之限制。而一班級之兒童數以 60 人爲標準，若有特別事由，得增加 10 人以內。第五學年以上之女生人數若爲 40 人以上，須將男女區隔分編班級。而在教師編制方面，規定每一班級置訓導 1 人，且得另置訓導 1 人以輔助學校長所擔任之教學。而訓導人數的三分之二以內得以准訓導代用之。若難覓准訓導時，得以其他人代替之，並得另置適當專科教員。訓導或准訓導以外之教員則稱爲教員心得。

　　新教育令修正後，於大正 11 年 3 月 31 日公布「臺灣公立學校官制」（勅令第 158 號），關於公學校則廢止先前使用之教諭名稱，比照日本學校之例使用訓導、准訓導的名稱。〔註51〕該年度朴子公學校編制 17 班，教員 18 人，學生 966 人，在未考慮男女分班以及高等科的情況下，平均一個班級的學生數約 56.8 人，略低於編制規定的 60 人。

　　昭和 16 年（1941）3 月 1 日「國民學校令」（勅令第 148 號）公布後，初等普通教育一律改依據「國民學校令」實施，同年發布「臺灣公立國民學校規則」（府令第 47 號），其中第六章規定編制及教員，相關條文內容整理如下：〔註52〕

　　有關學校班級數、班級學生數方面，規定國民學校之班級數爲 24 班級以下，分教場之班級數爲 6 班級以下，若有特別情況時，得不受以上之限制。初等科及修業年限六年的國民學校，規定一班級之兒童數 60 人以下；高等科及特修科則是 50 人以下，以上有特別情事時，則可各增加 10 人。而同一學年的女生人數足夠編制爲一個學級時應該依男女各自分班，但是初等科以及修業年限六年的國民學校第一學年與第二學年則不在此限；高等科各學年的女生人數足夠編制爲一班時應該依男女各自分班。而在教師編制方面，規定各班級置訓導 1 人，但初等科以及修業年限六年的國民學校得以初等科訓導代用之；而除以上必要的職員外還應置專科訓導。並得另置訓導 2 人以輔助

〔註50〕《臺灣總督府府報》，第 2620 號，府令第 65 號，大正 11 年 4 月 1 日，頁 13。
〔註51〕臺灣教育會編著；許錫慶譯注，《臺灣教育沿革誌（中譯本）》，頁 162～163。
〔註52〕《臺灣總督府府報》，第 4151 號，府令第 47 號，昭和 16 年 3 月 30 日，頁 5。

學校長所擔任之教學。而在職員難以覓得時，高等科得以准訓導代用；初等科以及修業年限六年的國民學校得以初等科准訓導代用，若以上二者皆難以覓得，則可以其他人員代用之。除以上人員外得另設養護訓導，若難以覓得時亦得以其他人員代用之。

該年度朴子東國民學校編制 26 班，初等科學生 1645 人，高等科學生 152 人，在未考慮男女分班的情況下，初等科一班人數上限為 70 人，應編有 24 班；高等科一班人數上限為 60 人，應編有 3 班，總共應該編制 27 班。故該年度朴子東國民學校的班級數比編制規定的還少一班。

綜上所述，從臺灣公學校的編制規定來看，本校與分校的班級數不斷增加，本校從最初規定的 10 班增加為 24 班，分校從 2 班增加為 6 班；班級學生數從最初不得超過 60 人，調整為上限 70 人；而教師的編制也不斷增加，如輔助學校長教學的訓導就從 1 人增加為 2 人。以上種種規定皆顯示出日治時期臺灣公學校的規模不斷擴大，當然朴子公學校亦不例外。從朴子公學校歷年的班級數、學生數以及教師員額的成長趨勢來探討朴子公學校學校規模的擴大，大致可以歸納出以下幾點：

（一）學生數增加

朴子公學校的學生人數逐年增加，反應出朴子地區人口增加的趨勢，而人口增加除了自然增加以外亦有社會增加的因素存在。朴子從清末以來就是嘉義沿海地區：布袋、東石、六腳等鄉鎮的政治、經濟中心，不僅商業發達，文風也很鼎盛，也因此吸引了鄰近地區的人口移入，故學齡人口才會持續的上升。此外，就學人口的增加也顯示出臺灣人民對於求學的需求，也由於學生數不斷增加，朴子公學校於大正 2 年與昭和 2 年分別設立了南勢竹分校及鴨母寮分教場，以方便鄰近地區的學童就學。

（二）班級數增加

學生人數增加後，相對的班級數也會增加，明治 33 年（1900）樸仔腳公學校編制 2 班；大正 8 年（1919）班級數首度突破 10 班；而到了大正 12 年（1923）班級數卻比去年少了 2 班，其原因為朴子女子公學校成立後，實施男女分校，原本朴子公學校的女童全部移轉至朴子女子公學校；爾後班級數就大致維持在 18～19 班之間，直到昭和 13 年（1938）後班級數才又開始增加；至昭和 15 年（1940）奉令男女合校，該年度班級數達到 25 班。

（三）女性入學人數增加

樸仔腳公學校創校初期女童入學人數並不多，這顯示日治初期臺灣女性就學不易之情況。其後，女童人數雖然逐年增加，但與男童人數相較之下仍有不小差距，不過兩性人數比例的差距卻有逐年縮小的趨勢。明治34年樸仔腳公學校學童的男女比例相差至少十倍以上；到大正11年男女比例縮小至三倍多；大正12年朴子女子公學校成立，開始實施男女分校，朴子公學校遂成為男校；直到昭和15年奉令男女合校，該年度男女比例僅有二倍多的差距，顯示女童入學人數逐年增加，女性就學率漸升之趨勢。

（四）設立高等科

大正11年新教育令公布，其中規定公學校得設置修業年限2年之高等科，因此該年度朴子公學校成立了高等科，並於5月1日起開始上課。而高等科的設立也為朴子以及鄰近地區的公學校本科畢業生新增加了一條升學的途徑。此外，雖然高等科的學生人數也是呈現逐年增加的趨勢，但仍是以男學生占大多數，根據昭和16年《臺南州學事一覽》之記載，該年度朴子公學校的高等科男生有152人，而女生則仍未有人就讀。〔註53〕

（五）教師員額增加

朴子公學校的教師員額也隨著學生數與班級數而逐年增加，然而相對於臺籍教師，日籍教師在初期增加的幅度可說是相當的緩慢。明治37年全校日籍教師2人，臺籍教師5人；到了大正11年全校日籍教師也才4人，反觀臺籍教師已高達14人。不過此情況於大正11年後發生轉變，朴子公學校的日籍教師於大正14年（1925）後開始快速增加，反觀臺籍教師雖然人數仍占多數，但卻呈現減少的趨勢，到了昭和10年（1935）全校有日籍教師10人，臺籍教師8人，日籍教師人數自明治35年（1902）以後首度超越臺籍教師，甚至差距有逐漸擴大的趨勢。到了昭和15年，全校26名教師中，日籍教師就占了21人，而臺籍教師僅有5人。其主要原因為大正11年新教育令公布之後，總督府採取初等教育由日籍教師獨佔的政策，甚至師範學校教育也由臺灣人本位轉為日本人本位，使得公學校的臺籍教師和原住民教師逐漸減少。〔註54〕

〔註53〕臺南州教育課，《臺南州學事一覽》（臺南：臺南州教育課，1942年），頁25。
〔註54〕李園會，《日據時期臺灣初等教育制度》（臺北：國立編譯館，2005年），頁467。

從朴子公學校學校規模發展的過程中可以發現，學生人數的增加連帶影響了班級數與教師員額的增加。而班級數的增加又與校舍的增建、校地的擴張有著密切的關係。班級數逐年增加代表著舊有的教室逐漸不敷使用，因此有新建校舍的必要；而新建校舍則需要更多的校地，因此校地也會隨著興建教室而日漸擴張。

第三節　教師分析

由於目前朴子國小並未保存日治時期於朴子公學校任教的教師資料，因此相關資料筆者是從中央研究院臺灣史研究所建置的「臺灣總督府職員錄系統」來進行研究與探討。此外《朴子國小壹世紀 1898～1997》與《樸樹の蔭》二書則分別收錄日治時期任職於朴子公學校九位校長的照片及其學經歷介紹，可說是相當珍貴的研究資料。

一、歷任校長

明治 31 年（1898）7 月 27 日，「臺灣公學校官制」（勅令第 179 號）公布，其中第二條規定：「校長為各校一人，判任，承辦務署長或支署長之命掌理校務，監督所屬職員。校長由教諭兼任。」

樸仔腳公學校從明治 31 年 10 月設立以來，至昭和 20 年（1945）期間，共經歷九位校長，均為男性日本人，而學校成立之初並未派任校長，僅由日籍教諭稻熊喜之助來負責與主導學校一切的事務，到了明治 33 年（1900）才任命小泉順擔任第一任校長。歷任校長之相關資料記載如表 4－3－1。

表 4－3－1：日治時期朴子公學校歷任校長簡介

任　別	姓　名	性別	籍　貫	任職時間
第一任	小泉　順	男	茨城縣	1900 年～1914 年
第二任	戶板守正	男	宮城縣	1914 年～1923 年
第三任	東園榮治	男	鹿兒島縣	1923 年～1925 年
第四任	三好照藏	男	德島縣	1925 年～1930 年
第五任	林　庄一	男	千葉縣	1930 年～1934 年
第六任	工藤　豐	男	大分縣	1934 年～1937 年

任　別	姓　名	性別	籍　貫	任職時間
第七任	近藤賢司	男	茨 城 縣	1937 年～1939 年
第八任	松元輝興	男	鹿兒島縣	1939 年～1943 年
第九任	西尾帝助	男	福 岡 縣	1943 年～1945 年

資料來源：1. 朴子公學校（日籍）教師群合著、邱奕松，《樸樹の蔭》（嘉義：朴子公
　　　　　　　創校百年紀念會，1995 年），頁 144～150。

　　　　　2. 臺灣總督府職員錄系統：http://who.ith.sinica.edu.tw/mpView.action。

　　有關日治時期朴子公學校九位校長的學經歷在《樸樹の蔭》中「日本時
代の歷代校長先生介紹」有詳細的記載：〔註55〕

（一）小泉順

　　茨城縣人，明治 25 年茨城縣師範學校卒業，並在日本的小學校擔任訓導
7 年。明治 33 年臺灣總督府國語學校講習科卒業，6 月擔任樸仔腳公學校教
諭並被任命為第一任校長。明治 34 年 11 月 23 日（新嘗祭）早朝土匪來襲，
學校職員因為去避難而平安無事。在當地連續 13 年 8 個月期間，為教育獻身
功績顯著。大正 3 年 1 月，轉任斗六公學校第六任校長；大正 9 年 4 月同校
內林分教場設立；大正 11 年 4 月內林公學校成立兼任第一任校長；其後轉任
嘉義玉川公學校第四任校長；昭和 9 年 2 月去逝，2 月 21 日朴子街各界及其
學生於高明寺舉行故小泉校長追悼會。

（二）戶板守正

　　日籍，渡臺後於明治 31 年 7 月臺灣總督府國語學校師範部卒業。經歷他
里霧公學校第五任校長、西螺公學校第五任校長。大正 3 年 1 月 26 日被任命
為樸仔腳公學校校長；大正 12 年朴子女子公學校成立並兼任第一任校長。在
當地 9 年 10 個月勤務期間，為教育貢獻顯著。大正 12 年 10 月 8 日依願免職
回到日本。

（三）東園榮治

　　日籍，渡臺後於大正 2 年 1 月臺灣總督府國語學校講習科卒業。被任命
為蒜頭公學校第四任校長；大正 12 年 10 月 8 日轉任朴子公學校校長；大正
14 年 3 月 31 日依願免職回到日本。

〔註55〕朴子公學校（日籍）教師群合著、邱奕松，《樸樹の蔭》，頁 144～150。

（四）三好照藏

德島縣三好郡人，明治 23 年 3 月生於畫間村。明治 43 年 3 月德島縣師範學校卒業，並擔任小學校訓導 9 年。大正 8 年 4 月渡臺，在嘉義、朴子兩所小學校擔任訓導。大正 14 年 5 月被拔擢為朴子公學校校長；大正 15 年兼任東石農業補習學校校長。昭和 5 年 8 月轉任西螺公學校；昭和 6 年敘勳八等，昭和 7 年 11 月給予高等官八等待遇，12 月敘正八位；昭和 8 年 8 月敘勳七等，9 月兼任西螺小學校校長，10 月敘從七位；昭和 9 年 12 月給予高等官七等待遇；昭和 10 年 6 月州知事依其在本島教育盡心盡力服務十五年以上，於始政四十週年紀念日授與賞狀。昭和 11 年授勳六等瑞寶章，表彰其對社會教化和國語普及的貢獻。

（五）林庄一

千葉縣人，明治 44 年 3 月臺灣總督府國語學校小學師範部卒業，擔任臺灣小學校的教諭。其後被拔擢為第七任塩水尋常小學校校長，之後經歷第三任北港尋常高等小學校校長。任公學校訓導時，則經歷第一任好收公學校長校以及第六任北港公學校校長。昭和 5 年 8 月被任命為朴子公學校校長。為本島教育盡心服務 3 年 7 個月，於昭和 9 年 4 月依願免職回到日本。

（六）工藤豐

大分縣人，生於明治 24 年 10 月。明治 44 年 3 月大分縣立杵築中學校卒業；明治 45 年 3 月臺灣總督府國語學校師範部甲科卒業，同時擔任斗六公學校的教諭。大正 4 年擔任蒜頭公學校第二任校長，其後為民雄公學校第七任校長；大正 13 年 5 月被任命為白川公學校第五任校長。昭和 7 年 4 月敘從七位，11 月給予高等官八等待遇，12 月敘勳七等。昭和 9 年 5 月被任命為朴子公學校校長；昭和 12 年 4 月擔任嘉義玉川公學校校長。對於臺灣的初等教育有相當大的功績，多次受到州知事的表彰，並給予高等官七等待遇。

（七）近藤賢司

茨城縣水戶市人，明治 31 年 3 月生於斧神町。大正 6 年 4 月渡臺就讀臺灣總督府國語學校，大正 7 年 3 月以優異的成績於臺灣總督府國語學校公學師範部卒業，同時擔任臺灣公學校的教諭。大正 10 年 4 月被拔擢為下潭公學校第二任校長，其後擔任鹿草公學校第四任校長，並兼任鹿草庄協議會員，以及被任命為蒜頭公學校第六任校長。昭和 2 年 7 月被拔擢為臺南州郡視學，

於北門郡服勤務；昭和 4 年 6 月轉任新豐郡視學。昭和 8 年 6 月州知事依其在本島教育盡心盡力服務十五年以上給予表彰。昭和 9 年 4 月擔任歸仁公學校校長並兼任歸仁農村青年學校校長；昭和 10 年 4 月 1 日任臺南州方面委員，10 月給予高等官八等待遇；昭和 12 年 4 月被任命爲朴子公學校校長，敘從七位勳八等；昭和 14 年 4 月轉任嘉義玉川公學校校長。

（八）松元輝興

鹿兒島縣日置郡人，明治 26 年 12 月生於水野村。大正 2 年 3 月鹿兒島縣立川內中學校卒業，並於同縣下旭小學校擔任代用教員。大正 3 年 3 月退職後，入學鹿兒島縣立師範學校本科第二部，以優異的成績卒業，此後在日本的小學校擔任訓導 5 年。大正 9 年 6 月派赴臺灣總督府，8 月渡臺後於嘉義小學校擔任教諭；大正 15 年 5 月被拔擢爲竹崎小學校第四任校長。昭和 3 年 9 月擔任小梅公學校第七任校長；昭和 6 年 3 月被任命爲布袋公學校第十二任校長。昭和 10 年 2 月賞勳局敘勳八等，10 月給予高等官八等待遇，12 月敘正八位；昭和 12 年 2 月敘勳七等瑞寶章，及敘從七位。昭和 14 年 4 月被任命爲朴子公學校校長，期間對於社會教化和國語普及有非常大的貢獻。昭和 18 年轉出到新化公學校。

（九）西尾帝助

福岡縣鞍手郡人，生於明治 28 年 1 月。大正 5 年 3 月以優異的成績於福岡縣師範學校卒業，並在日本的小學校擔任訓導 6 年。大正 11 年 10 月派赴臺南州，並任教於北港小學校；大正 12 年 2 月擔任公學校訓導，3 月轉任北港公學校。其後經歷水林公學校第四任校長、鹿寮公學校第四任校長。昭和 10 年 2 月給予高等官八等待遇，4 月敘正八位，同月 9 日任命爲大林公學校校長；昭和 12 年敘從七位勳八等，其後擔任西螺公學校校長。昭和 18 年 4 月被任命爲朴子東國民學校校長，日本戰敗後於民國 34 年 10 月回到日本。

圖4－3－1：日治時期朴子公學校歷任校長照片

資料來源：張萬益，《朴子國小壹世紀 1898～1997》，頁 43。

二、教師概況

（一）教師來源

日本統治前幾年間，由於無法迅速在臺灣培育教師，為了應付當時之急需，因此暫時設置教員講習所，主要從日本招募已具教師資格者，並經過短期訓練後在臺灣從事教育工作，其要項如下：

目的　本所其於速成，以補充可擔任各地方之小學校校長或教員、國語傳習所所長或教員者為目的。

講習生之員額　第一期為 39 名，配給各地方之比例為縣廳之下 5 名，支廳及島廳之下 3 名。

講習員之資格　在內地曾任小學校教員者皆有資格，須身體強壯能忍受本島之暑熱瘴氣，言語明亮而無諸多方言訛語，且可簽訂在本島從事教育五年以上者，其招募在內地為之。

講習之學科　本島人教育之方案、本島普通之語言文章、國語傳習方案。

講習之期限　約六個月。〔註56〕

第二期講習員分成甲、乙二種來招募，畢業後主要讓甲種從事教務，乙種從事行政。之後雖然開設了國語學校師範部，但因教員之需求仍然急迫，所以前後共招募了七次的講習員。〔註57〕明治36年（1903）6月19日總督府發布「臺灣總督府國語學校講習科規程」（府令第43號），但當時並未立即施時。〔註58〕

明治29年（1896）9月25日「臺灣總督府國語學校規則」（府令第38號）發布，其中第二條規定：「國語學校師範部為培養可成為國語傳習所及師範學校教員，及小學校校長或教員者，並兼研究本島之普通教育方法的場所。」而隨著明治31年公學校令的公布，則再加入培育公學校教師之規定。

〔註56〕臺灣教育會編著；許錫慶譯注，《臺灣教育沿革誌（中譯本）》，頁245。
〔註57〕臺灣教育會編著；許錫慶譯注，《臺灣教育沿革誌（中譯本）》，頁261～262。
〔註58〕到了大正元年，為因應教師需求量之增加，且為提高公學校訓導及臺籍女教師的學力，因此於大正3年6月7日，修正部分條文發布（府令第36號），於國語學校附設講習科，對擬擔任小公學校的教員或已在職者實施講習。

公學校令實施後，自然就產生設立培育本島人教員之師範學校的必要。因此明治 32 年（1899）4 月總督府於臺北、臺中、臺南三地設立師範學校，同時發布「臺灣總督府師範學校規則」（府令第 31 號），其中第一條規定：「師範學校培養本島人之擬擔任國語傳習所及公學校教員者。」然而公學校的發展並未達到需要三所師範學校畢業生的程度，故於明治 35 年（1902）3 月 20 日廢止臺北與臺中師範學校，將學生併入國語學校及臺南師範學校。而臺南師範學校亦於明治 37 年（1904）7 月廢止，學生併入國語學校師範部乙科，於是國語學校成爲臺灣唯一的教師養成機構。

明治 35 年 7 月 6 日國語學校規則修正（府令第 52 號），將師範部分爲甲、乙二科，甲科以培養日籍教諭爲主，乙科則以培養臺籍訓導爲目的，二科皆爲公學校教師培育機構。明治 43 年（1910）5 月 7 日部分條文修正（府令第 41 號），將師範部分成小學師範部〔註59〕與公學師範部，其中公學師範部又分成甲、乙二科，甲科供日本人就讀，乙科則供臺灣人就讀。

此後，爲補充公學校訓導之需求，大正 7 年（1918）7 月 19 日於臺南新設一分校，招收公學師範部乙科生。大正 8 年（1919）1 月 4 日「臺灣教育令」（勅令第 1 號）公布，規定實施師範教育之學校爲師範學校；同年 3 月 31 日「臺灣總督府師範學校官制」（勅令第 65 號）公布後，國語學校本校改稱臺北師範學校，臺南分校則改稱臺南師範學校。此時期師範學校設本科及預科，主要招收臺灣學生；並另附設公學師範部、小學師範部供日本人就讀。此外亦設有公學校教員講習科，用以補充公學校教師之不足。

大正 11 年（1922）新教育令（勅令第 20 號）公布後，師範學校分設小學及公學師範部，分別培訓小學校及公學校教師，各部再分爲普通、演習二科。大正 12 年（1923）6 月 6 日新設立臺中師範學校。昭和 2 年（1927）5 月 13 日「臺灣總督府諸學校官制」部分條文修正（府令第 113 號），將臺北師範學校分爲臺北第一師範學校及臺北第二師範學校；昭和 15 年（1940）總督府爲配合實施國民學校義務制時所需之教師培育，於 4 月 1 日新設置新竹、屏東二所師範學校。

昭和 16 年（1941）國民學校制度實施後，師範學校廢除小學師範部和公

〔註59〕 日治初期小學校教師全由日本招聘而來，臺灣本島並無設置培訓機構，然而隨著小學校規模逐漸發展，教師需求量增加，因此在國語學校新設置小學師範部，以培育小學校教師爲主。

學師範部之區別，改設普通科和演習科；昭和 18 年（1943）師範學校改設置男子部與女子部，各部再分設預科及本科。然而，此一時期原有的六所師範學校被整理合併為臺北、臺中、臺南三所師範學校。

在女子師範教育方面，最早起源於國語學校第三附屬學校，第三附屬學校以教導臺灣女子普通教育及手藝為目的，分為本科及手藝科，由於當時臺灣尚缺乏女性校師的培育機構，因此手藝科的畢業生多被各地公學校延聘為教師。明治 35 年改為第二附屬學校；明治 39 年（1906）規定設置師範科、師範速成科及技藝科，然而前二科實際上並未招生，故僅有技藝科培訓女教師而已；明治 43 年改名附屬女學校。大正 8 年臺灣教育令公布後，改稱臺北女子高等普通學校，並附設師範科。大正 11 年改為臺北第三高等女學校，與彰化高等女學校均設置公學校教員講習科，負責培育女性教師。昭和 3 年（1928）廢止該二校之講習科，並於臺北第一師範學校設置兼收女生之公學師範部演習科，為師範學校培訓公學校女教師的開始。

（二）教師資格

日治時期臺灣公學校的教師分為合格教師與代用教師二種，而教師職稱在各時期則有不同的稱呼。明治 31 年「臺灣公學校官制」公布，明訂公學校合格教師為教諭及訓導，教諭以日籍教師為主；訓導則以臺籍教師為主。其主要工作內容如下：

> 第三條　教諭為判任，擔任學生之教學，承校長之指揮從事庶務。

> 第四條　訓導為判任官待遇，協助教諭之職務。〔註60〕

大正 11 年新教育令公布後，同年 3 月 31 日「臺灣公立學校官制」（勅令第 158 號）公布，廢止先前使用之教諭名稱，比照日本學校之例使用訓導、准訓導的名稱，訓導相當於過去的教諭，准訓導則相當於過去的訓導，然而此時仍維持著訓導大部分是日本人，而准訓導多為臺灣人。此職稱一直到昭和 16 年「國民學校令」公布實施後仍繼續沿用。

有關代用教師方面，明治 31 年「臺灣公學校規則」發布同時，於同日發布內部訓令，其中提到：「公學校訓導即本土教員，以任用擬設立之師範學校畢業生為方針，然欲達其目的，非待今後數年不可，故現今應暫時以雇用教

〔註60〕臺灣教育會編著；許錫慶譯注，《臺灣教育沿革誌（中譯本）》，頁 98～99。

員補充之。〔註61〕」由此可知，在公學校的合格教師難求時，即以代用教師來補充不足的師資。

　　大正 6 年（1917）前，代用教師稱為囑託及雇，前者以日籍教師為主，後者以臺籍教師為主。大正 7 年（1918）10 月 19 日總督府發布訓令第 167 號，規定臺灣公學校從事教務者得設置教諭心得及訓導心得，教諭心得為日本人雇員；訓導心得為本島人雇員。至大正 11 年新教育令公布後，不再有教諭和訓導之區分，因此統一改稱為教員心得。昭和 16 年國民學校改制後，則改稱為助教。茲將日治時期公學校教師職稱沿革整理如表 4－3－2。

表 4－3－2：日治時期公學校教師職稱沿革

年　　代	合格教師	代用教師
1898 年～1917 年	教諭、訓導	囑託、雇
1918 年～1921 年	教諭、訓導	教諭心得、訓導心得
1922 年～1940 年	訓導、准訓導	教員心得
1941 年～1945 年	訓導、准訓導	助教

資料來源：修改自謝佩錦，《日治時期臺灣公學校教師之研究》，國立新竹師範學院社
　　　　　會科教育學系碩士班碩士論文，2005 年，頁 15～16、22。

　　教師素質之優劣為教育事業成敗的關鍵因素，要評價一個學校整體的教師素質，從合格教師與代用教師的比例來探討是一個主要的方法，合格教師的多寡關係到一個學校的教學品質，表 4－3－3 為日治時期朴子公學校的教師資格統計。

表 4－3－3：日治時期朴子公學校教師資格統計

年　度	合格教師人數				代用教師人數				合計
	日籍	臺籍	計	百分比	日籍	臺籍	計	百分比	
明治 31 年	1	－	1	100.00％	－	－	－	－	1
明治 32 年	1	－	1	100.00％	－	－	－	－	1
明治 33 年	1	－	1	100.00％	－	－	－	－	1
明治 34 年	2	－	2	100.00％	－	－	－	－	2

〔註61〕臺灣教育會編著；許錫慶譯注，《臺灣教育沿革誌（中譯本）》，頁 108。

年　度	合格教師人數				代用教師人數				合計
	日籍	臺籍	計	百分比	日籍	臺籍	計	百分比	
明治 35 年	3	－	3	60.00％	－	2	2	40.00％	5
明治 36 年	1	2	3	75.00％	－	1	1	25.00％	4
明治 37 年	2	2	4	66.67％	－	2	2	33.33％	6
明治 38 年	2	3	5	100.00％	－	－	－	－	5
明治 39 年	2	4	6	85.71％	－	1	1	14.29％	7
明治 40 年	2	4	6	85.71％	－	1	1	14.29％	7
明治 41 年	2	3	5	83.33％	－	1	1	16.67％	6
明治 42 年	2	3	5	71.43％	－	2	2	28.57％	7
明治 43 年	2	4	6	75.00％	－	2	2	25.00％	8
明治 44 年	3	4	7	70.00％	1	2	3	30.00％	10
明治 45 年	2	2	4	50.00％	－	4	4	50.00％	8
大正 2 年	2	3	5	55.56％	－	4	4	44.44％	9
大正 3 年	2	3	5	55.56％	－	4	4	44.44％	9
大正 4 年	2	4	6	66.67％	－	3	3	33.33％	9
大正 5 年	3	5	8	80.00％	－	2	2	20.00％	10
大正 6 年	3	5	8	80.00％	－	2	2	20.00％	10
大正 7 年	2	5	7	70.00％	－	3	3	30.00％	10
大正 8 年	3	5	8	66.67％	1	3	4	33.33％	12
大正 9 年	3	5	8	66.67％	－	4	4	33.33％	12
大正 10 年	2	7	9	42.86％	－	12	12	57.14％	21
大正 11 年	5	9	14	58.33％	－	10	10	41.67％	24
大正 12 年	4	11	15	83.33％	－	3	3	16.67％	18
大正 13 年	4	12	16	94.12％	1	－	1	5.88％	17
大正 14 年	5	13	18	100.00％	－	－	－	－	18
大正 15 年	7	14	21	100.00％	－	－	－	－	21
昭和 2 年	8	9	17	94.44％	1	－	1	5.56％	18
昭和 3 年	6	13	19	90.48％	2	－	2	9.52％	21

年　度	合格教師人數				代用教師人數				合計
	日籍	臺籍	計	百分比	日籍	臺籍	計	百分比	
昭和 4 年	5	11	16	76.19%	3	2	5	23.81%	21
昭和 5 年	6	10	16	84.21%	2	1	3	15.79%	19
昭和 6 年	6	9	15	78.95%	3	1	4	21.05%	19
昭和 7 年	6	10	16	84.21%	2	1	3	15.79%	19
昭和 8 年	7	10	17	85.00%	2	1	3	15.00%	20
昭和 9 年	8	10	18	90.00%	1	1	2	10.00%	20
昭和 10 年	7	6	13	81.25%	2	1	3	18.75%	16
昭和 11 年	9	6	15	88.24%	1	1	2	11.76%	17
昭和 12 年	10	6	16	88.89%	1	1	2	11.11%	18
昭和 13 年	11	5	16	88.89%	1	1	2	11.11%	18
昭和 14 年	15	6	21	87.50%	2	1	3	12.50%	24
昭和 15 年	17	5	22	84.62%	3	1	4	15.38%	26
昭和 16 年	15	4	19	70.37%	3	5	8	29.63%	27
昭和 17 年	15	5	20	68.97%	1	8	9	31.03%	29
昭和 19 年			25	78.13%			7	21.88%	32
平均百分比				79.63%				20.37%	

備註：昭和 18 年因僅記載學校長一人，故不列入統計。

資料來源：臺灣總督府職員錄系統：http://who.ith.sinica.edu.tw/mpView.action。

　　公學校成立初期，大部分的教員都是招聘日本的合格小學教員，是以樸仔腳公學校成立後，前四年的教師皆爲日籍的合格教師，直到第五年才出現 2 位臺籍代用教師。此後，除了明治 38 年（1905）及大正 14、15 年（1925、1926）外，朴子公學校在各年度均有聘用代用教師，但所占比例並不固定，以明治 35 年、明治 45 年（1912）至大正 3 年（1914）以及大正 10、11 年（1921、1922）的比例較高，其中大正 10 年聘用的代用教師人數甚至超過合格教師，所占比例達到 57.14%；而大正 13 年（1924）至昭和 3 年（1928）的比例較低。此外，代用教師又以臺籍者居多。

　　日治時期朴子公學校的代用教師比例，平均爲 20.37%，也就是說每 10

個教師中大概就會有 2 個代用教師，雖然略低於全臺公學校代用教師平均比例的 27.30%，〔註62〕但仍凸顯出日治時期長期存在師資供不應求，合格教師不足的現象。究其原因，主要在於總督府未建立完整的師資培養制度，師資培養欠缺計畫而呈應急速成性質，加以總督府每以經費為由，不願大量培養所需教師。其次，歷年培養的公學校教師異動甚大，遂使合格教師益加不足。復次，1910 年代後期，公學校兒童及班級激增，為應師資之迫切需求，總督府乃短期招訓大批公學校畢業生充任公學校代用教師。〔註 63〕由於時間點相近，故推測在大正 10、11 年之間，朴子公學校的臺籍代用教師人數突然增多應該也與上述原因有關。

有關合格教師方面，朴子公學校除大正 10 年之外，其餘每一年度的合格教師皆多於代用教師，甚至在明治 31 年至 34 年、38 年及大正 14、15 年時達到 100.00% 的比例。而日治時期朴子公學校的合格教師比例，平均為 79.63%，略高於全臺公學校代用教師平均比例的 72.70%。〔註 64〕此外，日、臺籍合格教師的人數在大正 9 年以前差距並不大，臺籍合格教師人數略多於日籍。日治初期公學校日籍教師人數較少的原因，可能與當時日本國內教師待遇偏低，而社會地位低落，以及多數日本人對臺灣仍心存畏懼實有密切關係。〔註 65〕

到了 1920 年代，朴子公學校的臺籍合格教師仍然占大多數，此與總督府大量培養臺籍教師有關。〔註 66〕雖然合格教師仍以臺籍為主，但是日籍合格教師卻有逐年增加之趨勢，原因為新教育令公布之後，總督府採取初等教育由日籍教師獨佔的政策，師範學校教育也轉為日本人本位。由於在臺日人激增，每年投考師範學校的人數亦不斷增加，學校當局為保障日籍生的入學機會，不惜採取種種保護措施。1929 年日籍生入學人數已超過臺籍生，臺籍生入學率僅 2.3%，創下全期最低之記錄。〔註67〕至昭和 10 年（1935），朴子公

〔註62〕統計自吳文星，《日據時期臺灣師範教育之研究》（臺北：國立臺灣師範大學歷史研究所，1983 年），頁 158－1、158－2。

〔註63〕吳文星，《日據時期臺灣師範教育之研究》，頁 161。

〔註64〕統計自吳文星，《日據時期臺灣師範教育之研究》，頁 158－1、158－2。

〔註65〕吳文星，《日據時期臺灣師範教育之研究》，頁 87。

〔註66〕1920 年代，總督府大量培養臺籍教師，平均一年約有 290 名畢業生加入公學校教師行列，而日籍畢業生每年不過約 80 名。吳文星，《日據時期臺灣師範教育之研究》，頁 162。

〔註67〕吳文星，《日據時期臺灣師範教育之研究》，頁 100、102。

學校的日籍合格教師人數首度超越臺籍，且差距有逐漸擴大的趨勢，此情況一直延續到國民學校時期仍未改變。

（三）教師籍貫

若欲得知日治時期朴子公學校的教師籍貫，目前僅能從歷年的《臺灣總督府職員錄》來查閱，然而有些年份的資料並未有籍貫的相關記載，如：1898～1902、1930、1943、1944 年等，故僅能透過其他年份的內容來進行交叉比對，但難免還是會有缺漏的地方，以下僅將籍貫資料確切可考的朴子公學校日籍教師人數整理如表4－3－4。

表4－3－4：朴子公學校日籍教師籍貫統計（1898～1944）

籍貫	人數	籍貫	人數	籍貫	人數	籍貫	人數
鹿兒島縣	13	岡山縣	4	長崎縣	2	富山縣	1
熊本縣	12	廣島縣	4	鳥取縣	2	埼玉縣	1
新潟縣	8	茨城縣	3	京都府	1	香川縣	1
大分縣	6	宮崎縣	3	栃木縣	1	奈良縣	1
佐賀縣	6	福岡縣	3	愛媛縣	1	山形縣	1
福島縣	6	滋賀縣	2	愛知縣	1	山口縣	1
沖繩縣	4	德島縣	2	兵庫縣	1	山梨縣	1
宮城縣	4	靜岡縣	2	石川縣	1	長野縣	1
福井縣	4	千葉縣	2	群馬縣	1	和歌山縣	1

資料來源：臺灣總督府職員錄系統：http://who.ith.sinica.edu.tw/mpView.action。

從表 4－3－4 所統計的內容來看，朴子公學校籍貫資料確切可考的日籍教師共有108人，其中人數最多的是來自鹿兒島、熊本、新潟、大分、佐賀、福島等縣。將朴子公學校日籍教師的籍貫資料與鄭梅淑統計新營、宜蘭、鹿港、士林、彰化女子公學校，以及臺中州的公學校共計 334 人的資料相對照（以鹿兒島、熊本、福岡、茨城、佐賀、新潟、廣島、愛媛、大分、宮崎縣等居前十名），〔註68〕結果相去不遠。其中尤以九州之鹿兒島縣、熊本縣高居一、二名，推測因爲九州地區離臺灣較近，氣候也與臺灣類似，故公學校教

〔註68〕鄭梅淑，《日據時期台灣公學校之研究》，東海大學歷史研究所碩士論文，2001年，頁88～89。

師多來自九州。朴子公學校日籍教師來自九州者（大分、宮崎、福岡、佐賀、長崎、熊本、鹿兒島、沖繩縣）就有 49 人，占全體日籍教師人數的 45.37％。

　　關於臺籍教師方面，由於《臺灣總督府職員錄》在 1920 年以前僅將臺籍教師記為「本島人」，因此無法得知其確切籍貫為何，故僅能從 1921～1944 年的資料進行探討。結果發現這段期間內籍貫資料確切可考的臺籍教師有 72 人，而臺籍教師的籍貫又以臺南州占絕對多數，竟高達 69 人，其他籍貫如高雄州有 2 人、臺中州有 1 人。朴子公學校就位於臺南州轄下，而學校的臺籍教師又以來自臺南州者占多數，由此可知地緣關係與臺籍教師的來源有著密切的關係。

　　將歷年的《臺灣總督府職員錄》進行交叉比對，大概可以得知 1898～1944 年間朴子公學校的教師人數，統計資料顯示日治時期朴子公學校的教師共有 213 人，其中日籍教師有 109 人，略多於臺籍教師的 98 人，日籍教師占朴子公學校全體教師人數的 51.17％；臺籍教師則占 46.01％，詳細情形如表 4－3－5 所載。

表 4－3－5：朴子公學校日、臺籍教師比例（1898～1944）

日籍教師		臺籍教師		不　詳		總　計	
人數	百分比	人數	百分比	人數	百分比	人數	百分比
109	51.17％	98	46.01％	6	2.82％	213	100.00％

資料來源：臺灣總督府職員錄系統：http://who.ith.sinica.edu.tw/mpView.action。

　　從統計結果來看可得知，朴子公學校的日、臺籍教師比例，正好與前述提到的總督府採取初等教育由日籍教師獨占的政策相符。在同化教育的前提下，總督府的師範教育政策，自始以培養日籍教師為主，臺籍教師為輔，亦即是非萬不得已或別有所圖時，寧可盡量少用臺籍教師。〔註69〕

（四）教師俸給

　　日治時期的公學校教師皆屬臺灣總督府的文官，其待遇依照一般文官薪俸額支給，明治 31 年公布的「臺灣公學校官制」規定，公學校校長及教諭屬判任官，訓導則為低一級之判任官待遇。判任官的俸給最初依照明治 30 年公布的「臺灣總督府職員官等俸給令」之規定，明治 43 年後則依「判任官俸給令」之規定支給。大正 11 年新教育令公布後，教諭改稱訓導，為判任官，俸

〔註69〕吳文星，《日據時期臺灣師範教育之研究》，頁 17。

給同以前教諭之規定。昭和 18 年 7 月 31 日修正「臺灣公立學校官制」（勅令第 641 號），將校長和訓導的官階改爲奏任或判任。表 4－3－6 爲日治時期公學校及國民學校校長、教諭（訓導）的俸給規定。

表 4－3－6：公學校（國民學校）校長、教諭（訓導）之俸給規定

等級	年 代					1943 年			
						奏任		判任	
	1898 年	1899 年	1910 年	1920 年	1931 年	校長	訓導	校長	訓導
	月俸	月俸	月俸	月俸	月俸	年俸	年俸	年俸	
一級	60	75	95	160	145	3400	2770	1740	
二級	50	60	75	135	125	3050	2500	1620	
三級	45	50	65	115	110	2770	2330	1500	
四級	40	45	55	100	95	2500	2150	1380	
五級	35	40	50	85	85	2330	2000	1260	
六級	30	35	45	75	75	2150	1820	1140	
七級	25	30	40	65	65	2000	1650	1020	
八級	20	25	35	55	55	1820	1470	900	
九級	15	20	30	50	50	1650	1300	780	
十級	12	15	25	45	45	1470	1220	660	
十一級	－	－	20	40	40	1300	1130	600	
十二級	－	－	－	－	－	1150	1050	－	
十三級	－	－	－	－	－	1050	970	－	

備註：單位「圓」。

資料來源：《臺灣總督府府報》，第 188 號，勅令第 366 號，明治 30 年 10 月 31 日。

　　　　《臺灣總督府府報》，第 454 號，勅令第 8 號，明治 32 年 2 月 1 日。

　　　　《臺灣總督府府報》，第 2928 號，勅令第 135 號，明治 43 年 4 月 6 日。

　　　　《臺灣總督府府報》，第 2191 號，勅令第 258 號，大正 9 年 8 月 29 日。

　　　　《臺灣總督府府報》，第 1263 號，勅令第 100 號，昭和 6 年 6 月 6 日。

　　　　1943 年資料係整理自鄭梅淑，《日據時期台灣公學校之研究》，頁 100。

　　而訓導的俸給則是依臺灣總督所定之規程支給，因此明治31年9月4日總督府另外發布「臺灣公學校訓導俸給支給規程」（府令第88號）；明治39年改依「臺灣公學校訓導俸給規則」之規定；大正11年新教育令公布後，訓導改稱准訓導，爲判任官待遇，俸給同以前之訓導之規定，並依「臺灣公立小學校准訓導及臺灣公立公學校准訓導俸給規則」支給。昭和16年實施國民學校制後，改依據「臺灣公立國民學校准訓導俸給規則」，但俸給仍維持1920年之訓導待遇。有關公學校及國民學校訓導（准訓導）的俸給規定整理如表4－3－7。

表4－3－7：公學校（國民學校）訓導（准訓導）之俸給規定

等　級	年　　　　　　　代						
	1989年	1906年		1908年		1910年	1920年
	月　俸	月　俸		月　俸		月　俸	月　俸
		上	下	上	下		
一級	45圓	35圓	30圓	35圓	30圓	十五圓以上四十圓以下	三十圓以上七十圓以下
二級	40圓	26圓	24圓	26圓	24圓		
三級	35圓	22圓	20圓	22圓	20圓		
四級	30圓	19圓	18圓	19圓	18圓		
五級	26圓	17圓	16圓	17圓	16圓		
六級	22圓	15圓	14圓	15圓	14圓		
七級	18圓	13圓	12圓	13圓	12圓		
八級	15圓	11圓	10圓	－			
九級	12圓	9圓	8圓	－			
十級	10圓	－		－			
十一級	9圓	－		－			
十二級	8圓	－		－			

資料來源：《臺灣總督府府報》，第364號，府令第88號，明治31年9月4日。
　　　　　《臺灣總督府府報》，第1907號，府令第10號，明治39年2月8日。
　　　　　《臺灣總督府府報》，第2381號，府令第11號，明治41年3月5日。
　　　　　《臺灣總督府府報》，第2941號，府令第35號，明治43年4月23日。
　　　　　《臺灣總督府府報》，第2194號，府令第93號，大正9年9月1日。

　　此外，關於公學校代用教師之俸給方面，目前筆者從《臺灣總督府府報》中並未發現有相關規定，而謝佩錦在《日治時期臺灣公學校教師之研究》〔註70〕中則提到：「在法律上，合格公學校教師至少都具有文官的『判任官待遇』的階級，但代用教師在官制上並不受到法律的保障，不僅沒有官階與應有的福利，在待遇上更是不如正式教師。」故推測有關日治時期公學校代用教師的俸給，臺灣總督府應該沒有立法加以規定。但根據大正 2 年出版的《臺灣總督府學事年報》仍可看出雇員的俸給概況，當時雇員月俸最低 3 圓，最高 40 圓，而大多數人的月俸介於 10 圓至 16 圓之間。此外，男女雇員的俸給差距則是相當的大，男性月俸最低 5 圓，最高可達 40 圓；女性月俸最低 3 圓，最高卻僅有 21 圓。〔註71〕

　　對照表 4－3－6 及表 4－3－7 的內容可發現，日治時期以臺籍教師爲主的公學校訓導，其俸給皆比以日籍教師爲主的教諭來的低。以 1920 年的相關規定來看，教諭最高可領月俸 160 圓，最低可領 40 圓；而訓導月俸最高卻只有 70 圓，最低甚至只有 30 圓，若以二者皆領最高月俸來看，訓導的月俸還不到教諭的一半，合格教師已經如此，更遑論沒有法律規定的代用教師。甚至在 1908 年時，美國駐臺領事阿諾德（J.H.Arnold）更指出，臺籍教師的月薪只有日籍教師的三分之一或更少，〔註72〕亦凸顯出日、臺籍教師薪俸差距甚大之情況。而有關日治時期朴子公學校教師薪俸之記載，由於資料過於龐雜，故另載於附錄二。

〔註70〕謝佩錦，《日治時期臺灣公學校教師之研究》，頁 23。
〔註71〕臺灣總督府民政部學務部學務課，《臺灣總督府學事年報》（臺北：臺灣總督府民政部學務部學務課，1913 年），頁 143～145。
〔註72〕吳文星，《日據時期臺灣師範教育之研究》，頁 170～171。

圖4－3－2：小泉校長送別會（大正3年2月11日）

資料來源：朴子公學校（日籍）教師群合著；施嘉明譯，《朴樹之蔭》（臺北：臺灣商
　　　　　務印書館，2007年）。

第四節　畢業生分析

　　要研究日治時期朴子公學校的畢業生，第一手的資料就是目前朴子國小
所藏日治時期各年度的畢業生學籍簿，裡面詳細記載每位畢業生的出生、入
學、卒業日期、本居地、寄留地、保護者、學業成績、身體情況等。此外還
有畢業生名冊，裡面詳細記載了各年度的畢業生人數。以下將日治時期朴子
公學校歷年畢業生人數整理如表4－4－1。

表4－4－1：日治時期朴子公學校歷年畢業生人數

年　度	本　科				高等科			
	屆數	男	女	計	屆數	男	女	計
明治38年	第1屆	3	－	3	－	－	－	－
明治39年	第2屆	13	－	13	－	－	－	－
明治40年	第3屆	17	－	17	－	－	－	－

年　　度	本　　科				高等科			
	屆數	男	女	計	屆數	男	女	計
明治 41 年	第 4 屆	13	2	15	－	－	－	－
明治 42 年	第 5 屆	16	2	18	－	－	－	－
明治 43 年	第 6 屆	20	2	22	－	－	－	－
明治 44 年	第 7 屆	14	4	18	－	－	－	－
明治 45 年	第 8 屆	12	1	13	－	－	－	－
大正 2 年	第 9 屆	22	2	24	－	－	－	－
大正 3 年	第 10 屆	31	2	33	－	－	－	－
大正 4 年	第 11 屆	25	2	27	－	－	－	－
大正 5 年	第 12 屆	40	4	44	－	－	－	－
大正 6 年	第 13 屆	45	2	47	－	－	－	－
大正 7 年	第 14 屆	37	8	45	－	－	－	－
大正 8 年	第 15 屆	49	3	52	－	－	－	－
大正 9 年	第 16 屆	49	5	54	－	－	－	－
大正 10 年	第 17 屆	52	8	60	－	－	－	－
大正 11 年	第 18 屆	63	15	78	－	－	－	－
大正 12 年	第 19 屆	77	13	90	－	－	－	－
大正 13 年	第 20 屆	84	－	84	第 1 屆	20	－	20
大正 14 年	第 21 屆	98	－	98	第 2 屆	22	－	22
大正 15 年	第 22 屆	108	－	108	第 3 屆	22	－	22
昭和 2 年	第 23 屆	99	－	99	第 4 屆	28	－	28
昭和 3 年	第 24 屆	130	－	130	第 5 屆	13	－	13
昭和 4 年	第 25 屆	133	－	133	第 6 屆	19	－	19
昭和 5 年	第 26 屆	137	－	137	第 7 屆	32	－	32
昭和 6 年	第 27 屆	125	－	125	第 8 屆	27	－	27
昭和 7 年	第 28 屆	105	－	105	第 9 屆	37	－	37
昭和 8 年	第 29 屆	107	－	107	第 10 屆	48	－	48
昭和 9 年	第 30 屆	103	－	103	第 11 屆	36	－	36

年　度	本　科				高等科			
	屆數	男	女	計	屆數	男	女	計
昭和 10 年	第 31 屆	156	－	156	第 12 屆	49	－	49
昭和 11 年	第 32 屆	123	－	123	第 13 屆	58	－	58
昭和 12 年	第 33 屆	157	－	157	第 14 屆	63	－	63
昭和 13 年	第 34 屆	120	－	120	第 15 屆	74	－	74
昭和 14 年	第 35 屆	166	－	166	第 16 屆	71	－	71
昭和 15 年	第 36 屆	188	－	188	第 17 屆	68	－	68
昭和 16 年	第 37 屆	196	－	196	第 18 屆	66	－	66
昭和 17 年	第 38 屆	136	67	203	第 19 屆	70	－	70
昭和 18 年	第 39 屆	187	66	253	第 20 屆	75	－	75
昭和 19 年	第 40 屆	211	72	283	第 21 屆	66	－	66
昭和 20 年	第 41 屆	193	78	271	第 22 屆	55	8	63
合　計		3660	358	4018		1019	8	1027

資料來源：1. 朴子國小，《卒業證書台帳》（大正十二年度以降高等科第二學年）。

　　　　　2. 朴子國小，《歷屆畢業名冊及學籍簿》本科（第一回至第十九回）。

　　　　　3. 朴子國小，《畢業證書台證》本科（大正十二年度以降廿～四六）。

一、畢業人數概況

（一）人數分析

　　根據表 4－4－1 所載，日治時期朴子公學校本科和高等科的畢業生人數總共有 5045 人。本科畢業生從第 1 屆至第 41 屆止有 4018 人，其中包含男性 3660 人，女性 358 人；而高等科畢業生從第 1 屆至第 22 屆止有 1027 人，其中包含男性 1019 人，女性 8 人。

　　此外，如圖 4－4－1 所示，雖然每年畢業人數有多有少，但仍可看出，不論是本科或是高等科的畢業生人數，皆呈現出穩定成長的趨勢。尤其是昭和 13 年（1938）以後畢業生人數更是逐年的增加，直到昭和 20 年（1945）才略爲減少，但並未發生像「高雄第二公學校」〔註73〕與「高雄第三公學校」

〔註73〕 李靜美，《日治時期「高雄第二公學校」之研究》，國立高雄師範大學臺灣歷史研究所碩士論文，2010 年，頁 78。

〔註 74〕畢業生人數驟減的情形，在此推測因爲當時高雄是日本南進的基地，爲美軍轟炸的重點區域，因此受到戰亂的影響較大所致；而朴子並非重要設施所在地，受戰亂影響較小，故畢業生人數僅有小幅度的減少。

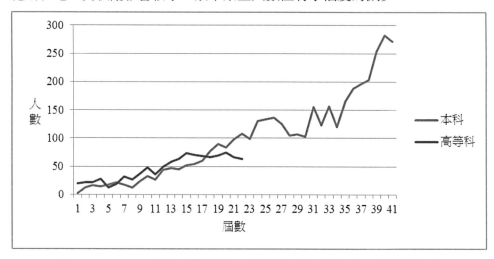

圖 4－4－1：日治時期朴子公學校歷年畢業生人數折線圖

資料來源：1. 朴子國小，《卒業證書台帳》（大正十二年度以降高等科第二學年）。

2. 朴子國小，《歷屆畢業名冊及學籍簿》本科（第一回至第十九回）。

3. 朴子國小，《畢業證書台證》本科（大正十二年度以降廿～四六）。

（二）男女比例

有關畢業生男女比例方面，朴子公學校本科第一屆畢業生共有 3 人，全爲男性，女性畢業生一直要到第四屆才出現，而該屆畢業生共有 15 人，其中 13 人爲男性，女性僅有 2 人而已；高等科甚至要到昭和 20 年才有女性畢業生出現，且僅有 8 人。此情形可能與臺灣早期社會上重男輕女的觀念以及傳統認爲女子無才便是德的普遍想法有關，因此女性能受教育的機會較少，這顯示出日治初期臺灣女性就學不易之情況，且在當時的社會背景之下就算是男性要順利完成學業亦非容易之事，能入學就讀並不代表能夠畢業，何況是女性，因此造成男女性畢業生人數比例相差懸殊。

朴子公學校本科女性畢業生人數在大正 10 年（1921）以前並無明顯增加之趨勢，人數一直維持在個位數，且與男性相較下有著不小的差距，差距最

〔註 74〕翟芷萱，《日治時期高雄第三公學校之研究》，國立高雄師範大學臺灣歷史文化及語言研究所碩士論文，2012 年，頁 134。

小爲明治 44 年，男女比例差距有三倍多；差距最大爲大正 6 年（1917），差距竟高達二十倍以上，如圖 4－1－2 所示。到大正 11 年（1922）女性畢業生首度突破十位數，來到 15 人；翌年人數略減少爲 13 人。大正 13 年（1924）至昭和 16 年（1941）期間，由於實施男女分校，故朴子公學校沒有女性畢業生，直到昭和 17 年（1942）以後才又有女性畢業生出現。而最後 4 年期間，男女比例的差距都僅有二倍多，昭和 20 年爲女性畢業生人數最多的年度，有78 人，顯示女性受教育的權利從日治初期以來逐漸受到重視。

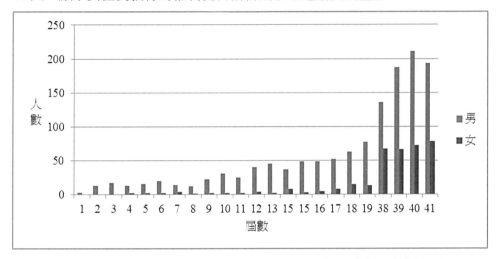

圖 4－4－2：日治時期朴子公學校本科生男女性別統計圖

資料來源：1. 朴子國小，《歷屆畢業名冊及學籍簿》本科（第一回至第十九回）。
　　　　　2. 朴子國小，《畢業證書台證》本科（大正十二年度以降廿～四六）。

二、畢業生籍貫

　　從日治時期朴子公學校的畢業生籍貫來進行分析可得知，不論是本科或高等科，畢業生的來源均是以臺南州占絕對多數，朴子公學校籍貫爲臺南州的畢業生就占了全體畢業生的九成左右，詳細情形可參閱表 4－4－2。

表 4-4-2：朴子公學校畢業生籍貫

籍　貫	本　科		高等科	
	人數	百分比	人數	百分比
臺北州	10	0.25%	1	0.10%
新竹州	8	0.20%	－	－
臺中州	14	0.35%	2	0.19%
臺南州	3571	88.88%	928	90.36%
高雄州	5	0.12%	－	－
澎湖廳	39	0.97%	12	1.17%
廣島縣	1	0.02%	－	－
福建省	6	0.15%	1	0.10%
浙江省	1	0.02%	－	－
不　詳	363	9.03%	83	8.08%
總　計	4018	100.00%	1027	100.00%

備註：1920 年以前還未實施州廳制，但為統計方便仍將 1920 年前的資料歸納整理為
　　　州廳制實施後的管轄區域與制度層級。

資料來源：朴子國小所藏日治時期歷屆畢業生學籍簿。

接著再將其與「高雄第三公學校」的畢業生相比較之下可以發現，高雄
第三公學校畢業生籍貫可考者有 4550 人，其中來自高雄州有 1609 人、澎湖
廳有 1584 人、臺南州有 777 人，之所以會有這種情況，則和打狗港的築港及
三塊厝工業區的形成，提供大量就業機會，吸引外地人口移入有關，此情形
充分顯示外來移民者多的特性，〔註 75〕這與以在地學生為主的朴子公學校截
然不同。日治時期的高雄市因發展工業和築港需要，因此創造出許多就業機
會，自然能吸引許多外地人口移入；而當時朴子街並沒有像高雄市這樣大規
模的建設，因此難以吸引太多外地人口移入，最多也僅有東石郡轄域內附近
街庄的人口移入而已。此外，朴子公學校本科的臺南州畢業生中又以學校所
在地的朴子街人數最多，有 2959 人，占全體臺南州畢業生人數的 82.86%；

〔註75〕翟芷萱，《日治時期高雄第三公學校之研究》，頁 142。

高等科則有 665 人，占了 71.66％，顯示出日治時期朴子公學校的學生來源與臺籍教師一樣深受地緣關係的影響。

　　然而可以發現，原籍朴子街的高等科畢業生比例雖然也不低，但並未像本科生一樣多，兩者相較下差距有百分之十以上。在此推測是因為當時朴子公學校與蒜頭公學校為東石郡內唯二設有高等科的公學校，因此其他街庄的公學校本科畢業生若是要繼續升學就讀高等科的話，勢必要選擇朴子或是蒜頭公學校來入學，所以朴子公學校的高等科畢業生原籍為其他街庄的比例就會略多於本科畢業生。日治時期朴子公學校的高等科畢業生中，六腳庄有 96 人、東石庄有 73 人，分別占臺南州畢業生人數的 10.34％及 7.87％。

　　此外，還發現有福建省、浙江省及廣島縣的畢業生，推測有可能因為家長工作的因素而來到朴子街，但為何來自廣島縣的學生沒有就讀同樣位於朴子街的朴子小學校，詳細原因並無法知道，僅知道大正 11 年教育令公布後，「臺灣公立公學校規則」（府令第 65 號）其中第三條規定：「常使用國語者若欲就讀公學校，於獲學校長、州知事或廳長之許可後得入學。」

三、畢業生居住地

　　探討畢業生的居住地可以了解當時朴子公學校的通學區域，從表 4－4－3 來看可得知朴子公學校的歷屆畢業生大多數是住在朴子街，但是高等科畢業生住在朴子街的比例則略低於本科畢業生。推測應該也是與朴子公學校為東石郡內唯二設有高等科的公學校有關，所以朴子公學校的高等科畢業生居住於其他街庄的比例才會略多於本科畢業生。

表 4－4－3：朴子公學校畢業生居住地

居住地	本　　科		高等科	
	人　數	百分比	人　數	百分比
朴子街	3420	85.12％	790	76.92％
六腳庄	158	3.93％	55	5.36％
東石庄	30	0.75％	21	2.04％
布袋庄	3	0.07％	10	0.97％
鹿草庄	3	0.07％	5	0.49％

居住地	本　科		高等科	
	人　數	百分比	人　數	百分比
太保庄	9	0.22%	14	1.36%
義竹庄	27	0.67%	14	1.36%
嘉義市	2	0.05%	―	―
北門庄	1	0.02%	―	―
水上庄	―	―	1	0.10%
水林庄	―	―	4	0.39%
不　詳	365	9.08%	113	11.00%
總　計	4018	100.00%	1027	100.00%

備註：1920 年以前還未實施州廳制，但爲統計方便仍將 1920 年前的資料歸納整理爲
　　　州廳制實施後的管轄區域與制度層級。

資料來源：朴子國小所藏日治時期歷屆畢業生學籍簿。

居住於朴子街的朴子公學校本科與高等科畢業生共有 4210 人，根據表 4
－4－4 的統計資料顯示，其中以朴子、大槺榔、應菜埔、下竹圍、雙溪口這
五個大字的人數較多，但最多的仍是朴子，占了全體朴子街畢業生人數的 83.23
％。再對照圖 4－4－3 可以發現，除了朴子公學校的所在地——朴子以外，
其他的四個大字，皆位於學校附近，顯示大多數朴子公學校學生的通學範圍
並不遠，大致上以朴子附近的幾個聚落爲主。

表4－4－4：朴子街各大字之朴子公學校畢業生居住地統計

大字名	人數	百分比	大字名	人數	百分比	大字名	人數	百分比
朴　子	3504	83.23%	雙溪口	82	1.95%	吳竹子腳	15	0.36%
大槺榔	245	5.82%	鴨母寮	29	0.69%	崁　後	13	0.31%
應菜埔	166	3.94%	崁　前	24	0.57%	小槺榔	10	0.24%
下竹圍	102	2.42%	新　庄	16	0.38%	龜子港	4	0.10%

備註：1920 年以前還未實施州廳制，但爲統計方便仍將 1920 年前的資料歸納整理爲
　　　州廳制實施後的管轄區域與制度層級。

資料來源：朴子國小所藏日治時期歷屆畢業生學籍簿。

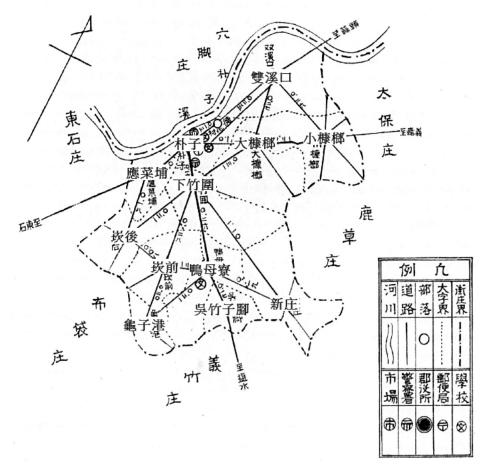

圖4－4－3：朴子街略圖

資料來源：重繪自朴子街役場，《朴子街要覽》（臺南：朴子街役場，1935年）。

　　值得注意的是，不論是本科或高等科的畢業生，除了朴子街以外，居住地為六腳庄的人數都比其他街庄來的多，再深入分析可以發現，居住於六腳庄的畢業生多來自於「更寮」與「下雙溪」這二個大字。朴子公學校的本科畢業生來自更寮的有62人、下雙溪有51人，共占了全校六腳庄本科畢業生人數的71.52％；而高等科畢業生來自更寮的有21人、下雙溪有11人，共占了全校六腳庄高等科畢業生人數的58.18％。推測因為這二地離朴子僅隔著一條朴子溪，到朴子公學校的距離比起到同庄內的六腳公學校和蒜頭公學校都還要近，所以這二地的學生才會選擇就讀距離較近的朴子公學校，其詳細位置如圖4－4－4。

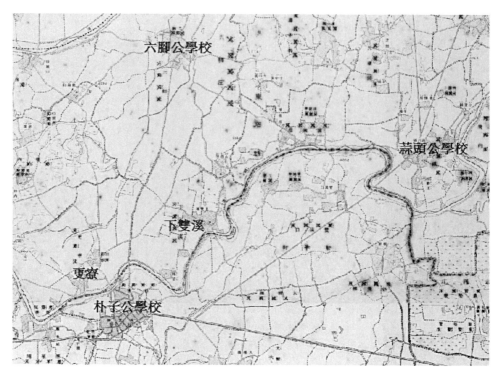

圖4－4－4：六腳庄轄下更寮、下雙溪位置圖

資料來源：重繪自日治二萬分之一臺灣堡圖（大正版）：http://gissrv4.sinica.edu.tw/gis/
twhgis.aspx。

此外，還發現有極少數的畢業生住在北門庄、水上庄、水林庄以及嘉義市等地，這些學生為何沒有就讀自己居住地附近的公學校，目前並不得而知，在此推測可能因為家長在朴子街工作的緣故，因而就讀朴子公學校。另外《朴樹之蔭》的內容有提到當時朴子街交通發達之情形，因此朴子公學校的學生若是要從其他街庄每天通車上下學亦非難事：

> 然而，今日的情形是，汽車以朴子為中心，在義竹、布袋、東石的
> 郡內行駛自不用說，遠至嘉義、北港、水上、鹽水，一日有數回，
> 乃至二十回的往返。所使用的車輛也多達十數量，道路年年翻修，
> 橋梁完備，不管雨下多大，車輛照樣行駛。〔註76〕

綜上所述，日治時期朴子公學校畢業生的通學範圍大致都在學校附近，以鄰近的幾個聚落為主，例如：朴子街的朴子、大槺榔、應菜埔、下竹圍、

〔註76〕朴子公學校（日籍）教師群合著；施嘉明譯，《朴樹之蔭》，頁27。

雙溪口，以及六腳庄的更寮與下雙溪。而根據邱奕松老師表示，當時朴子街的學童大多是用走路的方式上學的，但是住在北門庄、水上庄、水林庄以及嘉義市等地的學生，仍然以通車的可能性為最大。

圖4－4－5：樸仔腳公學校本科第一屆畢業生（前排三位）（明治38年3月27日）

資料來源：張萬益，《朴子國小壹世紀1898～1997》，頁49。

圖4－4－6：朴子公學校高等科第一屆畢業生

資料來源：張萬益，《朴子國小壹世紀1898～1997》，頁50。

四、畢業校友

（一）黃媽典

黃媽典，大街人，光緒19年（1893）5月生。幼而聰穎，樸仔腳公學校卒業；大正2年（1913）3月臺灣總督府醫學校卒業後，擔任嘉義廳囑託以警察醫責成防疫業務；之後兼任檢查員，並陞任檢疫委員。辭職後行醫於家鄉「德壽醫院」，懸壺濟世，救人無數。數年後復任檢疫委員，遏止鼠疫蔓延，犧牲奉獻心力。除了行醫外，同時是興辦多項實業的企業家，亦擔任多項公職及身兼多項事業性主管。大正9年（1920）10月地方行政區改正，爲當局推薦首任朴子街長；翌年6月授佩紳章，在任十載有餘，專心獻身家鄉福祉，政績不勝枚舉。昭和5年（1930）7月膺任臺南州協議會員；嗣後，膺選臺灣總督府評議會員；榮獲日本宮內省賞勳局敘勳五等瑞寶章。臺灣光復後，膺選首屆臺南縣參議員、臺灣省商聯會理事長；民國36年（1947）發生二二八事件，因地方黨派關係，被誣陷害枉死於槍下，享年僅55歲。〔註77〕

圖4－4－7：黃媽典街長於水廠破土儀式致祝詞（1933）

資料來源：邱奕松，《朴子懷舊》（嘉義：嘉義縣朴子市公所，1999年），頁178。

〔註77〕邱奕松，《朴子市志》，頁624～625。

二、吳梅嶺

　　本名添敏，明治30年（1897）生，祖籍金門，世代務農，少喜藝術，樸
仔腳公學校畢業後，負笈臺北師範學校一年制講習科專修美術，畢業後歸里
執教鞭於六腳公學校，歷三載矢志從事美術教育。遂調任朴子女子公學校，
越歲兼課公學校美術科。爾後陸續在中學、高中從事美術教育達六十餘年，
擅長繪畫、園藝、插花。八、九十年的畫筆生涯，培育藝術人才無數，桃李
滿天下，散佈國內外各地，其門人及東石中學校友，為崇仰其對美術的教育
精神，共創梅嶺美術會，並與地方人士在政府的協助下，興建「梅嶺美術館」，
除了永誌其對美術的貢獻外，並作為本地區的文化、藝術中心。〔註78〕

圖4－4－8：朴子女子公學校補習科生參加全島國語演習會（左一為
　　　　　　吳添敏訓導）

資料來源：邱奕松，《朴子懷舊》，頁75。

三、涂爐

　　涂爐，大榔榔人，明治26年（1893）10月生。十二歲就讀樸仔腳公學校
本科；明治43年（1910）卒業後負笈日本，就讀福岡縣系島郡前原高等小學
校；明治44年（1911）考進茨城縣立土浦中學校深造。大正5年（1916）中

_____

〔註78〕邱奕松，《朴子市志》，頁615。

學卒業考進岡山醫學專門學校；大正 9 年醫專卒業獲醫學士，同年 7 月於岡
山縣立病院服勤務；辭職回臺後，興建「日新醫院」以懸壺濟世，其間亦曾
膺選朴子街協議會員。光復後於民國 34 年（1945）10 月應聘東石區接收委員；
民國 36 年 1 月起，開業醫院暫停營業，執教東石初級中學；越歲 8 月，結束
開業醫院，正式執教鞭於中學；民國 53 年（1964）7 月自教育界榮退在野，
歷十三載樂育學子，循循善誘、滿園桃李。〔註 79〕

圖 4－4－9：小泉校長輔導下遠赴福岡進修準備投考中學門生（坐中者
爲涂爐）

資料來源：邱奕松，《朴子懷舊》，頁 200。

〔註 79〕邱奕松，《朴子市志》，頁 645。

四、黃老達

　　黃老達，頂灰磘人，明治 41 年（1908）9 月生於虞溪南畔網子寮。朴子公學校高等科卒業後，在兄長啓南醫生「回生醫院」擔任藥生。嗣經兄長鼓吹，赴日插班日本大學中學部三年級，卒業後保送同校醫學部深造。學成歸臺後於彰化二林地方行醫。未幾，歸鄉擇近布袋行醫，附設啓南醫院分診所。行醫四十餘載，救人無數，嘉南沿海漁民，皆咸「老達仙」尊呼。光復後，膺選首屆臺南縣參議員、首屆嘉義縣議員、第五屆嘉義縣議會議長；民國 57 年（1968）6 月膺選第六屆嘉義縣長，任內勤政愛民，政績斐然。民國 62 年（1973）退出政壇，重操舊業，行醫濟世。〔註 80〕

五、沈黃笑

　　沈黃笑，內厝人，光緒 18 年（1892）9 月生。幼小就纏足為就學終於開放天足，進入樸仔腳公學校成為女性就讀學校之先鋒。明治 43 年本科卒業時受日籍小泉校長愛才，於 4 月 12 日任命樸仔腳公學校雇，並特推荐赴臺灣總督府國語學校第二附屬學校，大正 8 年（1919）卒業後，歸鄉執教鞭於樸仔腳公學校。大正 12 年（1923）成立朴子女子公學校，便轉任該校訓導，在校期間師生關係有如母女相依為命感情，獲得鄉黨尊謂「查某先生」代號表示敬意。從事教師生涯歷三十載，尤其對家鄉婦女教育工作推動不遺餘力，功績卓著。日本宮內省於榮退五年前為對其貢獻教育工作表示敬意，由賞勳局敘勳八等授與瑞寶章。〔註 81〕

〔註 80〕邱奕松，《朴子市志》，頁 626。
〔註 81〕邱奕松，《朴子市志》，頁 669～670。

圖 4－4－10：恩師沈黃氏笑先生送別紀念（昭和 13 年 4 月 10 日）

資料來源：邱奕松，《朴子懷舊》，頁 201。

第五章　朴子公學校之學校生活

　　透過學校教育使得日本殖民政府能夠將國家意識形態傳達到臺灣人身上，而學校教育要如何成功的傳達國家意識形態？其中學校的教學內容與生活規範是二項重要的因素。因此，本章將探討日治時期朴子公學校日常的教學概況與修業課程，並透過口述訪談來補充文獻資料的不足，建構出當時公學校的學生在校園裡生活的情形，以及在校外從事的各項活動，探討日本殖民政府如何藉由公學校教育來灌輸其意識型態。

第一節　教學課程內容

一、學校教育之宗旨

　　明治 29 年（1896）6 月 22 日總督府發布「國語傳習所規則」（府令第 15 號），其中第一條規定：「國語傳習所以對本島人教授國語，俾有助其日常生活，並培養本國精神爲主旨。」明確指出了國語傳習所以教授臺灣人日語並且培養其日本國民精神爲其教育宗旨。

　　明治 31 年（1898）7 月 27 日公布「臺灣公學校令」（敕令第 178 號），將國語傳習所改制爲公學校。公學校之教育宗旨最初依明治 31 年 8 月 16 日發布的「臺灣公學校規則」（府令第 78 號）來規定，爾後陸續再依大正 8 年（1919）公布的「臺灣教育令」（敕令第 1 號）及昭和 16 年（1941）公布的「國民學校令」（敕令第 148 號）之規定。以下將日治各時期公學校教育宗旨之沿革整理如表 5－1－1。

表 5－1－1：日治時期臺灣公學校教育宗旨沿革

年代	教育宗旨	相關規範
1898 年	公學校對本島人子弟實施德教、傳授實學，以培養國民性格同時使其精通國語為主旨。	臺灣公學校規則（府令第78 號）第一條
1904 年	公學校對本島人兒童教以國語、施以德育，以培養國民性格及授予生活必須之普通知識技能為主旨。	臺灣公學校規則（府令第24 號）第一條
1912 年	公學校以對本島人兒童傳授國語，施以德育，養成國民性格並留意身體之發達，且傳授生活必須之普通知識技能為主旨。	臺灣公學校規則（府令第40 號）第一條
1919 年	普通教育以留意身體之發達，施以德育，傳授普通知識技能，涵養國民性格，以普及國語為目的。	臺灣教育令（敕令第 1 號）第五條
1922 年	公學校以留意兒童之身體發展、施行德育、傳受生活必須之普通知識技能、涵養國民性格、教習國語為目的。	臺灣教育令（敕令第 20 號）第四條
1941 年	國民學校必須恪遵皇國之道，實施初等普通教育，並培育國民基本資質為目的。	國民學校令（敕令第 148 號）第一條

資料來源：《臺灣總督府府報》，第 349 號，府令第 78 號，明治 31 年 8 月 16 日。

《臺灣總督府府報》，第 1492 號，府令第 24 號，明治 37 年 3 月 11 日。

《臺灣總督府府報》，第 87 號，府令第 40 號，大正元年 11 月 28 日。

《臺灣總督府府報》，第 1738 號，敕令第 1 號，大正 8 年 1 月 12 日。

《臺灣總督府府報》，第 2583 號，敕令第 20 號，大正 11 年 2 月 15 日。

中野文庫——國民學校令：http://www.geocities.jp/nakanolib/rei/rs16-148. htm。

　　從表 5－1－1 中之規定來看，可以歸納出：在 1912 年以前，臺灣公學校的主要教育目的不外乎是施德育、授實學、教授國語等，僅排列方式和措辭有所不同而已。而自 1912 年起，教育目標增加了「留意身體之發達」；另外，在早期「養成國民性格」往往是預期的教學效果，但 1919 年以後，在措辭上有獨立成為一個項目的傾向。因此，或許可以說 1919 年以後，公學校教育的目標為：德育、體育、實學、愛國教育，以及教授國語五大項。〔註 1〕

〔註 1〕 周婉窈、許佩賢，〈臺灣公學校制度、教科和教科書總說〉，《臺灣風物》第 53 卷第 4 期（2003 年 12 月），頁 127。

　　而根據總督府文教局的說法則是：「作為公學校教育之根本方針的國民精神之涵養、國語之習熟，與養成實業趣味，則始終一貫，毫無改變。〔註2〕」所以若是將德育和體育視為涵養國民精神的重要手段，這樣就與總督府的說法一致，臺灣公學校一貫的教育目標也就是：涵養國民精神、教授國語及實學。〔註3〕從歷年公學校的教育宗旨就能清楚看出。

二、教學科目沿革

　　接著探討日治時期教學科目的沿革，明治29年總督府發布「國語傳習所規則」，從第四條規定的教學科目來看可以發現，不論是甲科或乙科在國語的學習上均占有很重的比例。甲科以培養通譯員為主要目的，所以教學科目全部與日語相關，如：國語、讀書、作文等；乙科則是本島人民之子弟初次就學接受教育，因此教學科目多增加了習字與算數。此外，乙科還可依地方情況加授地理、歷史、唱歌、體操、裁縫等科目，明治30年（1897）則再增加漢文一科。表5-1-2為日治時期國語傳習所教學科目的沿革。

表5-1-2：國語傳習所教學科目沿革

年代	甲　科	乙　　科
1896年	國語、讀書、作文。	・國語、讀書、作文、習字、算數。 ・依地方之情況，增加地理、歷史、唱歌、體操之一科或數科；得為女童增加裁縫科。
1897年	同1896年規定。	依地方之情況再增加漢文一科，其餘同1896年規定。

資料來源：臺灣教育會編著；許錫慶譯注，《臺灣教育沿革誌（中譯本）》（南投：國
　　　　　史館臺灣文獻館，2010年），頁72～73、85。

　　明治31年國語傳習所改制為公學校，關於公學校教學科目之規定則由同年8月16日發布的「臺灣公學校規則」來規定，大正11年（1922）新教育令公布後則改為「臺灣公立公學校規則」（府令第65號），至昭和16年再改依「臺灣公立國民學校規則」（府令第47號）之規定。日治時期公學校的教學

〔註2〕　臺灣總督府文教局，《臺灣の學校教育》（臺北：臺灣總督府文教局，1941年），
　　　　　頁18。
〔註3〕　周婉窈、許佩賢，〈臺灣公學校制度、教科和教科書總說〉，頁127。

科目從 1898 年起歷經了多次的修改，到了 1922 年以後漸趨完備，以下將公
學校教學科目之規定與朴子公學校實際之教學科目作一對照，並將其沿革整
理如表 5－1－3。

表 5－1－3：公學校規則規定與朴子公學校實際之教學科目對照

年代	公學校規則規定之教學科目	朴子公學校實際之教學科目
1898 年	修身、國語、作文、讀書、習字、算數、唱歌、體操。	修身、國語（含說話、讀書、作文、習字）算數、唱歌、體操。
1904 年	・修身、國語、算數、漢文、體操，女童加設裁縫。 ・依地方情況得增加唱歌、手工、商業、農業之一科或數科；得去除漢文、裁縫。	修身、國語、算數、漢文、體操、農業、唱歌。
1907 年	・修身、國語、算數、漢文、唱歌、體操，專為女童加設裁縫。 ・依地方情況得不設漢文、唱歌、裁縫；得專為男童增設手工、商業、農業之一科或二科。	・男童：修身、國語、算數、漢文、唱歌、體操、農業。 ・女童：修身、國語、算數、漢文、唱歌、體操、裁縫及家事。
1912 年	・修身、國語、算數、漢文、理科、手工及圖畫、農業、商業、唱歌、體操、裁縫及家事（男童授以農業、商業之一科；女童授以裁縫及家事）。 ・依地方之情況，得缺漢文、唱歌、裁縫及家事之一科或數科；農業、商業之一科。	・男童：修身、國語、算數、漢文、理科、手工及圖畫、唱歌、體操、農業。 ・女童：修身、國語、算數、漢文、理科、手工及圖畫、唱歌、體操、裁縫及家事。
1918 年	・修身、國語、算數、漢文、地理、理科、圖畫、實科、唱歌、體操、裁縫及家事。（男童授以實科；女童授以裁縫及家事） ・依地方之情況，得缺漢文、裁縫及家事。	・男童：修身、國語、算數、漢文、理科、圖畫、唱歌、體操、農業、地理。 ・女童：修身、國語、算數、漢文、理科、圖畫、唱歌、體操、裁縫及家事、地理。
1922 年	本科： ・修身、國語、算數、日本歷史、地理、理科、圖畫、唱歌、體操、實科、裁縫及家事；加設彈性科目漢文。（實科分為手工、農業、	本科： 修身、國語、算數、日本歷史、地理、理科、圖畫、唱歌、體操、商業、漢文。

年代	公學校規則規定之教學科目	朴子公學校實際之教學科目
1922 年	商業，男童授以一科或二科；女童授以裁縫及家事） ・依地方之情況，得缺漢文、裁縫及家事。 高等科： ・修身、國語、算數、日本歷史、地理、理科、唱歌、體操、實科、裁縫及家事；加設彈性科目圖畫、漢文。（實科分為農業、商業、手工，男童授以一科或二科；女童授以裁縫及家事） ・依地方之情況，得缺圖畫、漢文。	高等科： 修身、國語、算數、日本歷史、地理、理科、圖畫、唱歌、體操、商業、漢文。
1933 年	修身、國語、算數、國史、地理、理科、圖畫、唱歌、體操、實業、裁縫及家事；得加設彈性科目漢文。（實業分為農業、工業、商業，授以一科或二科；女童授以裁縫及家事）	修身、國語、算數、國史、地理、理科、圖畫、唱歌、體操、農業、商業、漢文。
1937 年	刪除漢文科，其餘同 1933 年規定	刪除漢文科，其餘同 1933 年規定
1941 年	・國民科：修身、國語、國史、地理。 ・理數科：算數、理科。 ・體鍊科：體操、武道；女童得缺武道。 ・藝能科：音樂、習字、圖畫、工作（相當於手工或工藝課）；女童加授家事及裁縫。 ・實業科：農業、工業、商業、水產。	・男童：修身、國語、國史、地理、算數、理科、體操、武道、音樂、習字、圖畫、工作、農業、商業。 ・女童：修身、國語、國史、地理、算數、理科、體操、武道、音樂、習字、圖畫、工作、農業、裁縫、家事。

備註：表中公學校規則規定之教學科目以修業年限六年的公學校為例。

資料來源：1. 周婉窈、許佩賢，〈臺灣公學校制度、教科和教科書總說〉，頁 135～136。

　　　　　2. 朴子國小所藏日治時期歷屆畢業生學籍簿。

根據表 5－1－3 的內容來看，關於修業年限六年的公學校之教學科目可以歸納出以下幾點：

1. 修身、國語、算數、體操是自 1898 年起固定有的科目，此與總督府對於公學校的教育目標：涵養國民精神、教授國語及實學，緊密結合。

2. 唱歌雖然於 1898 年時即出現，但可視地方之情況作刪減，一直到 1918 年後才成爲固定的科目。

3. 漢文和裁縫自 1904 年開始列入教學科目，然而依地方情況始終是可以刪減的科目之一。漢文於 1937 年時正式廢除；裁縫於 1912 年改稱裁縫及家事，1933 年後成爲正式科目。

4. 手工、農業、商業於 1904 年出現；1912 年手工與圖畫合併稱爲手工及圖畫；1918 年手工、農業、商業成爲實科之內容，圖畫則獨立爲一科；1933 年實科（實業）之內容改爲農業、商業、工業。

5. 理科、地理、日本歷史（國史）分別於 1912 年、1918 年、1922 年出現，三科皆是從出現後即成爲固定科目，未曾更動。

6. 至 1941 年改制爲國民學校時，不論是初等科或高等科，教學科目全部統一爲：國民、理數、體鍊、藝能、實業等五科之內容。

　　再將朴子公學校的實際教學科目與規定的教學科目相對照後可以發現，公學校規則中所規定的教學科目，朴子公學校全部都有進行授課，而視地方之情況可以刪減的科目，朴子公學校也沒有缺少，如：漢文、唱歌、裁縫等。朴子公學校教學科目的完整，對於學童知識的提升有很大的幫助。

三、課程內容分析

　　昭和 16 年依據「國民學校令」將公學校改制爲國民學校，原本於公學校時期的修身、國語、國史、地理等四個科目，於改制後統稱爲「國民科」，是戰爭時期最重要的四個科目。國民學校規則第十二條即提到：「使其習得我國的道德、言語、歷史、國土國勢等，特別使其明白國體之精華，涵養國民精神，並自覺皇國之使命爲要旨。」因此，這四個科目與總督府教育目標中的涵養國民精神及教授國語有著密不可分的關係存在，爲傳達國家意識形態的主要科目。以下將分別探討這四科與其他科目的教學內容。

（一）修身科

　　明治 31 年公學校規則發布，確立修身科爲公學校的首要教學科目，其教學內容規定於第十條：「修身係傳授人道實踐之方法，使其熟悉日常禮儀，並

傳授教育敕語之主旨及本島人民應遵守之重要諸制度概略。」雖然，修身科的教學時數並不多，一至四學年每週僅有 1 小時，而五、六學年也僅有 2 小時，占全部教學時數的比例甚少，但是修身科並不僅限於課堂上的教授，第十條就規定：「傳授修身不僅於規定之教學時間，須由教員親自當學生之模範，經常注意其操行，隨時施以訓誡，以之當做親自踐行之實例。」到了明治 37 年公學校規則修正（府令第 24 號）第九條更進一步規定：「不論任何教學科目，攸關德育事項應經常留意以教導之。」此規定即明令各教學科目應與道德教育相互配合，各科目的教學都必須融入修身教育，以達到涵養兒童德性，培養忠良的國民性格為目標。

明治 37 年（1904）公學校規則修正後對於修身科之規定更為具體明確，此後幾次公學校規則之修正，關於修身科的規定並無太大的變化。以下為明治 37 年公學校規則第十條對於修身科教學要旨及內容之規定：

> 修身科須基於教育敕語之意旨，以涵養兒童之德性、指導道德之實踐為要旨。
>
> 此科目最初應針對人道之要義，教以適於實踐之簡易事項，漸次及於對國家社會之責任的一斑，重國法、尚公德，務期助長為公益盡力之風氣，在女童方面則特別力求培養貞淑之德。
>
> 對於此科目，應注意令其熟稔普通的禮儀。
>
> 傳授修身時，應利用嘉言、善行、諺語等予以勸誡並使之服膺。
>
> 〔註4〕

修身科在教材的編排上，為了發揚國家主義，因此稱頌皇國及天皇德性之文章，均放在卷首加以強調，其次乃以強調品德修養之各種優良行為為主要內容。1930 年代以後，由於軍國主義日益昌盛，因此在課程安排上強調皇國之比例日益加重。1941 年以後，更將課本中原為臺灣景物、人名均改成日本式，以配合皇民化政策之推行。〔註5〕

（二）國語科

國語科在公學校所教授的課程中所占的時數最多，在公學校規則多次修

〔註 4〕 臺灣教育會編著；許錫慶譯注，《臺灣教育沿革誌（中譯本）》，頁 116。
〔註 5〕 鄭梅淑，《日據時期台灣公學校之研究》，東海大學歷史研究所碩士論文，2001 年，頁 153。

正期間，國語科教授時數所占的比例仍居各科目之冠，因爲國語科除了作爲語言教育外，亦兼具同化臺灣人民的功能。明治 31 年公學校的國語教學分爲國語、作文、讀書、習字四科，其主要教學內容規定於公學校規則第十條：

> 國語係講授音韻之性質、語言之種類、典則應用及會話實習，及地理、歷史、理科相關內容。

> 作文係傳授假名之單字、短句及漢字混合會話文、普通文、書簡文、公文及普通之漢文尺牘。

> 讀書係傳授假名之單字、單句及簡易會話文及普通文章的讀法，且一併就古體漢文傳授句讀法及訓點。

> 習字依假名楷書、行書及草書順序，傳授假名與漢字混用之單字、短句、普通文、書簡文、公文等。〔註6〕

明治 37 年公學校規則修正，將上述四科合併爲國語一科，其教學要旨規定於第十一條：「國語以使其知曉普通語言文章，正確了解他人思想，以培養表達自己思想之能力，並兼啓發智德爲要旨。」此外亦規定國語科教材應與修身、歷史、地理、理科、產業等及其他生活必需之事項有關，且須適合兒童心理程度及富有趣味，對女童則應特別著重家事方面事項。至大正元年公學校規則修正（府令第 40 號），教學要旨則多增加了「涵養國民精神」一項。

國語教育一方面除了是一種語言教育，另一方面也是一種國家意識形態的表現。1912 年時由於國粹主義高漲，國語科教材內容中，國家主義的色彩十分濃厚。〔註7〕到了 1923 年因爲受到大正民主風潮的影響，教材內容則較具世界觀。〔註8〕而戰爭時期的國語科教材，一方面注意教材的趣味性，另一方面也加強涵養國民精神，此時的國語教材還有一個明顯的特色，就是收錄了許多中日戰爭乃至太平洋戰爭的教材，這些教材使得課本成爲報導戰況、宣導政策的文宣集。〔註9〕

〔註6〕 臺灣教育會編著；許錫慶譯注，《臺灣教育沿革誌（中譯本）》，頁 101。

〔註7〕 許佩賢，《塑造殖民地少國民：日據時期臺灣公學校教科書之分析》，國立臺灣大學歷史學系碩士論文，1994 年，頁 141。

〔註8〕 許佩賢，《塑造殖民地少國民：日據時期臺灣公學校教科書之分析》，頁 142。

〔註9〕 許佩賢，《塑造殖民地少國民：日據時期臺灣公學校教科書之分析》，頁 169、170。

（三）地理科

大正 7 年（1918）公學校規則修正發布（府令第 17 號），基於「爲了讓本島人知曉身爲帝國臣民之名譽與幸福，有必要讓其知曉我國的情事。〔註10〕」因此，教學科目新增加了地理一科。大正 10 年（1921）公學校規則修正（府令第 75 號）其中第十四條規定地理科的教學主旨及內容：

> 地理以使其獲得與本邦及本島具有直接關係之地方的自然及人文相關一般知識，理解本邦國勢大要，並知曉處世必需事項爲要旨。

> 地理由本島之地勢、氣候、區劃、都會、產業、交通等開始，漸次進而本邦，兼傳授與本島具有直接關係之華南、南洋及其他地方相關事項爲要旨。〔註11〕

到了大正 11 年有關地理科的教學規定刪除了「本島」一詞，不再有「本邦」與「本島」之區別，一律稱呼爲「本國」。根據該年公學校規則第二十八條之規定，地理科的教學主旨及教學內容如下：

> 地理應使其獲得地球之表面及人類生活狀態相關一斑知識，理解本國國勢概要，兼以助益培養愛國心爲要旨。

> 地理以本國地勢、氣候、區劃、都會、產業、交通等爲始，及於中國及南洋地理概要，進而傳授與本國具有重要關係之其他諸國的相關地理簡單知識，起應使其了解地球之形狀、運動等概要。

> 於高等科應先傳授各大洲之地勢、氣候、區劃、都會、產業、交通等之概要，進而使其知曉與本國具有重要關係之諸國的地理概要、本國的政治經濟狀態、相對於外國之地位等概要，且應傳授一斑地文。〔註12〕

根據上述規定來看，公學校本科兒童學習地理的知識是由近而遠，首先從「本國」開始，接著是「中國及南洋」，最後是「與本國具有重要關係的國家」；到了高等科階段學習的範圍則擴大至「各大洲」。但最重要的仍是必須「理解本國國勢概要」，地理科藉由強調對國家的認識，來培養學童愛國的心態。此種由近而遠的教材排列方式，固然是考慮兒童學習上的方便與效果，但經過這種安排，秩序井然的大日本帝國就躍然出現在學童眼前，使其很自

〔註10〕 臺灣教育會編著；許錫慶譯注，《臺灣教育沿革誌（中譯本）》，頁 147。
〔註11〕 臺灣教育會編著；許錫慶譯注，《臺灣教育沿革誌（中譯本）》，頁 153。
〔註12〕 臺灣教育會編著；許錫慶譯注，《臺灣教育沿革誌（中譯本）》，頁 166。

然的發展出以日本爲中心的世界觀。這其實是有意識的運用「潛在課程」來達到政治目的的效果。〔註13〕

（四）歷史科

歷史科是於大正11年新教育令公布後，於同年4月1日發布的公學校規則中新增加的科目，是國民科四個科目中最晚出現的一科，當時的科目名稱爲「日本歷史」。此時日本國內小學校的「日本歷史」教科書已改爲「國史」，但臺灣仍沿用「日本歷史」的名稱。〔註14〕臺灣的教科名稱一直要到昭和8年（1933）公學校規則修正（府令第142號），才改稱爲「國史」。而「國史」一詞是基於「皇國史觀」而來的用語，本身即具有強烈的意識形態。〔註15〕

有關「日本歷史」的教學主旨及教學內容規定於大正11年公學校規則第二十七條第一項及第二項中，可以發現歷史科的教授主要是透過讓學童知曉國體之概要，藉以達到「涵養國民精神」的目的：

> 日本歷史以知曉國家體制概要，助益國民精神涵養爲要旨。
>
> 日本歷史應傳授建國之體制、皇統之無疆、歷代天皇之盛業、忠賢良哲之事蹟、文化之由來、與外國關係等概要，使其知曉從開國之初至現在之掌故。
>
> 於高等科應擴大前項之意旨，使其稍微詳知我國發展事蹟。〔註16〕

大正12年出版的歷史教科書的內容中，用許多名人、偉人的忠義、勤王事蹟來感動兒童，藉此達到訓育的效果。〔註17〕但有關臺灣歷史的內容則寥寥可數，幾乎不見於教科書中，因爲臺灣幾千年的歷史，無法對「日本統治臺灣」的正當性或合法性有任何貢獻，所以對統治者來說根本沒有存在的價值或必要。〔註18〕昭和12年時將教材的重點置於國體明徵、國民精神涵養上，使學童能更加明白建國之體制、國體之特質、皇室之尊嚴、順逆之別等觀念。〔註19〕到了戰爭時期教科書的訓育色彩更加明顯，並特別強調對皇室的忠

〔註13〕許佩賢，《塑造殖民地少國民：日據時期臺灣公學校教科書之分析》，頁 119～120。

〔註14〕許佩賢，《塑造殖民地少國民：日據時期臺灣公學校教科書之分析》，頁94。

〔註15〕許佩賢，《塑造殖民地少國民：日據時期臺灣公學校教科書之分析》，頁94。

〔註16〕臺灣教育會編著；許錫慶譯注，《臺灣教育沿革誌（中譯本）》，頁166。

〔註17〕許佩賢，《塑造殖民地少國民：日據時期臺灣公學校教科書之分析》，頁98。

〔註18〕許佩賢，《塑造殖民地少國民：日據時期臺灣公學校教科書之分析》，頁101。

〔註19〕許佩賢，《塑造殖民地少國民：日據時期臺灣公學校教科書之分析》，頁103。

義，此時期由於整體教材份量的增加，臺灣歷史的部分也隨之增加，但其內容是經過特別挑選，可以「涵養國民精神」，配合統治需要的題材，甚至對史實做某種修飾，以符合統治的需要。〔註20〕

（五）其他科目

而除了上述四個科目以外，其他各科目亦各具有其教學的主旨。以下為大正11年4月1日發布的「臺灣公立公學校規則」中，各科目的教學內容及要旨：1.算數以使學童熟習日常之計算，獲得生活上必須知識，兼能精確思考為要旨。2.理科應使學童獲得通常天然物及自然現象相關一斑知識，理解其相互及對人生之關係概要，兼培養能進行精密觀察與對自然之興趣為要旨。3.畫圖以使學童獲得描繪通常形體之能力，兼培養美感為要旨。4.唱歌以使學童能唱簡易歌曲，有助培養美感及涵養德性為要旨。5.體操以使學童身體各部均衡發育、動作機敏，以之維護增進健康、快活精神而臻於剛毅，兼養成遵守規律、崇尚協和之習慣為要旨。6.實業科目以使學童學會實業相關簡易知識技能，培養崇尚勤勞、重視實業之風氣為要旨。7.裁縫及家事以使女童獲得必要普通技藝及簡易家事知識，兼培養勤儉、整齊、清潔、善用之習慣為要旨。8.漢文以使學童理解普通漢字及漢文、獲得處理日常事務能力，兼助益涵養德性為要旨。〔註21〕

第二節　生活作息規範

一、作息時間

（一）學年與日常作息

國語傳習所時期的學校作息時間是依據明治29年（1896）6月22日發布的「國語傳習所規則」（府令第15號）之規定，而甲、乙二科學生的作息時間除了年度中的放假日外，在學期的劃分以及每日的作息時間皆不相同，甲科一學年分成二個學期；乙科一學年則分成三個學期，詳細情形可參閱表5－2－1。

〔註20〕許佩賢，《塑造殖民地少國民：日據時期臺灣公學校教科書之分析》，頁111。
〔註21〕臺灣教育會編著；許錫慶譯注，《臺灣教育沿革誌（中譯本）》，頁166、167。

表5－2－1：國語傳習所甲、乙二科作息異同比較

科別	甲　　科	乙　　科
學年作息	第一學期：4月1日至10月31日 第二學期：11月1日至3月31日	第一學期：4月1日至7月10日 第二學期：9月1日至12月28日 第三學期：1月4日至3月31日
日常作息	・開始上課：上午8時 ・放學：下午4時 ・休息：正午12時至下午2時	4月1日至9月30日 ・開始上課：上午8時 ・放學：下午4時 ・休息：正午11時至下午2時 10月1日至3月31日 ・開始上課：上午9時 ・放學：下午4時 ・休息：正午12時至下午2時
放假日	・星期日、節慶例假日 ・夏季放假：7月11日至8月31日 ・年終年初放假：12月29日至1月3日	

資料來源：臺灣教育會編著；許錫慶譯注，《臺灣教育沿革誌（中譯本）》，頁73。

　　明治31年（1898）7月27日，「臺灣公學校令」（敕令第178號）公布後，將國語傳習所改制爲公學校，學生的作息時間由「臺灣公學校規則」（府令第78號）來規定，到昭和16年後，則依「臺灣公立國民學校規則」（府令第47號）之規定，在此期間內公學校學生的作息時間也經歷了多次的變革，以下將日治時期公學校的學校作息沿革整理如表5－2－2。

表5－2－2：日治時期公學校作息時間沿革

年代	學年作息	年度中放假日
1898年	第一學期：2月1日至7月10日 第二學期：9月1日至1月31日	・祝日、大祭日、星期日 ・夏季：7月11日至8月31日
1903年		・年底：12月29日至1月3日
1904年	第一學期：4月1日至8月31日 第二學期：9月1日至12月31日 第三學期：1月1日至3月31日	・祝日、大祭日、星期日、臺灣神社祭日、始政紀念日 ・夏休：7月11日至8月31日 ・年底：12月29日至1月3日 ・學年末：3月26日至31日

年代	學年作息	年度中放假日
1912 年	第一學期：4 月 1 日至 8 月 20 日 第二學期：8 月 21 至 12 月 31 日 第三學期：1 月 1 日至 3 月 31 日	・祝日、祭日、臺灣神社例祭日、始政紀念日、星期日 ・夏休：7 月 1 日至 8 月 20 日〔註 22〕
1925 年		・年底：12 月 29 日至 1 月 3 日〔註 23〕 ・學年末：3 月 29 日至 31 日〔註 24〕
1941 年	第一學期：4 月 1 日至 8 月 31 日 第二學期：9 月 1 日至 12 月 31 日 第三學期：1 月 1 日至 3 月 31 日	・1 月 1 日、國定假日、〔註 25〕臺灣神社例祭日、始政紀念日、星期日 ・夏季：7 月 11 日至 8 月 31 日 ・冬季：12 月 29 日至 1 月 5 日 ・學年末：3 月 25 日至 31 日

資料來源：《臺灣總督府府報》，第 349 號，府令第 78 號，明治 31 年 8 月 16 日。

《臺灣總督府府報》，第 1279 號，府令第 1 號，明治 36 年 1 月 9 日。

《臺灣總督府府報》，第 1492 號，府令第 24 號，明治 37 年 3 月 11 日。

《臺灣總督府府報》，第 87 號，府令第 40 號，大正元年 11 月 28 日。

《臺灣總督府府報》，第 2360 號，府令第 75 號，大正 10 年 4 月 24 日。

《臺灣總督府府報》，第 2620 號，府令第 79 號，大正 11 年 4 月 1 日。

《臺灣總督府府報》，第 3547 號，府令第 36 號，大正 14 年 6 月 17 日。

《臺灣總督府府報》，第 51 號，敕令第 25 號，昭和 2 年 3 月 8 日。

《臺灣總督府府報》，第 1978 號，府令第 142 號，昭和 8 年 12 月 12 日。

《臺灣總督府府報》，第 4151 號，府令第 47 號，昭和 16 年 3 月 30 日。

　　明治 31 年 8 月 16 日「臺灣公學校規則」發布，規定每年的 2 月 1 日爲學年之開始，以配合臺灣人過陰曆年後入書房的傳統，且每逢地方迎神賽會

〔註 22〕1925 年 6 月 17 日公學校規則修正，將夏季放假日改爲 7 月 11 日至 8 月 31 日。

〔註 23〕1922 年 4 月 1 日「臺灣公立公學校規則」發布，將年底放假改爲 12 月 29 日至 1 月 5 日。

〔註 24〕1933 年 12 月 12 日公學校規則修正，將學年末放假日改爲 3 月 25 日至 31 日。

〔註 25〕1927 年 3 月 4 日（敕令第 25 號）：「元始祭（1 月 3 日）、新年宴會（1 月 5 日）、紀元節（2 月 11 日）、神武天皇祭（4 月 3 日）、天長節（4 月 29 日）、神嘗祭（10 月 17 日）、明治節（11 月 3 日）、新嘗祭（11 月 23 日）、大正天皇祭（12 月 25 日）、春季皇靈祭（春分日）、秋季皇靈祭（秋分日）。」

或者農忙時期，都會授權由各校自行決定臨時休業的時間。然而這樣的學年安排，雖是依殖民地的風土習慣而建立的制度，但卻不符合總督府的行政運作規律，最重要的是無法與預算制度配合。因爲總督府的會計年度是配合日本本土，以每年的 4 月 1 日爲開始日，而學校 2 月開學的作息，等於獨立於會計年度的規律之外，造成行政上的不統一與不便。〔註 26〕因此，總督府於明治 36 年（1903）1 月 9 日修正臺灣公學校規則（府令第 1 號），將學年開始改爲每年的 4 月 1 日，此規定一直延續到日本統治結束都未再修改。

除了星期日外，〔註 27〕每逢祝祭日時學校都會放假，並在前一天的朝會上講授各節日所代表的精神，希望藉著節日培養臺灣人接受日本國民的精神。不放假的臺灣始政紀念日和臺灣神社祭等祭日，學校會帶領學生至神社參拜，順便做一學期中的修學旅行。而在一年的學習生活中，暑假是另一種新生的事物。因爲傳統書房並沒有暑假這一回事，書房只是跟著各地年節、迎神賽會及農忙等活動而彈性放假。嚴格來說，所謂「夏休」應該是配合日本人生活作息而有的安排。〔註 28〕而根據筆者訪問邱奕松老師表示，放暑假的時候學校會盡量讓學生輕鬆，但還是有返校日，主要回學校清理教室和校園，還有檢查暑假作業。

此外，有關公學校學童每日的上下課時間總督府並無統一之規定，僅授權由各校的校長來制訂。大正元年（1912）11 月 28 日發布公學校規則修正（府令第 40 號），其中第四十一條規定：「每日授課開始、終止時刻由學校長訂定之。」此項規定一直到國民學校制實施後仍未改變。邱奕松老師表示，當時朴子公學校大概是上午 6、7 點上學，下午 4、5 點放學，上午 4 節課，下午 2 節課，一節課大概 40 分鐘，休息時間大概 20 分鐘，中午大概休息 1 個小時。

（二）朴子街學童每年例行行事

表 5－2－3 爲《樸樹の蔭》記載 1934 年時朴子街學童每年的例行活動，可以看到當時除了有日本的各種祭典與紀念日外，亦有許多臺灣傳統的民俗節慶，例如：媽祖祭、虎爺祭等。此外，書中亦對當時朴子街的農事情形按月加以記錄，而學童在寒、暑假期間該作的事情也有規定。

〔註 26〕 呂紹理，《水螺響起——日治時期台灣社會的生活作息》（臺北：遠流出版社，1998 年），頁 69。
〔註 27〕 學校另規定星期六下午不用上課，等於一週上課時數爲五天半。
〔註 28〕 呂紹理，《水螺響起——日治時期台灣社會的生活作息》，頁 70。

表5－2－3：朴子街學童每年例行行事表

新　曆	行　　事	舊　曆	行　　事	工作及其他
4／1 4／3 4／29 4／30	入學式 神武天皇祭 天長節 靖國神社祭 建功神社祭 身體檢查	3／3 3／22～3／23	三日祭 媽祖祭	・甘蔗收穫結束 ・給以前老師寫信 ・掃墓
5／7前後 5／27	立夏 海軍紀念日			・苗床（第二期） ・第一期作收穫 ・甘蔗種植開始
6／10 6／17	時的紀念日 始政紀念日 縮短授業開始	5／5	五日祭	・耕田 ・第二期作種田
7／11	暑假	6／6	虎爺祭	・水田割草 ・施肥 ・擬定暑假計畫 ・暑假日記
8月	暑假 立秋	7／1 7／5 7／7 7／10 7／15 7／19 7／23 7／25 7／29	盆祭：全街 盆祭：五甲尾 七娘媽生 盆祭：安溪厝 　　　魚仔市 盆祭：全街 盆祭：內厝 盆祭：大槺榔 盆祭：全街 盆祭：市場 　　　全街	・暑期問候 ・暑假中日誌 ・掃墓 ・暑假生活反省
9／1 9／9	震災紀念日 始業式 菊花節	8／15	中秋	・校園除草 ・種甘藷 ・恢復授業

新　曆	行　　事	舊　曆	行　　事	工作及其他
9／13 9／21 9／22	乃木將軍殉死紀念日 彼岸入 秋季皇靈祭			
10／13 10／15 10／17 10／23 10／28 10／30	戊申詔書下賜紀念日 初獵 神嘗祭 靖國神社祭 臺灣神社祭 教育日 身體檢查	9／9	太子爺生	
11／3 11／8前後 11／10 11／23	明治節、體育日 立冬 國民精神作興詔書下賜紀念日 新嘗祭	10／15	三界公生	・第二期作收穫 ・種花生
12／15 12／25 12／28	郵便局開始受理賀年郵件 大正天皇祭、聖誕節 終業式、通信簿 寒假、除夕	11月	冬至	・賀年卡 ・擬定寒假計畫 ・第一期作苗床
1／1 1／2 1／3 1／4 1／5 1／6 1／7	四方拜、拜賀式 初書、初荷 元始祭 政治開始、開店 新年宴會 始業式 七草粥	12／24 12／30	送神 除夕	・初書 ・寒假生活反省 ・種茄子 ・耕田 ・花生收穫
2／1 2／3前後	芝山巖神社祭 節分	1／1 1／1～1／3	新年 祭祖先	・新生招募 ・第一期作種田

新　曆	行　　事	舊　曆	行　事	工作及其他
2／4前後	立春	1／5 1／9 1／15	迎神 天公生 上元	・種夏季蘿蔔
3／3 3／6 3／10 3／25	桃花節 地久節 陸軍紀念日 學藝會、展覽會 卒業式 修業式、通信簿 褒賞授與 學年末休業	3月	清明祭	・水田除草 ・施肥掃墓 ・擬定春假計畫 ・準備新學年

資料來源：朴子公學校（日籍）教師群合著、邱奕松，《樸樹の陰》（嘉義：朴子公創
　　　　　校百年紀念會，1995 年），頁 113～115。

　　邱奕松老師說，若遇到日本節日，如：紀元節、天長節、始政紀念日，公
學校都不用上課，但要去學校禮堂參加慶祝典禮，典禮完畢後才能回家。臺灣
神社祭則是會選十幾個體格比較好的男同學來幫忙抬神轎，神轎從東石神社引
靈後出發巡街，沿途會經過大街（開元路）和二街（中正路），最後回到神社。

圖 5－2－1：「臺灣神社祭」朴子公學校學生參加抬神輿盛況

資料來源：邱奕松，《朴津寫真》（嘉義：嘉義縣朴子市公所，1998 年），附錄 97。

二、生活規範

三屋恕在〈學校管理法〉一文中提到：「學校之秩序不立，兒童不知服從教令，則教授不克奏功，管理不能如法，欲陶練習童之性質豈可得哉，故欲令多數之兒童，有同一之祈向，爲同一之奮勉，必自整齊秩序始。〔註29〕」由此可知，學童生活規範之建立爲學校教育能否成功推行的關鍵因素。以下將日治時期公學校學童的生活規範分爲三個部份來探討。

（一）生活常規

根據〈學校管理法〉之內容：〔註30〕學童在上下學時務必準時，非有適然不得已之故，勿允許來晚退早者。在上課前先讓學童整列於一定之場所，且在列隊進行時，宜使正姿勢，整齊步驟，務必肅靜而服從教師之指揮。出入教室、離開座位時，皆宜聽命於教師，勿任意爲之；就坐時，宜正姿勢，加手膝上，並足而注視教師。開始上課後，禁私語他顧及喧囂之舉動；而學童欲發言時，則舉右手，並且須受到教師之允許。

學童下課時，必須服從教師之命令，至一定之場所解散，然後進入操場。在走廊通行時，務必肅靜，切勿放聲奔跑。休憩時間，不要離開操場之外。用餐須依照教師之指揮，將碗筷擺正，吃飯時宜細嚼慢嚥，勿談話左右顧，飯前飯後宜向教師敬禮，勿將飯粒茶汁弄髒桌子。上廁所時切勿爭先恐後，宜注意污穢。

（二）賞罰制度

若是要學童遵守生活規範，則不能沒有褒獎懲罰的辦法。在執行賞罰時必須注意時機以及種類，若是運用不當有可能會造成反效果。根據〈學校管理法〉所載，執行褒賞的方式有以下幾種：〔註31〕

1. 讚賞：要讓學童以得到讚賞爲榮，且在不自覺的情況下受到鼓舞，而足以令其他學童感受並察覺到要更加勤奮。此外，教師在讚賞學童時務必注意公平性，還要有所節制。

2. 賞品：比起讚賞賞品的效果更好，若以此獎勵學童，能使其直接感到振奮。而在賞品的選擇上學校多以筆墨紙札之類爲之，但是這類賞品用完後即消失，若欲使爲永久之紀念，則以書籍圖畫較爲合適。

〔註29〕三屋恕，〈學校管理法〉，《臺灣教育會雜誌》第 61 號（1907 年 3 月），頁 3。
〔註30〕三屋恕，〈學校管理法〉，《臺灣教育會雜誌》第 61 號，頁 4～5。
〔註31〕三屋恕，〈學校管理法〉，《臺灣教育會雜誌》第 62 號，頁 5～6。

3. 褒狀：授與獎狀務必於公眾之前爲之。雖然僅是一張獎狀，但若於嚴肅之
廣場當面授與，其效果是非常好的。

　　懲罰之目的在於防止學童再次犯錯，在教育上爲不得已之事，若用盡其
他方法皆不能奏效，則使用懲罰爲之，其方式則有以下幾種：〔註32〕

1. 譴責：最寬和而有效，教師宜依此方法來進行處罰，但必須衡量學童所犯
錯事之輕重，異其寬嚴。

2. 罰站：宜依所犯之事而施行，此方式雖然容易執行，但切勿濫用之，若用
之頻繁，則學童不感痛苦；而若處罰時間過長，則有可能變成體罰。

3. 留置：使學童放學後默坐於教室，令其困倦無聊，以獨居無告爲苦。但教
師不能怠惰監督，以防學童作出不良的行爲，有傷害身體之虞。

4. 停學：若教師之訓誡屢次不見其功效，又無其他方式時，則以一定期間或
是無限期停止學童到校上課。「臺灣公立公學校規則」第八十五條規定，
學校長得禁止品行不良被認爲有礙其他兒童教育之兒童出席。

5. 離校：最嚴重之懲罰，於不得已時使用，將學童屏之於校門外。「臺灣公
立公學校規則」第八十七條規定，學校長認定在學兒童品行不良且被認爲
無改善可能者，於獲得監督官廳之認可後，得命令其退學。

　　此外，大正 11 年（1922）的「臺灣公立公學校規則」（府令第 65 號）則
明訂禁止對學童體罰。其中第八十七條規定：「學校長及教員認定在教育上有
必要時，得對兒童施加懲戒，但不得施以體罰。」

　　雖然公學校規則已明訂禁止教師體罰學生，但朴子公學校仍發生訓導毆
打學生之事，此事引起家長不滿，甚至差點對該教師提出告訴。根據昭和 4
年（1929）5 月 19 日《臺灣日日新報》報導如下：

> 臺南州東石郡朴子街公學校高等科授持訓導大田原氏，性暴烈，常
> 毆打生徒，去十五日所授持生徒，被毆者有六、七人，其中蔡存賢
> 之子傷痕最多，乃用足穿之靴蹴傷者，一時父兄大憤慨不平，對醫
> 師要求診斷書，欲提出告訴，嗣經當地人士勸解，始將被毆情狀對
> 郡守、庶務課長及視學訴明云。〔註33〕

〔註32〕三屋恕，〈學校管理法〉，《臺灣教育會雜誌》第 62 號，頁 6～7。
〔註33〕《臺灣日日新報》，〈訓導毆打 生徒負傷 致父兄欲出告訴〉，第 10446 號，昭
　　　和 4 年 5 月 19 日。

　　而邱奕松老師表示，當時朴子公學校的日本老師比較會打人，因爲日本老師都有受過軍事訓練，常常一巴掌就打過來，他也曾經被高等科的老師打過，當然大部分的老師都還是用責備方式來管教學生，用打的方式比較少。

（三）禮儀養成

　　在校園中的禮儀養成，特別強調對老師之尊敬，「師嚴而道尊，未有不尊敬其師，而能得學問之益者，故欲使教師有得力之教育，務令兒童知尊重其師。夫禮者，所以明上下保秩序，德育所必須，而必自尊師敬長始。〔註34〕」而對老師之尊敬則從敬禮做起。〈學校管理法〉中提到學童敬禮時應注意之事項，且對於學童日常的服裝儀容等亦有所著墨：〔註35〕

　　欲養成敬禮之德育，則每日必須向教師敬禮，而對於來訪者或是朋友，亦必行相當之敬禮。但勿漫施敬禮，以免流於形式。行敬禮者，坐則起，行則止，正肅體勢，而注視於所禮之人，兩手下垂，徐徐行禮，若在女子，則以柔和優美爲法，故敬禮之容姿務慇懃溫淑。

　　在服裝儀容方面，務必保持身體清潔，時常洗除頭面之污垢，著衣時，必使整襟裾，飭容體，衣之不潔者，令其浣濯，而補綴其破綻。學童應稱呼教師爲某某先生，且勿用無禮之稱謂來稱呼朋友。與長者對話或接受物品時，務慇懃，而無輕率突觸之舉動。行於長者之前，勿爭先而急進。

三、學校精神之表現

（一）校旗與校徽

　　校旗爲一校之象徵，經常與教育敕語一齊安置在校長室內，只有在學校的慶典、集會、運動會及學校與他校舉行各項競賽時移出，行進時在最先鋒，靜止時有三角架座，安置隊伍中央。校旗可作爲校隊出場的引導，是一個學校的代表和精神象徵，具有尊嚴的功能。〔註36〕

　　日治時期學校校旗的外形設計均非常簡潔，圖案取材爲幾何圖形、人類使用的工具、象形文字、變體字、植物的花葉、稻穗、鳥類等。在校旗的周

〔註34〕三屋恕，〈學校管理法〉，《臺灣教育會雜誌》第 61 號，頁 3。
〔註35〕三屋恕，〈學校管理法〉，《臺灣教育會雜誌》第 61 號，頁 3～4。
〔註36〕陳聰明，《楝花盛開時的回憶──日治時期畢業紀念冊展圖錄 第二冊 學校建築篇／校歌校旗篇》（南投：國史館臺灣文獻館，2005 年），頁 200。

邊，除連接旗桿那一側之外，其他三邊大部份都會有流蘇。將當時的校旗整理分析後，其外形大致可分為以下六種：〔註37〕

1. 簡單的圖案：在校旗中只有簡單的圖案，沒有將校名寫出。
2. 僅於圖案中將部份校名呈現：在校旗中沒有書寫學校的全名，僅於圖案中將部份的校名呈現。
3. 僅書寫校名：在校旗上直接寫出學校的名字，沒有其他的圖案修飾。
4. 圖案外有學校全名：圖案中沒有文字，圖案外有學校名稱。
5. 圖案中有校名簡稱或性別，在圖案外有校名：將校名的第一個字、其中一字、前二字、簡稱；或將公學校的「公」、國民學校的「國」、學校的「學」、女子公學校的「女」，以及代表學生屬性的「女公」等字置於圖案之中。
6. 在圖案中加入學校全名：這類校旗所使用的圖案有很多是相同的。

圖 5－2－2：朴子公學校校旗與校徽

資料來源：張萬益，《朴子國小壹世紀 1898～1997》（嘉義：嘉義縣朴子國民小學，1997年），頁 36。

〔註37〕陳聰明，《棟花盛開時的回憶——日治時期畢業紀念冊展圖錄　第二冊　學校建築篇／校歌校旗篇》，頁 200～201。

圖 5－2－3：朴子東國民學校校旗與校徽

資料來源：張萬益，《朴子國小壹世紀 1898～1997》，頁 36。

　　圖 5－2－2 爲朴子公學校的校旗與校徽，校旗中的圖案即爲校徽，制定於昭和 8 年（1933），樣式爲櫻花、樸樹、中央朴公字樣。而根據上述的分類中可以得知，朴子公學校的校旗應屬於第五種，將校名簡稱爲二個字「朴公」並置於圖案之中，且在圖案外有學校的校名「朴子公學校」，此外在校旗的其中三邊皆附有流蘇。而朴子公學校的校旗也於昭和 16 年學校名稱改爲「朴子東國民學校」時有所修改，將校名簡稱改爲「朴東」（圖 5－2－3）。

（二）校歌

　　日本統治臺灣是希望教育臺灣效忠日本帝國，在學校教育體制中，透過教科書的編纂、教育敕語的宣讀、在學校中奉安殿〔註 38〕及校內神社的

〔註38〕 「奉安殿」爲放置象徵天皇的神聖文物之處，經費充裕的重點學校會在校園一處增建，一般學校就以校長室的角落做爲「奉安室」使用。在這神聖的空間中，會放置一座精緻的櫃子「奉安箱」，專門用來存放天皇教育敕語和天皇相片。島嶼柿子文化館，《台灣小學世紀風華：第一本台灣孩子的百年學園紀事》（臺北：柿子文化事業有限公司，2004 年），頁 103。

建造，以及學生每天例行的膜拜等種種措施，來達到同化的目的。校歌是全校師生經常傳唱的歌曲，在當時的政治氛圍中相信也是爭取同化的重點之一。〔註39〕

　　校歌的歌詞通常會傳達作者、學校主政者或當時的教育理念，透過歌詞的內容及歌曲音樂節奏的不同，可以顯現學校的特色，且透過不斷的練唱，對師生都會產生潛移默化的效果。日治時期學校的校歌大致可以依照歌詞組成的素材而分成下列七種：〔註40〕

1. 對學生的期許：這是校歌最主要的部份，也是每一首校歌必備的部份，大部份都是一些做人做事的道理，如：努力學習、樂觀進取、堅忍不拔、鍛鍊身心、做好國民等。

2. 學校所在地地理景觀的描述：學校所在地的山川名、山川景色或將山川擬人化，通常都是校歌歌詞的素材之一，山川又會以所涵蓋的範圍或是否具有指標意義影響遠近學校的使用。

3. 與天皇、皇太子、神社及日本帝國相關者：日本殖民臺灣採行與本國相同的天皇教育體制，並將神道推行納入教育體系之中，因此很多學校的校歌出現與天皇、神社及日本帝國相關的歌詞，如：敕語、皇恩浩蕩、光榮之國、神社的參拜等。

4. 地方的歷史與學校的創立：有將地方歷史列入者或是將創校日、創校地或學校創立的歷史列為歌詞者。

5. 學校的屬性：歌詞呈現學校的性質，通常以職業學校居多。

6. 南進及興亞：如「南進鵬圖伸展翼」、「興亞意氣盎盎然」等。

7. 其他：有將地方特產做為素材者、將校內景色作為素材者、以四季景色作為素材者、將校徽校旗作為素材者、以花、竹作為素材者等。

〔註39〕陳聰明，《棟花盛開時的回憶──日治時期畢業紀念冊展圖錄　第二冊　學校建築篇／校歌校旗篇》，頁150。

〔註40〕陳聰明，《棟花盛開時的回憶──日治時期畢業紀念冊展圖錄　第二冊　學校建築篇／校歌校旗篇》，頁147～150。

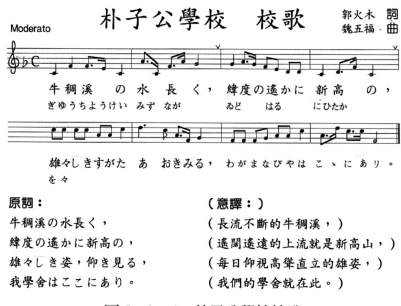

圖 5－2－4：朴子公學校校歌

資料來源：張萬益，《朴子國小壹世紀 1898～1997》，頁 35。

　　圖 5－2－4 爲朴子公學校校歌的歌詞及歌曲，其歌詞爲「長流不斷的牛稠溪，遙闊遙遠的上流就是新高山，每日仰視高聳直立的雄姿，我們的學舍就在此。」可以發現朴子公學校的校歌是屬於上述內容中的第二種，以學校所在地的地理景觀來作爲歌詞素材。新高山（玉山）爲臺灣的最高峰，因此在校歌中常可發現搭配地區性的河川作爲歌詞，其中提到的牛稠溪則是今日的朴子溪。此外，校歌的作詞者爲郭火木；作曲者爲魏五福，二人皆曾擔任過朴子公學校的教師。

四、教育敕語

　　教育敕語是日本明治天皇於明治 23 年（1890）頒布的教育文件，爲戰前日本全國教育政策的最高準則，亦是日治時期臺灣教育的最高宗旨。明治 30 年（1897）臺灣總督府以訓令第 15 號發布「教育敕語漢譯文」，作爲學校的教育圭臬，且在臺灣各地紛紛設立學校之後，便將教育敕語謄本以及御眞影（當代天皇夫婦的相片）頒發至各級學校，要求每所學校妥爲收藏。〔註 41〕

〔註41〕島嶼柿子文化館，《台灣小學世紀風華：第一本台灣孩子的百年學園紀事》，頁 103。

邱奕松老師說，朴子公學校的教育敕語當時是放在禮堂的金庫中，只有校長才能拿出來誦讀，以下爲「教育敕語漢譯文」的內容：

　　朕惟我皇祖皇宗，肇國宏遠，樹德深厚。我臣民，克忠克孝，億兆一
　　心，世濟厥美。此我國體之精華，而教育之淵源，亦實存乎此。爾臣
　　民，孝于父母，友于兄弟，夫婦相和，朋友相信，恭儉持己，博愛及
　　眾，修學習業，以啓發智能，成就德器。進廣公益，開世務，常重國
　　憲，遵國法，一旦緩急，則義勇奉公，以扶翼天壤無窮之皇運。如是，
　　不獨爲朕之忠良臣民，亦足以顯彰爾祖先之遺風矣。斯道也，實我皇
　　祖皇宗之遺訓，而子孫臣民，所宜俱遵守焉。通之古今不謬，施之中
　　外不悖。朕與爾臣民，拳拳服膺，庶幾咸一其德。〔註42〕

　　大正 8 年（1919）1 月 4 日「臺灣教育令」（敕令第 1 號）公布，其中第二條就規定：「教育依照教育敕語之意旨，以育成忠良國民爲本義。」教育敕語的內容是以儒家的傳統家族觀念爲基礎，強調「忠孝一致」爲教育之根本，宣揚教育的精神在於教化人民成爲孝友恭儉、守法有禮的現代國民，而教育最終的目的是在培育天皇的子民，由此可見天皇不僅是政治領袖，也是國民道德思想的中心。且在每年的四大節日：元旦新年（1 月 1 日）、紀元節（2 月 11 日神武天皇登基）、天長節（4 月 29 日昭和天皇誕辰）、明治節（11 月 3 日明治天皇誕辰），學校都必須集合全體學生奉讀教育敕語，有時還會考默書。〔註 43〕因此，透過教育敕語的奉讀與背誦，使得日本殖民政府得以成功的將皇民思想灌輸給臺灣學生。

五、二宮尊德與楠木正成

　　二宮尊德與楠木正成二人是日治時期學校教育的精神樣板，分別代表著勤學和忠誠的教育圖騰。這二人「一文一武」、「一勤一忠」的雕像是當時臺灣學童早晚出入校園的禮敬對象，戰爭期間更是學校思想教育的重點，幾乎每個學校都有豎立他們的雕像。〔註44〕

〔註42〕《臺灣總督府公文類纂》，甲種永久保存，「訓令第一五號教育二關スル敕語
　　　　漢譯文讀方訓令」，1897－03－23（明治 30 年）。
〔註43〕島嶼柿子文化館，《台灣小學世紀風華：第一本台灣孩子的百年學園紀事》，
　　　　頁 101。
〔註44〕島嶼柿子文化館，《台灣小學世紀風華：第一本台灣孩子的百年學園紀事》，
　　　　頁 110、112。

　　二宮尊德，幼名金次郎，出生於日本神奈川縣。原爲富農之子，但幼時突然家道中衰且父母雙亡，從此就獨自過著艱苦的生活。由於他認爲讀書可以使人產生希望與實踐理想，因此雖然每天上山撿柴，背著沉重的柴薪，卻仍手不釋卷，日夜勤奮用功向學，後來成爲江戶時代著名的農政專家。〔註45〕二宮尊德塑像的外形，爲一孩童背負柴薪手捧書本用功不倦的形態。〔註46〕

　　楠木正成被後人尊稱爲「大楠公」，是西元十四世紀日本南北朝時代的著名武將，在推翻鐮倉幕府，中興皇權的倒幕運動中，立下不少汗馬功勞，爲當時南朝後醍醐天皇所重用。之後，爲了確立皇權，又與諸侯足利尊氏爭戰多年，最後死於湊川之戰。〔註47〕明治維新後被列爲對天皇效忠盡瘁的忠臣代表。楠木正成塑像的外形，爲一武將頭戴盔甲騎馬的姿態。〔註48〕

　　當時《公學校修身書六》第五課〈忠君愛國〉課文內容即提到：「自古國家有事的時候，像楠公父子、乃木大將、廣瀨武夫等人，犧牲生命以守君國。在平時則像二宮尊德、金原明善等人各勵其業，增我國的富強。〔註49〕」足見這二人對於公學校學童之影響甚鉅。

　　從《臺灣日日新報》的報導以及當時的老照片來看，朴子公學校校園內設有楠木正成的雕像，但無二宮尊德的雕像。朴子公學校於昭和15年（1940）紀元二千六百年記念行事時，〔註50〕在學校正門設立了大忠臣楠公的銅像，設立經費來自全校學童的獻金，銅像的底座則刻有「七生報國」四字。〔註51〕而邱奕松老師表示在戰爭時期，朴子公學校的楠公銅像被日本政府回收，並重新製作成武器。

〔註45〕島嶼柿子文化館，《台灣小學世紀風華：第一本台灣孩子的百年學園紀事》，頁110。

〔註46〕陳聰明，《楝花盛開時的回憶──日治時期畢業紀念冊展圖錄　第二冊　學校建築篇／校歌校旗篇》，頁135。

〔註47〕島嶼柿子文化館，《台灣小學世紀風華：第一本台灣孩子的百年學園紀事》，頁111。

〔註48〕陳聰明，《楝花盛開時的回憶──日治時期畢業紀念冊展圖錄　第二冊　學校建築篇／校歌校旗篇》，頁135。

〔註49〕島嶼柿子文化館，《台灣小學世紀風華：第一本台灣孩子的百年學園紀事》，頁110。

〔註50〕神武天皇即位紀元，又稱日本皇紀或簡稱皇紀，是日本的一種紀年體，以日本神話中的第一代天皇神武天皇的即位元年開始起算。昭和15年是皇紀二千六百年，該年舉辦紀元二千六百年記念行事以茲慶祝。

〔註51〕《臺灣日日新報》，〈楠公の銅像を建設　朴子公學の校門に〉，第14664號，昭和16年1月7日。

圖 5－2－5：朴子公學校正門的楠木正成銅像（紅圈處）

資料來源：張萬益，《朴子國小壹世紀 1898～1997》，頁 53。

第三節　校內外之活動

一、教師進修

　　對於學校教師來說，暑假是進修的大好機會。自明治 37 年（1904）開始，總督府每年暑假均召開「教師講習會」，用以加強教師的教學內容、教法和交換教學心得。講習會一般分為總督府舉辦和各州廳自辦兩種。前者由各學校選派教師數名，利用暑假將近一個月的時間，由總督府派講師對特定科目進行教學說明和研討。各州廳講習會性質相若，但為期較短，約一星期左右。〔註 52〕

　　根據大正 6 年（1917）7 月 5 日《臺灣日日新報》報導，樸仔腳公學校教師黃氏笑受到嘉義廳長推薦，於 7 月 8 日參加國語學校舉辦的講習會，卒業後將授與訓導免許狀，詳細內容如下：

〔註 52〕呂紹理，《水螺響起──日治時期台灣社會的生活作息》，頁 71。

國語學校定來十日起至十二月二十八日止，六個月間，開設臨時講習科，全島公學校女雇教員，受廳長推薦者，人員計三十三名，就中嘉義廳下四名。……樸仔腳公學校黃氏笑等。擬來八日赴會，卒業後將授與訓導免狀云。〔註53〕

　　除了教師利用暑假的時間進修外，校長也可以趁著這段期間出國考察，根據大正6年7月5日《臺灣日日新報》報導，總督府派遣樸仔腳公學校校長戶板守正前往朝鮮及滿州視察學事，詳情如下：

總督府今茲夏季休業中，特派遣嘉義廳斗六公學校長小泉順及同廳樸仔腳公學校長戶板守正，桃園公學校鈴木豐次郎三氏，赴朝鮮滿州視察學事。……〔註54〕

　　另外，還有各種由地方上辦理的講習會也是增進教師專業知識的方法之一，例如：語學講習會、音樂講習會等。昭和5年（1930）8月11日《臺灣日日新報》報導：「東石郡下各公學校教員，去六日午前八時，假朴子公學校講堂，開語學及音樂講習會，講習期間，預定五日間云。〔註55〕」

　　除此之外，朴子公學校的教師亦擔任講師，對當時國語夜學會的講師進行講習，顯示朴子公學校的教師對於地方上社會教育發展之貢獻。昭和3年（1928）7月26日《臺灣日日新報》報導：

臺南州東石郡自治會，鑑于年來國語普及，竝事業之實績，難得適當講師，此回爲緩和策，開國語夜學會講師養成講習會，自二十三日起五日間，開于朴子公學校，其講習科目發音基本練習三好朴子公學校長，教材研究三原郡視學，經營法郭火木，教授法之理論及實際朴子公學校訓導蔡柏松，唱歌同上陳衍慶等。〔註56〕

二、朝會活動

　　日治時期，日本人十分重視朝會活動，認爲早晨舉行朝會可以提振學童勤學向上的精神。當時的朝會儀式包括唱國歌、升旗、朗誦教育敕語、面向東方（象徵日本皇室的方向）致敬、師長訓話等步驟。在整個朝會的活動中，

〔註53〕　《臺灣日日新報》，〈嘉義講習赴會〉，第6113號，大正7年7月5日。
〔註54〕　《臺灣日日新報》，〈校長視察鮮滿〉，第6110號，大正6年7月2日。
〔註55〕　《臺灣日日新報》，〈朴子 開講習會〉，第10892號，昭和5年8月11日。
〔註56〕　《臺灣日日新報》，〈東石郡 講師講習〉，第10152號，昭和3年7月26日。

升旗則是最重要的一個儀式，因為它凝聚全校師生的目光，不僅有收攝身心的安定作用，也象徵學校一天的開始。〔註57〕

透過朝會活動，公學校的學童一邊吟唱著〈君之代〉，〔註58〕一邊注視著太陽旗緩緩上升，緊接著誦念天皇敕語，面對東方鞠躬行禮，藉由這些儀式將皇國臣民的思想灌輸給每位學童。由此可知朝會除了象徵學校一天的開始外，其實還背負著培養國家民族意識的重要功能。〔註59〕邱奕松老師說，當時朴子公學校每天朝會的時候都要做早操，並且一定要向天皇所在地的東京方向敬禮。

三、運動會

運動會這項校園活動是日治時期隨著體育課一同引進臺灣的，學校最初舉辦運動會的用意，主要是為了藉由競賽達到鼓勵運動的目的。當時學校的運動會多選在秋高氣爽的10月、11月舉行，這個季節除了天氣適宜外，也是學校明定放假的祝祭日最多的時段，如：臺灣神社祭、明治節等。透過在重要的祝祭日舉行學校運動會，無形中也將天皇崇拜的觀念傳達給學生和民眾。〔註60〕

根據《臺灣日日新報》的報導，日治時期在朴子公學校所舉辦的運動會大致可分成三類：第一類是朴子公學校的運動會，屬校內的活動，規模最小；第二類是朴子街各公學校聯合運動會，規模次之；第三類是東石郡下的小公學校聯合運動會，規模為最大，與會人數有數萬人，詳細情形如下：

> 朴子街朴子公學校，去三十日午前八時，在當校運動場，開運動會，工藤校長述開會辭，國旗揭揚，合唱君代之歌，開始競技，計演三十六種，然後一同集合，合唱大國民之歌，國旗降下，三唱萬歲而散云。〔註61〕

〔註57〕島嶼柿子文化館，《台灣小學世紀風華：第一本台灣孩子的百年學園紀事》，頁40。
〔註58〕其歌詞意義為：「天皇之朝，千代八千代，直到小岩變巨岩，岩上生滿綠苔蘚。」內容隱喻日本萬世一系的天皇世家，將會昌盛繁榮直到永遠。
〔註59〕島嶼柿子文化館，《台灣小學世紀風華：第一本台灣孩子的百年學園紀事》，頁41。
〔註60〕島嶼柿子文化館，《台灣小學世紀風華：第一本台灣孩子的百年學園紀事》，頁55～56。
〔註61〕《臺灣日日新報》，〈東石　開運動會〉，第12816號，昭和10年12月3日。

東石朴子街各公學校聯合體育會，去二日午前七時半，開於朴子公學校庭，會長黃媽典氏，敘禮後開始演技，至午後二時，繼續演技，凡十四回畢，一同整列，受講評，次東石齋藤郡守訓示，合唱大國民歌，降下國旗，三唱萬歲而散。〔註62〕

東石郡下小公學校聯合運動會，去十四日午前九時開於朴子公學校庭，整列後一同敬禮，由會長述開會辭，遙拜皇城唱君代歌及國旗揭揚後，唱運動會歌，移於競技。自午前九時三十分起，至午後二時三十分止，數計有五十回，郡下人士來觀者，近數萬人，極呈盛況。〔註63〕

而日治時期運動會的競賽項目和現今差不多，一般的體育競賽有接力賽跑、跳高、跳遠、障礙物競走等，而常見的遊戲競賽如：拔河、二人三腳、蜈蚣競走、運球賽跑、騎馬打仗等，在當時就已經出現，當然還有體操、唱遊、舞蹈等表演項目。〔註64〕

圖5－3－1：朴子公學校運動會表演

資料來源：邱奕松，《朴子懷舊》（嘉義：嘉義縣朴子市公所，1999年），頁94。

〔註62〕《臺灣日日新報》，〈朴子街各學校 聯合體育盛況〉，第10976號，昭和5年11月4日。
〔註63〕《臺灣日日新報》，〈東石郡小公學 聯合運動會〉，第10265號，昭和3年11月17日。
〔註64〕島嶼柿子文化館，《台灣小學世紀風華：第一本台灣孩子的百年學園紀事》，頁56。

圖5－3－2：朴子東國民學校運動會，六年義組強行搶杆（1941.11.8）

資料來源：邱奕松，《朴子懷舊》，頁95。

四、校外教學

　　日治初期以降臺灣的近代學校，除了課堂的知識傳遞與國民精神涵養之外，經過特別設計、賦予各種意義的「學校行事」也是重要項目，對於學生仍具重大的影響，而遠足及修學旅行實爲學校活動的延伸。大抵小學階段的學校，幾乎都只有遠足活動，極少數都會地區學校，偶而也出現修學旅行。〔註65〕

　　遠足，顧名思義，便是由老師率領學生至近郊徒步旅遊，最初限於體力，學校通常都會依學童年齡分別安排路程，大抵以當天往返爲原則，後來更發展爲搭乘車船的「長途遠足」，而有「修學旅行」的名目。而修學旅行，顧名思義，是在旅行中兼具學習的功能，旅行地點的選擇，並非一成不變，學校層級、科別、時間及城鄉差異，都是考量的因素。〔註66〕以下爲《臺灣日日新報》中有關日治時期朴子公學校校外教學的報導：

〔註65〕林文龍，《楝花盛開時的回憶──日治時期畢業紀念冊展圖錄 第三冊 制服篇／「修學」旅行篇／時局篇／「內地進學」篇》（南投：國史館臺灣文獻館，2005年），頁154。
〔註66〕林文龍，《楝花盛開時的回憶──日治時期畢業紀念冊展圖錄 第三冊 制服篇／「修學」旅行篇／時局篇／「內地進學」篇》，頁153、159。

嘉義廳下樸仔腳公學校兒童，日前由同校職員引率來南，縱觀博物館，無一人手觸陳列品，且及靜肅，館員頗激賞之。〔註67〕

嘉義樸仔腳公學校六年生男女童三十九名，用教員二名引率，到臺北廳下修學旅行，十二日到淡水，十三日來北視察臺北測候所及其他等，同夜赴基隆，行程五泊。〔註68〕

朴子街朴子公學校第五學年生徒六十五名，訂本十五日，由陳衍慶訓導外二名引率，旅行臺南、高雄、屏東。又第六學年生徒九十七名，由大田原正二訓導外二名引率，旅行臺中、臺北、基隆、北投。又高等科生徒三十五名，由三好校長外訓導一名引率，旅行高雄、澎湖、馬公。〔註69〕

　　邱奕松老師說，當時朴子的規定是初等科修學旅行一定會去臺北，而高等科則是一定要去阿里山。他初等科的修學旅行就從嘉義坐火車到臺北，行程有參觀博物館、圓山動物園，接著參拜臺灣神社以及芝山巖神社，還去北投泡溫泉。而讀高等科時因爲戰爭的緣故就沒有去修學旅行了。

圖 5－3－3：朴子東國民學校高等科修學旅行——阿里山神木（1941.5.17）

資料來源：邱奕松，《朴子懷舊》，頁 139。

〔註67〕《臺灣日日新報》，〈學童守規蹈矩〉，第 6004 號，大正 6 年 3 月 18 日。
〔註68〕《臺灣日日新報》，〈公學生之旅行〉，第 6672 號，大正 8 年 1 月 15 日。
〔註69〕《臺灣日日新報》，〈朴子公修學旅行〉，第 10232 號，昭和 3 年 10 月 15 日。

圖 5－3－4：朴子東國民學校初等科修學旅行——臺灣神社參拜

資料來源：邱奕松，《朴子懷舊》，頁137。

圖 5－3－5：1942 年修學旅行——北投溫泉

資料來源：邱奕松，《朴子懷舊》，頁137。

五、學藝會

　　日治時期，爲了幫助家長了解教學狀況和學童在校的情形，學校會舉辦學藝會作爲和家長溝通的管道，到了1910年代，學藝會已逐漸成爲各所小學的年度重要行事。當時學藝會通常是每學期舉行一次，起初就和現今的教學觀摩一樣，僅是邀請家長到校參觀上課情形。如：數學計算、課文朗讀、日語問答等，展現學童在各科目的學習成果。〔註70〕

　　到了1930年代後，學藝會的內容有了極大的轉變，不再只是參觀上課，而開始以話劇、歌唱及舞蹈表演爲主。有時學藝會還會擴大舉辦，成爲跨校的區域性市郡聯合學藝會，讓整個活動成爲學校和家長一起參予的大型同樂會。〔註71〕根據昭和3年3月15日《臺灣日日新報》報導如下：

　　　　東石郡下小學校及公學校聯合，於去十一日午前九時，以朴子公學
　　　　校爲會場開聯合學藝會，及聯合教育品展覽會。時刻一屆，賓主席
　　　　定，由三原視學起敍開會辭，次即一同高唱君代歌，繼開演學藝會
　　　　計演四十三回，乃由三原視學講評學藝優劣。至正午休憩午餐，迨
　　　　午後一時，開教育品展覽會，任人縱覽。……臨觀者計有四百餘人
　　　　云。〔註72〕

　　除了學藝會之外，唱歌會、國語演習會、音樂會、談話會、童話會、運動會等各種活動，其性質或主要目的，雖然各不相同，但從某些角度來看仍有其共通性。〔註73〕這些活動其實都有展現或表演兒童平日學習成果的功能，可以檢驗學校平時教育的成果，也可以用來鼓勵或警惕兒童平時認眞學習；另一方面，正因爲它是表演、展現，所以就必須有觀眾，而且也設定有觀眾，甚至是有目的性、宣傳意義的表演。〔註74〕邱奕松老師說當時朴子公學校的學藝會都要到榮昌戲院表演，像是跳日本式的舞蹈，而學校會收門票錢，學生的家長也都會去看。

〔註70〕島嶼柿子文化館，《台灣小學世紀風華：第一本台灣孩子的百年學園紀事》，頁58。
〔註71〕島嶼柿子文化館，《台灣小學世紀風華：第一本台灣孩子的百年學園紀事》，頁58～59。
〔註72〕《臺灣日日新報》，〈朴子 開學藝會〉，第10019號，昭和3年3月15日。
〔註73〕許佩賢，《殖民地臺灣的近代學校》（臺北：遠流出版社，2005年），頁283～284。
〔註74〕許佩賢，《殖民地臺灣的近代學校》，頁285。

六、校慶活動、畢業典禮

校慶爲慶祝一所學校成立的重要儀式之一，從昭和 3 年 10 月 4 日《臺灣日日新報》的報導來看，朴子公學校於創校 30 週年時舉辦校慶，地方人士多到場祝賀，期間有多項活動，如體操表演、展覽會，入夜後還有活動寫眞放映、演唱、點燈會等，參觀人數眾多，以下爲當時校慶之盛況：

> 既報東石朴子公學校，於去一日午前九時，舉行三十週年紀念祝賀式，來賓官紳而外暨卒業生等，計千餘人。首由三好校長，敘開會辭，次合唱國歌，次訓齋藤東石郡守，鈴木臺南州視學，東石郡庶務課長，黃朴子街長及來賓鄭璉氏，順次祝辭。又次三好校長，報告該校三十週年之經過，卒業生總代答辭，一同合唱國歌，式終一同退出校庭參觀學生體操並撮影紀念。至正午，大開祝宴，賓主盡歡而散。附記，是日有學生製品展覽會，入夜有活動寫眞映寫，及演唱女班梨園，學生點燈會，各種餘興，觀者人山人海頗見盛典。

〔註75〕

而有關朴子公學校的畢業典禮情形，昭和 4 年（1929）3 月 25 日《臺灣日日新報》的報導中詳細記錄了當日整個活動的流程：

> 朴子街朴子公學校，去十九日午前十時，舉行第二十五回卒業式，君代歌合唱畢，三好校長奉讀敕語報告學事，授與證書及賞品，誨告，監督官授與賞品訓示，來賓祝辭，卒業生總代答辭，式後告終，者回卒業生，計百五十一名云。〔註76〕

七、校外投稿、美術展覽

除了以上各種校內舉辦的活動外，朴子公學校的學童亦踴躍參加校外雜誌的投稿及美術展覽。如當時樸仔腳公學校葉周的作文〈紀元節〉就曾入選青少年雜誌《學友》的「少年文壇」，其全文如下：

> 二月十一日は神武天皇樣がお位につかれた日で、大切な目出度い日であります、私共は皆學校へ行つて、君が代や、紀元の歌をうたつて此の日を祝うので御座います、神武天皇樣から今上天皇の

〔註75〕《臺灣日日新報》，〈朴子公學　祝創立紀念誌盛〉，第 10221 號，昭和 3 年 10 月 4 日。

〔註76〕《臺灣日日新報》，〈朴子　朴子卒業式〉，第 10391 號，昭和 4 年 3 月 25 日。

御代迄、皇統連綿ずつと續いて二千五百七十餘年になります、こんなに長くつづいた國は、我日本帝國ばかりで外國には類が御座いません。〔註77〕

此篇作文的意思是：二月十一日是神武天皇即位的日子，是重要的慶祝日，要到學校唱君之代、紀元歌來慶祝這一天，而從神武天皇統治起，已延續了二千五百七十餘年，像這樣持續這麼久的國家，只有我日本帝國，沒有像這樣的國家。

而朴子公學校四年級學生沈雄隘，在吳添敏老師的指導下，以作品「車廻」在臺南州兒童美術展覽會中從入選的二百多件作品中脫穎而出，被評選爲特選。昭和6年（1931）3月4日《臺灣日日新報》報導如下：

目下在臺南市開會中之臺南州兒童美術展覽會，總出品數，凡二千餘點，就中入選者二百點，由二百點中，再選出特選十三點，內東石郡朴子公學校四年生沈雄隘君之「車廻」竝朴子女子公學校一年生王氏彩鳳之「子供與雞」亦均入選。聞二人均受昨年臺展入選「新岩路」作者吳添敏氏之指導云。〔註78〕

八、戰時體制下之學校活動

在戰時態勢下，呼籲國防第一，並深切體會國民應健身強國重要性，隨之各級學校都注重體育課程，加強體能教育。在男生授以操演木劍木槍、相撲、慢跑、跳遠、跳高、單槓、軍事基本教練等。在女生授以操演薙刀，演練教護救火、慰問傷痍軍人、縫製千人針。〔註79〕在每週六半日間舉行全校訓練，熱浪太陽照耀下，體操、慢跑、行進、閱兵及表演軍事教練。〔註80〕

〔註77〕葉周，〈紀元節〉，《學友》第1卷第3號（1919年3月），頁36。
〔註78〕《臺灣日日新報》，〈入選兒童美展〉，第11095號，昭和6年3月4日。
〔註79〕一人一針涵義有千人之力，以示保佑出征軍人平安祈願。
〔註80〕邱奕松，《朴子懷舊》，頁76。

圖 5－3－6：朴子公學校每週六全校訓練，松元輝興校長閱兵式

資料來源：邱奕松，《朴子懷舊》，頁 73。

圖 5－3－7：相撲基本訓練

資料來源：張萬益，《朴子國小壹世紀 1898～1997》，頁 52。

圖 5－3－8：劍道基本姿勢

資料來源：張萬益，《朴子國小壹世紀 1898～1997》，頁 52。

　　到了戰爭末期，戰區擴大、戰事激烈，致使物質更加的匱乏；呼籲增產報國運動，始以動員小學高年級生，參與各種勞力工作。在校內施行農業實習、製造堆肥、飼養畜類；在校外協助農家插秧、除草、驅蟲或驅除保護林害蟲；在勞動服務有協助海埔地圍堤工事，神社內外苑奉仕作業，部落環境衛生或道路維修等工作。〔註81〕

圖5－3－9：朴子公學校學生東石神社前奉仕作業

資料來源：朴子國小校史室所藏。

〔註81〕邱奕松，《朴子懷舊》，頁76～77。

圖 5－3－10：太平洋戰爭後物資缺乏，學生種植篦麻豐收的喜悅（昭
和 19 年）

資料來源：朴子國小校史室所藏。

圖 5－3－11：1943 年高等科農業實習堆肥

資料來源：朴子公學校（日籍）教師群合著、邱奕松，《樸樹の蔭》。

第六章　結　論

「十年樹木，百年樹人」，教育是國家百年大業，更是一項長久計畫的工作，不但可爲國家培育人才，導正社會風氣，建立正確價値觀念，更是國家發展的重要基石。尤其是啓蒙時期的初等教育，對於兒童日後的人格發展有著相當重要的影響。在淸領時期，書房、義學是臺灣唯一的初等教育機構，其目的在於敎導學童讀書識字，並爲將來參加科舉考試做準備。進入日治時期以後，日本政府爲了順行其殖民統治，因此在敎育政策上著重於初等敎育的發展，而近代學校制度也在此時引進臺灣，臺灣的敎育史也在此時邁向了新的里程碑。而書房敎育由於與殖民政府的敎育政策背道而馳，所以漸趨於沒落，最終遭到淘汰。

日治時期初等敎育之嚆矢爲國語傳習所。由於日治初期統治臺灣遇到的最大問題就在於語言無法溝通，因此，明治 29 年（1896）總督府公布「臺灣總督府直轄諸學校官制」，率先在全臺各地設置了 14 所國語傳習所。國語傳習所屬於當時臺灣敎育計畫中的緊要事業，其設置目的即在於傳授臺灣人日語、灌輸日本精神，使其成爲日本殖民母國的支持者，而朴子地區的第一所近代學校也在此時誕生。明治 31 年（1898）「嘉義國語傳習所樸仔腳分敎場」正式設立，然而，隨著國語傳習所敎育之普及，各地分敎場的增設，使得國庫的財政負擔加重，因此總督府於明治 31 年公布「臺灣公學校令」，將國語傳習所改制爲公學校，其敎育所需之經費必須由地方社會負擔，樸仔腳分敎場也於公學校令實施之日起改制並獨立爲「樸仔腳公學校」。

在日本殖民政策之下除了設置供臺人子弟就讀的「公學校」之外，另外又設置了專供日人子弟就讀的「小學校」，實施差別敎育。而在臺灣最早爲日

人子弟設置的初等教育機構爲明治 30 年（1897）的「臺灣總督府國語學校第四附屬學校」，此外也在各地的國語傳習所進行日本學齡兒童的教育。至明治 31 年公布「臺灣總督府小學校官制」後，始有小學校的設置。大正 11 年（1922）新教育令公布後，廢除了日臺人之間的差別，將教育制度改爲日臺人不分的單軌制，但仍以常用日語與否做爲進入小學校與公學校的區別，因此實際上仍無法脫離日本人、臺灣人教育雙軌制的型態。直到昭和 16 年（1941）太平洋戰爭爆發後，爲了攏絡臺灣民心，才將小學校及公學校二者的區別取消，一律改制爲「國民學校」，以示平等待遇，但實際上仍依照三種不同的課表授課。

而一地區公學校的設立與地方經濟發展有著密不可分的關係，因爲明治 31 年的「臺灣公學校令」就規定，除了教職員的俸給與旅費外，公學校的設置及維持所需的經費須由地方街庄社來負擔。朴子街的經濟發展在清代除了農業的拓墾外，也因爲擁港口機能，與中國往來密切，街內販售民生用品的商號林立。至乾隆中葉以後，由於牛稠溪淤淺與猴樹港陸化，使朴子原有的港口功能，逐漸被今日的東石港所取代，但因爲長久以來做爲嘉義境內的貨物集散地與本身鄰近東石港的優勢，仍然是嘉義西部平原的一重要街市。日治時期朴子的經濟型態仍以農業爲主，而因爲鄰近明治製糖株式會社蒜頭製糖工廠，所以甘蔗成爲朴子街的重要經濟作物。此外，工業發展也日益興盛，食品加工業及手工業爲當時的主要工業項目，且基本的民生必需品也能自行生產製造，或藉由街上的店舖購買。從製造到販售，加上便利的交通，使朴子街成了鄰近街庄的商業中心。在農、工、商業均有一定程度的發展下，朴子街整體的經濟情況能夠維持公學校正常的運作，再加上就學人口逐漸增加，所以在日治時期便陸續設立了三所公學校。

朴子公學校爲朴子地區第一所近代學校，其前身爲明治 31 年設立的「嘉義國語傳習所樸仔腳分教場」，後來由於「臺灣公學校令」的公布，改爲「樸仔腳公學校」；大正 9 年（1920）因地方制度改正，才改名爲「朴子公學校」；昭和 16 年（1941）「國民學校令」公布後，取消小學校與公學校的區別，因此改校名爲「朴子東國民學校」，係今日朴子國小的前身。

朴子公學校在日治時期的發展過程中，學校規模不斷的擴大，如校地擴張、校舍增建、班級數、學生數與教師員額均不斷的增加。在公學校的設備部分，校地從明治時期最早受寄附取得的一筆土地有 0.0555 甲；大正時期校

地面積有 1.9572 甲；到了昭和時期校地總面積已達到 2.6828 甲。而校舍也從創校之初借用魚仔市耶穌教堂當作校舍；到明治 38 年（1905）興建校舍一棟；其後又陸續進行了多次的增建，包含教室、辦公室、宿舍、廁所、國旗臺、大禮堂等，其中又以大正時期增建的次數爲最多。而在人員部分，學生人數的增加也連帶影響了班級數與教師員額的增加。朴子公學校的學生數逐年成長，從明治 31 年的 41 人增加到昭和 16 年的 1797 人。人民就學需求的增加，也使得朴子公學校陸續設立南勢竹分校與鴨母寮分教場。班級數也從明治 33 年（1900）的 2 班增加到昭和 16 年的 26 班。教師人數雖然也逐漸增加，從明治 31 年的 1 人增加到昭和 19 年的 32 人，但因受到總督府教育政策的影響，日籍教師人數自大正 11 年新教育令公布後，逐漸超越臺籍教師。

　　進一步分析朴子公學校的教師與學生可以發現，學校的日籍教師多來自九州地區，如鹿兒島、熊本等地，因爲九州地區離臺灣較近，氣候也與臺灣類似，故公學校教師多來自九州；而臺籍教師則以朴子公學校所在的臺南州占多數，顯示地緣關係與臺籍教師的來源有著密切的關係。而整體日、臺籍教師的比例，正好與總督府的師範教育政策相符，自始以培養日籍教師爲主，臺籍教師爲輔。此外，雖然朴子公學校合格教師的平均比例都高於代用教師，但仍突顯出日治時期長期存在師資供不應求，合格教師不足的現象。在畢業生方面，本科和高等科的畢業生人數總共有 5045 人。本科畢業生從第 1 屆至第 41 屆止有 4018 人，其中包含男性 3660 人，女性 358 人；而高等科畢業生從第 1 屆至第 22 屆止有 1027 人，其中包含男性 1019 人，女性 8 人。雖然畢業生仍以男性占多數，但女性人數則有逐年增加的趨勢，顯示女性受教育的權利從日治初期以來逐漸受到重視。而畢業生的籍貫與居住地則深受地緣關係影響，大多數都是來自朴子街的學生，有少部分來自鄰近的六腳庄、東石庄。

　　透過學校教育使得日本殖民政府能夠將國家意識形態傳達到臺灣人身上，其中學校的教學內容與生活規範是二項重要的因素。日治時期總督府對於臺灣公學校一貫的教育目標爲涵養國民精神、教授國語及實學。因此公學校的教學科目就以這三個教育目標爲主軸進行設計，日治時期公學校的教學科目從 1898 年起歷經了多次的修改，到了 1922 年以後漸趨完備，至昭和 16 年時將公學校改制爲國民學校，原本於公學校時期的修身、國語、國史、地理等四個科目，於改制後統稱爲「國民科」，是戰爭時期最重要的四個科目，

也是傳達國家意識形態的主要科目。近代學校的制度也較清代傳統書房完備，上下課時間及放假日期均有明確的規定。在學校的生活中也教導學生日常的規矩、禮儀，而在教學時間外的其他校內外活動，例如：朝會的升旗典禮、修學旅行的神社參拜、校歌的傳唱、教育敕語的誦讀、校園中楠木正成銅像的設置等，皆可看出殖民政府灌輸學童國家意識形態的種種手段。

　　朴子公學校自明治 31 年設立至今已有 116 年的歷史，期間學校規模不斷成長，歷經分教場、公學校、國民學校，而有了今日的規模。在日治時期亦作育過無數英才，如首任朴子街長——黃媽典、美術教育家——吳梅嶺、日新醫院創辦人——涂爐、第六屆嘉義縣長——黃老達、朴子婦女教育工作推手——沈黃笑等人。走過百年校慶的朴子國小，校史雖然不曾間斷，然而隨著時代的變遷，日治時期的校園景物已不復見，目前還可辨識的舊校舍僅存昭和 4 年（1929）所建的磚造大禮堂。此外，校史資料亦隨著時間的流逝而日漸損壞（如學籍資料），當務之急應是思索如何將學校校史發展的相關資料盡量完整的保存下來。此次研究在諸多史料缺乏下，仍極力蒐集相關資料以完成論文，並訪問畢業於朴子公學校的耆老，建構出朴子國小往日的面貌，希望藉由此研究使大家重視歷史文獻及文物的保存，因為這些都是朴子國小珍貴的歷史與記憶，值得後人加以研究、追尋。

參考文獻

中文部分

一、文獻史料

1. 余文儀,《續修臺灣府志》(臺北:臺灣銀行經濟研究室,1962 年)。

2. 李奉儒、林明地,《嘉義縣志·卷八·教育志》(嘉義:嘉義縣政府,2009年)。

3. 阮忠仁,《嘉義縣志·卷二·沿革志》(嘉義:嘉義縣政府,2009 年)。

4. 周鍾瑄,《諸羅縣志》(臺北:臺灣銀行經濟研究室,1962 年)。

5. 邱奕松,《朴子市志》(嘉義:嘉義縣朴子市公所,1998 年)。

6. 范咸,《重修臺灣府志》(臺北:臺灣銀行經濟研究室,1958 年)。

7. 高拱乾,《臺灣府志》(臺北:臺灣銀行經濟研究室,1960 年)。

8. 張建俅,《嘉義縣志·卷七·經濟志》(嘉義:嘉義縣政府,2009 年)。

9. 連橫,《臺灣通史》(臺北:臺灣銀行經濟研究室,1962 年)。

10. 陳文尚、陳美鈴等,《嘉義縣志·卷一·地理志》(嘉義:嘉義縣政府,2009 年)。

11. 陳淳斌,《嘉義縣志·卷四·政事志》(嘉義:嘉義縣政府,2009 年)。

12. 劉良璧,《重修福建臺灣府志》(臺北:臺灣銀行經濟研究室,1961 年)。

13. 藍鼎元,《東征集》(臺北:臺灣銀行經濟研究室,1958 年)。

二、專書

1. 朴子公學校(日籍)教師群合著;施嘉明譯,《朴樹之蔭》(臺北:臺灣商務印書館,2007 年)。

2. 吳文星，《日據時期臺灣師範教育之研究》（臺北：國立臺灣師範大學歷史研究所，1983 年）。

3. 呂紹理，《水螺響起──日治時期台灣社會的生活作息》（臺北：遠流出版社，1998 年）。

4. 李天祿口述；曾郁雯撰錄，《戲夢人生：李天祿回憶錄》（臺北：遠流出版社，1991 年）。

5. 李園會，《日據時期臺灣初等教育制度》（臺北：國立編譯館，2005 年）。

6. 李園會，《日據時期臺灣教育史》（臺北：國立編譯館，2005 年）。

7. 林文龍，《楝花盛開時的回憶──日治時期畢業紀念冊展圖錄 第三冊 制服篇／「修學」旅行篇／時局篇／「內地進學」篇》（南投：國史館臺灣文獻館，2005 年）。

8. 林玉茹，《清代臺灣港口的空間結構》（臺北：知書房出版社，1996 年）。

9. 邱奕松，《朴子懷舊》（嘉義：嘉義縣朴子市公所，1999 年）。

10. 邱奕松，《朴津寫真》（嘉義：嘉義縣朴子市公所，1998 年）。

11. 邱淵惠，《臺灣牛：影像‧歷史‧生活》（臺北：遠流出版社，1997 年）。

12. 洪英聖，《畫說乾隆臺灣輿圖》（臺北：聯經出版公司，2002 年）。

13. 洪英聖，《畫說康熙臺灣輿圖》（臺北：聯經出版公司，2002 年）。

14. 派翠西亞‧鶴見（E.Patricia Tsurumi）著；林正芳譯，《日治時期臺灣教育史》（宜蘭：仰山文教基金會，1999 年）。

15. 島嶼柿子文化館，《台灣小學世紀風華：第一本台灣孩子的百年學園紀事》（臺北：柿子文化事業有限公司，2004 年）。

16. 張深切，《張深切全集〔卷 1〕里程碑》（臺北：文經出版社，1998 年）。

17. 張萬益，《朴子國小壹世紀 1898～1997》（嘉義：嘉義縣朴子國民小學，1997 年）。

18. 許佩賢，《殖民地臺灣的近代學校》（臺北：遠流出版社，2005 年）。

19. 陳美玲等撰述，《臺灣地名辭書卷八：嘉義縣》（南投：臺灣文獻館、嘉義：嘉義縣政府，2008 年）。

20. 陳錦標，《陳錦標回憶錄》（新竹：新竹市立文化中心，1998 年）。

21. 陳聰明，《楝花盛開時的回憶──日治時期畢業紀念冊展圖錄 第二冊 學校建築篇／校歌校旗篇》（南投：國史館臺灣文獻館，2005 年）。

22. 曾玉昆，《光復前後百年間高雄市初等教育之沿革》（高雄：高雄市文獻委員會，1995 年）。

23. 臺灣教育會編著；許錫慶譯注，《臺灣教育沿革誌（中譯本）》（南投：國史館臺灣文獻館，2010 年）。

三、期刊論文

1. 大濱郁子，〈「書房義塾相關規程」（府令）之制定過程與臺灣公學校設置之關連〉，《臺灣文獻》第 56 卷第 2 期（2005 年 6 月）。

2. 王明全，《日治時期「高雄州枋寮公學校」之研究》，國立高雄師範大學臺灣歷史文化及語言研究所碩士論文，2012 年。

3. 何義麟，〈皇民化期間之學校教育〉，《臺灣風物》第 36 卷第 4 期（1986 年 12 月）。

4. 吳文星，〈日據時代台灣書房之研究〉，《思與言》第 16 卷第 3 期（1978 年 9 月）。

5. 吳文星，〈日據時期台灣書房教育之再檢討〉，《思與言》第 26 卷第 1 期（1988 年 5 月）。

6. 吳文星，〈近十年來關於日治時期臺灣教育史研究之動向（1991～2000）〉，《臺灣師大歷史學報》第 29 期（2001 年 6 月）。

7. 吳曉蒨，《日治時期公學校教育制度初探（1895～1945）——以大肚公學校為例》，國立嘉義大學史地學系研究所碩士論文，2012 年。

8. 李光智，《「國定」課程之研究：台灣日治時期公學校課程的形成與發展（1895～1945）》，國立中山大學政治學研究所碩士論文，2006 年。

9. 李佳芳，《朴子地區聚落發展與社會變遷之研究》，國立臺南大學台灣文化研究所碩士論文，2008 年。

10. 李靜美，《日治時期「高雄第二公學校」之研究》，國立高雄師範大學臺灣歷史研究所碩士論文，2010 年。

11. 周婉窈、許佩賢，〈臺灣公學校制度、教科和教科書總說〉，《臺灣風物》第 53 卷第 4 期（2003 年 12 月）。

12. 林正芳，《日據時期宜蘭地區初等教育之研究（1895～1945）》，中國文化大學史學研究所碩士論文，1992 年。

13. 林秀富，〈日治時期頭城地區公學校生活片段〉，《宜蘭文獻雜誌》第 54 期（2001 年 11 月），頁 64～96。

14. 林培裕，《日治時期鳳山公學校之研究》，國立高雄師範大學臺灣歷史文化及語言研究所碩士論文，2012 年。

15. 洪郁嫻，《日治時期「高雄第一公學校」之研究》，國立臺南大學台灣文化研究所碩士論文，2003 年。

16. 徐輝閔，《日治時期舊城公學校之研究》，國立高雄師範大學臺灣歷史文化及語言研究所碩士論文，2012 年。

17. 張君豪，《朴子——一個近海街市的歷史變遷》，國立中央大學歷史研究所碩士論文，2001 年。

18. 張慶龍，〈南投市日據時期的初等教育〉，《臺灣文獻》第 48 卷第 1 期（1997 年 3 月）。

19. 許佩賢，《塑造殖民地少國民：日據時期臺灣公學校教科書之分析》，國立臺灣大學歷史學研究所碩士論文，1994 年。

20. 陳知青，〈澎湖人與高雄市之發展〉，《高雄文獻》第 11 期（1982 年 6 月）。

21. 陳思琪，《日據時期臺北地區初等教育之研究》，臺北市立教育大學社會科教育研究所碩士論文，2006 年。

22. 陳美玲，〈朴子地區的生態環境變遷與地名〉，《嘉義大學人文藝術學報》第三期（2004 年 4 月）。

23. 陳虹文，《日本殖民統治下台灣教育政策之研究——以公學校國語教科書內容分析爲例》，國立中山大學教育研究所碩士論文，2001 年。

24. 陳碧芳，《朴子市街歷史變遷》，國立臺南大學台灣文化研究所碩士論文，2010 年。

25. 富田芳郎，〈臺灣鄉鎮之地理學的研究〉，《臺灣風物》第 5 卷第 1 期（1955 年 1 月）。

26. 黃文樹，〈日據時期高雄市初等教育之研究〉，《高市文獻》第 7 卷第 2 期（1994 年 12 月）。

27. 黃阿有，〈顏思齊鄭芝龍入墾臺灣研究〉，《臺灣文獻》第 54 卷第 4 期（2003 年 12 月）。

28. 溫承偉，《日治時期的臺灣公學校教育——修身科教育讀本之研究》，中國文化大學日本研究所碩士論文，2007 年。

29. 翟芷萱，《日治時期高雄第三公學校之研究》，國立高雄師範大學臺灣歷史文化及語言研究所碩士論文，2012 年。

30. 歐用生，〈日據時期臺灣公學校課程之研究〉，《臺南師專學報》第 12 期（1979 年 12 月）。

31. 蔡元隆，《日治時期嘉義市公學校的思想掌控及學校生活之研究》，國立嘉義大學國民教育研究所碩士論文，2008 年。

32. 蔡蕙光，《日治時期臺灣公學校的歷史教育——歷史教科書之分析》，國立臺灣大學歷史學研究所碩士論文，2000 年。

33. 鄭梅淑，《日據時期台灣公學校之研究》，東海大學歷史研究所碩士論文，2001 年。

34. 謝佩錦，《日治時期臺灣公學校教師之研究》，國立新竹師範學院社會科教育學系碩士班碩士論文，2005 年。

四、其他

1. 朴子國小校地地籍圖謄本，嘉義縣朴子地政事務所。

2. 臺灣省嘉義縣土地登記簿，嘉義縣朴子地政事務所。

3. 臺灣大百科全書——猴樹港街：http://taiwanpedia.culture.tw/web/content?ID=5724。

4. Yahoo 奇摩地圖：https://tw.maps.yahoo.com/#lat=23.464132084230187&lon=120.246262550354&zoom=16&mvt=m。

日文部分

一、文獻史料

1.《臺灣總督府公文類纂》，乙種永久保存，「明治三十一年末學校一覽表」，1899－09－05（明治 32 年）。

2.《臺灣總督府公文類纂》，乙種永久保存，「嘉義國語傳習所開始ノ件」，1896－11－01（明治 29 年）。

3.《臺灣總督府公文類纂》，乙種永久保存，「嘉義國語傳習所鹽水港外五分教場設置認可」，1898－06－23（明治 31 年）。

4.《臺灣總督府公文類纂》，永久保存，「公學校設置認可ノ件」（元臺南縣），1898－09－01（明治 31 年）。

5.《臺灣總督府公文類纂》，永久保存，「朴子街公學校校舍改築工事」，1936－09－01（昭和 11 年）。

6.《臺灣總督府公文類纂》，永久保存，「指令第二○三三號朴子街小公學校校舍及宿舍建築資金借入」，1932－07－01（昭和 7 年）。

7.《臺灣總督府公文類纂》，永久保存，「嘉義及鳳山支廳管內書房一覽表」（元臺南縣），1897－02－01（明治 30 年）。

8.《臺灣總督府公文類纂》，永久保存，「樸仔腳分教場設立費二寄付ノ件」（元臺南縣），1898－09－01（明治 31 年）。

9.《臺灣總督府公文類纂》，永久保存，「樸仔腳黃連興牛墟願處分ノ件」（元臺南縣），1898－08－01（明治 31 年）。

10.《臺灣總督府公文類纂》，甲種永久保存，「訓令第一五號教育二關スル敕語漢譯文讀方訓令」，1897－03－23（明治 30 年）。

11.《嘉義廳報》，第 152 號，告示第 25 號，明治 37 年 3 月 18 日。

12.《臺南州報》，第 176 號，告示第 95 號，大正 11 年 5 月 31 日。

13.《臺南州報》，第 245 號，告示第 60 號，大正 12 年 6 月 1 日。

二、專書

1. 吉野秀公，《臺灣教育史》（臺北：臺灣日日新報社，1927 年）。

2. 朴子街役場，《朴子沿革誌》（大正 10 年）。

3. 朴子街役場，《朴子街要覽》（臺南：朴子街役場，1935 年）。

4. 朴子街役場，《朴子街勢一覽》（昭和 6 年）。

5. 東石郡役所，《東石郡要覽》（1932、1934～1937、1938、1939）。

6. 朴子公學校（日籍）教師群合著、邱奕松，《樸樹の蔭》（嘉義：朴子公創校百年紀念會，1995 年）。

7. 栗田政治，《臺灣商工名錄》（臺北：臺灣物產協會，1927 年）。

8. 陳永清，《臺灣商工業案内總覽》（臺中：東明印刷合資會社，1934 年）。

9. 嘉義廳庶務課，《嘉義廳統計摘要》（1911～1915、1917、1918）。

10. 臺南州，《臺南州社會教育要覽》（1938、1940）。

11. 臺南州內務部教育課，《臺南州管內學事一覽》（1922～1924）。

12. 臺南州知事官房文書課，《臺南州統計書》（1922、1924～1927、1929～1941、1943）。

13. 臺南州教育課，《臺南州學事一覽》（1925～1926、1928、1935～1941）。

14. 臺灣總督官房調查課，《臺灣在籍漢民族鄉貫別調查》（臺北：臺灣時報發行所，1928 年）。

15. 臺灣總督府，《臺灣事情》（1938～1940）。

16. 臺灣總督府，《臺灣教育誌稿》（臺北：臺灣總督府，1918 年）。

17. 臺灣總督府文教局，《臺灣の學校教育》（臺北：臺灣總督府文教局，1941 年）。

18. 臺灣總督府文教局，《臺灣學事一覽》（1941）。

19. 臺灣總督府民政部學務部學務課，《臺灣總督府學事年報》（1903～1937）。

20. 臨時臺灣土地調查局，《臺灣土地慣行一斑》第壹編（臺北：臨時臺灣土地調查局，1905 年）。

三、期刊論文

1. 三屋恕，〈學校管理法〉，《臺灣教育會雜誌》第 61 號（1907 年 3 月）。

2. 三屋恕，〈學校管理法〉，《臺灣教育會雜誌》第 62 號（1907 年）。

3. 前田孟雄，〈兒童缺席の原因及其救濟法〉，《臺灣教育會雜誌》第 50 號（1906 年 5 月）。

4. 葉周，〈紀元節〉，《學友》第 1 卷第 3 號（1919 年 3 月）。

四、其他

1. 日治時期土地臺帳、土地登記簿，嘉義縣朴子地政事務所。

2. 朴子國小，《卒業證書台帳》（大正十二年度以降高等科第二學年）。

3. 朴子國小，《畢業證書台證》本科（大正十二年度以降廿〜四六）。

4. 朴子國小，《歷屆畢業名冊及學籍簿》本科（第一回至第十九回）。

5. 朴子國小所藏日治時期歷屆畢業生學籍簿。

6. 中野文庫——國民學校令：http://www.geocities.jp/nakanolib/rei/rs16-148 .htm。

7. 日治二萬分之一臺灣堡圖：http://gissrv4.sinica.edu.tw/gis/twhgis.aspx。

8. 臺灣日日新報資料庫，漢珍數位圖書股份有限公司出版。

9. 臺灣總督府府官報資料庫：http://db2.lib.nccu.edu.tw/view/。

10. 臺灣總督府職員錄系統：http://who.ith.sinica.edu.tw/mpView.action。

附　錄

附錄一：邱奕松老師訪問記錄

時間：2014 年 6 月 19 日上午 11 時 30 分

地點：邱奕松老師自宅

記錄：蔡牧耕

訪問對象：邱奕松老師

性別：男

年齡：87 歲（1928 年出生）

一、求學背景

　　我是 1928 年出生，虛歲 9 歲入學，初等科第幾屆畢業不清楚了，但記得是珍珠港事件的隔年畢業（初等科第 38 屆），接著再考高等科，17 歲從高等科畢業（高等科第 21 屆）。而初等科一年級下學期時轉學到楠梓公學校，到三年級下學期才再轉回朴子公學校，我從小跟阿公、阿嬤住朴子，所以在朴子讀公學校，轉學到楠梓公學校是因為我爸爸在楠梓開了傢俱行，所以跟著去住了一段時間。我住在朴子的頂灰磘，[註1] 也就是現在的黎明路，每天都要經過米市巷 [註2] 到朴子公學校上課，那時的學童大多都用走路的方式上

〔註1〕　座落黎明路為中心兩側，東至玉勝巷，西及博文街範圍圈內。邱奕松，《朴子市志》（嘉義：嘉義縣朴子市公所，1998 年），頁 29。

〔註2〕　座落開元路屬三甲末端東和戲院、杏花酒家巷道，即通黎明路第三條巷。邱奕松，《朴子市志》，頁 24。

學，朴子的學生沒有人騎腳踏車上學，就算是比較鄉下的地方，如：更寮、雙溪口或大槺榔也都是用走路的。在我擔任高等科班長時，都要把住頂灰磘一到六年級還有高等科的學生整隊好集體帶到學校上課，若遇到老師就要像軍隊一樣敬禮。

二、公學校學費

當時候有繳學費但是多少我不清楚，印象中沒多少錢，是繳給公所（應該是街役場）而不是繳給學校。

三、公學校生活情形

每天朝會的時候一定要向天皇所在地的方向——東京敬禮，而且要做早操，中午的時候要到操場集體訓練，星期六中午有一個類似軍訓的操練，要踢正步還有向校長敬禮。而日治時期朴子的學校，教室都是固定在北邊，操場則是在南邊。那時早上 6、7 點就要上學，下午 4、5 點放學，上午 4 節課，下午 2 節課，一節課大概上 40 分鐘，休息時間大概 20 分鐘，下課休息時有的同學玩玻璃珠，也有女同學玩跳繩或者在地上畫格子跳，我則是喜歡畫圖。而中午的時候大概都會休息一小時，我阿嬤會帶便當來給我吃。此外，每天早上上課前要打掃，放學回家前也要打掃，除了自己的班級外也要整理校園環境，像高年級就要整理垃圾或洗廁所，我當過廁所的班長，負責帶同學去掃廁所。而那時規定在學校裡一定要講日語，如果講臺語會被處罰。

四、公學校課程內容

那時日本人對修身科很重視，都教學生忠君愛國還有盡忠報國的故事，我最喜歡修身科，因爲老師都會講故事。國語則是都在教日語，而歷史、地理則是都教日本的部分而已，外國的部分要到高年級才會教，歷史、地理在低年級時沒有教，中高年級才有。體操在高年級時主要有跳箱、跳高、跳遠、馬拉松，我的跳箱和跳遠都很厲害。唱歌是以年級來區分，有不同的歌詞內容。算術在高年級時教算盤、代數。理科則是相當於現在的自然科學。此外，高等科的課程比較多像中學剛開始學習的內容，難度比初等科難。

五、班級情況

　　日本人盡量不會跟臺灣人一起上學，大部分都讀小學校，東石郡除了朴子以外，還有在布袋和蒜頭設有小學校，因為這兩地分別有鹽場和糖廠，日本人比較多，讀小學校的臺灣人大部分是醫生或有錢人的小孩。我讀朴子公學校的時候平均一個年級有 3 班，再加上高等科有 2 班，所以全校大概有 20 班，一班差不多有 50～60 個學生。當時朴子公學校初等科是採男女分班，像我們六年級的時候分成男生 2 班女生 1 班，到高等科時才有男女合班，因為就讀高等科的女生比較少。而那時候的班級是用仁義禮智來區分，仁班就是升學班，老師都會幫他們補習，而我念的是義班，也就是俗稱的放牛班。當時朴子公學校缺席的學生很少，缺席的原因大多是生病，農村的子弟則是因為收穫時要幫忙家裡而缺席。班級幹部有級長和副級長，每一排還有排長，掃廁所也有班長，那就是我所擔任的職務，級長和副級長都是由老師指定成績最好的同學擔任。跟感情比較好的同學都會互相到對方家裡去玩。

六、學校教師

　　當時朴子公學校的臺灣老師比較多，但我跟那些日本老師的感情也都不錯，他們都很照顧我，也因為在高等科時的老師培養我、鼓勵我，我才能當上國民學校的老師，參加臨時教員的考試也是高等科的老師幫我報名的。我的高等科老師因為單身所以都要留在學校值夜，而他很喜歡喝酒，都住在宿舍，吃飯的話都是在今日中華電信對面有一間旅社，那間是專門給日本人吃飯的旅社，一個月繳一次錢，就可以在那邊吃飯，有時候老師在值夜，我也會來陪他，有一次我阿公拿到一罐酒，我還帶去宿舍找他一起喝，很有趣。當時代用教員的待遇不高，月薪只有 18 塊，而日本人老師大概有 40～60 塊。日本人老師比較會打人，臺灣人老師比較不會打人，因為日本老師都有受過軍事訓練，常常一巴掌就打過來，我也曾被高等科的老師打過，但我也沒有怨恨過他，當然老師大部分都還是用責備的方式來管教學生，用打的方式比較少。而那時的家庭訪問則是一學期一次，我都會陪高等科的老師去訪問，因為有的家長不懂日語，我要幫忙翻譯。此外，每天早上去學校遇到老師一定要敬禮。

七、學校活動

　　若是遇到日本節日，如：紀元節、天長節、始政紀念日都不用上課，但要去學校禮堂，因爲會有慶祝典禮，典禮完畢才能回家，臺灣神社例祭日則是要去幫忙抬神轎，會選體格比較好的男生大概十幾個人去幫忙，神轎從東石神社引靈後出發巡街，當時只有經過大街、二街，[註3]不像現在媽祖巡庄還到鄉下去，我五年級的時候也扛過神轎，那時朴子街共有三頂神轎，大的神轎是給在鄉軍人，都是日本人在扛的，另外二頂小的神轎分別是朴子和大同國小的學生扛。當時跟日本人較好的大家庭，神轎就會去他們家繞一繞，他們就會給我們小朋友汽水和糖果餅乾，大人的話就請喝酒，最後神轎會回到神社。

　　朴子公學校每年都會舉辦運動會和學藝會。運動會有各種活動，女生表演跳舞，比賽則有短跑和長跑，還有表演像軍隊一樣的分列式。學藝會則是要到榮昌戲院表演，像是跳日本式的舞蹈，學校會收門票錢，學生的家長都會去看。

　　修學旅行是初等科六年級和高等科畢業時才有，初等科的畢業旅行一定會去臺北，高等科則是一定要去阿里山，這是那時候我們朴子的規定。我高等科畢業時因爲戰爭的緣故就沒有修學旅行，而初等科的修學旅行，當時是從嘉義坐火車到臺北，那時候的火車很慢，早上從嘉義坐火車，到臺北已經黃昏了，到臺北時旅社還派人到火車站來接我們，我們住的飯店是在總督府附近，用走路的過去，當時那附近都是日本人的商店，旅社也是日本人開的，印象中在旅社吃到飛魚，並參觀了附近的博物館、圓山動物園，接著去參拜臺灣神社、芝山巖神社，還去了北投泡溫泉，我記得那時的修學旅行也去了好幾天。

八、戰爭時期情況

　　我在大同國小（大和國民學校）當老師的時候，因爲遇到戰爭學校根本沒有在上課了，學生都沒有來學校，只剩下老師。而那時美軍有來空襲，但是沒有轟炸只有掃射，有一次我在修理學校屋頂時剛好聽到空襲警報，我馬上順著梯子跳下來趴在地上，就聽到機關槍掃射，那次沒死算是撿回一命，

〔註 3〕今日的開元路、中正路。

當時朴子水塔也有被掃射的痕跡。此外，當時有鼓勵大家改日本名，我當老師當然也要改日本姓名，但是還沒改名就光復了，如果再慢一年我一定會改日本姓名，我那時有在想如果要改姓名的話，我要改「丘本松茂」或是「丘本松繁」。

九、朴子公學校升學情形

　　初等科畢業後想入學高等科要考試，高等科讀 2 年，而那時東農（東石農業實修學校）要讀 3 年。過去國民學校六年級畢業，可以考嘉中、嘉女，要讀 4 年，當時朴子公學校的學生每年能有一個人考上嘉中、嘉女就已經很了不起了，一般都考上嘉農，嘉農比較容易及格，因為當時嘉中畢業就是要準備考臺大當醫生的。而那時有保障日本人入學，所以臺灣人能考上嘉中、嘉女都是很優秀的，若是當時去考嘉中、嘉女不及格的話就會來就讀高等科，像是補習的意思，等於是要考嘉中、嘉女的預備學校，有的人在高等科一年級就考上嘉中了，所以當時的高等科比東農還要難考上，一般農村的子弟都讀東農，而朴子的子弟比較優秀的，就會去讀高等科，我沒有讀東農的原因，就是為了要去考嘉中。

　　而高等科畢業後繼續升學的人很少，有的則是高等科畢業後再考上嘉中或嘉農，我有同學去讀臺南工業和臺南商業學校，還有一個同學去唸臺中農學院（應該是「臺灣省立農學院」，為今日的中興大學），我則是高等科畢業就去當老師了，畢業後很少舉辦同學會，只有光復後日本老師回來臺灣，由我主辦特地找同學回來才開了同學會。

十、公學校畢業後情形

　　我高等科畢業後去皇民鍊成所當指導員，服務半年，位於現在的竹村國小，那是在訓練要去當兵但不會日語的青年，使他學會日語並進行體格訓練。18 歲時參加了三個月的臨時教員養成，因為那時候的日本人都去當兵，剩下女老師。我記得於民國 34 年 5 月 1 日，就任大同國小（大和國民學校）助教，光復後稱為代用教員，不是正式的教員。到 8 月 15 日日本投降，仍繼續在大同國小當教員。然而光復後我不懂漢文，那時都請漢文先生來教我們，像是「人有二手，一手五指」這種，然後隔天再教學生，後來參加臺南縣的國民教育師資短期訓練班，為期半年，訓練期間都在讀小學的課本，所以我學會

了國語，在民國 35 年 1 月回大同國小時，全校的臺灣人老師，只有我會說國語。我在大同國小服務了 10 年，於民國 44 年離開。

我後來有再去修師範學分，因爲那時教育部有規定，校長或老師沒修過師範學分的可以保送去修，但是名額有限，而當時我有被選上，所以就待薪去修了一年的師範學分。在我要退休之前，則又去讀了嘉義師範專科學校的暑期部。

十一、其他

當時公學校的教室擺設都很簡單，裡面不能再多布置東西，除了黑板、課桌椅和公佈欄以外沒有其他設備。而放暑假的話學校會盡量讓學生輕鬆，但還是有返校日，主要回學校清理教室和校園，還有檢查暑假作業。

教育敕語每間學校都會有，而朴子公學校的教育敕語當時是放在禮堂的金庫裡，只有校長才能拿出來誦讀，因爲是天皇御賜的所以不可以弄壞。

楠木正成，盡忠報國，爲天皇犧牲。當時朴子公學校的正門設有楠木銅像，但戰爭的時候，臺灣的鐵、銅都被回收，重新製造成武器，所以我們家的鐵窗、鐵門都被收走，學校的楠木銅像也被收走了。課本裡也常提到楠木，還有另一位二宮尊德，他是勤學代表，老師常講他們兩位的故事給我們聽，說要尊敬。

因爲日本人不給我們設書房，所以當時朴子已經沒有書房了，但我印象中記得我阿公有在樹下教青年學漢文，教導一些比較淺白的知識，但我小時候已經沒有在學漢文了。

附錄二：日治時期朴子公學校歷年教職員一覽（1898～1944）

一、樸仔腳公學校時期教職員（1898～1920）

年度	姓名	官職名	職稱	軍職或位階	薪俸	本籍
明治 31 年	稻熊喜之助	教諭			八	愛知
明治 32 年	武藤淑人	教諭			五	不詳
明治 33 年	佐分利山三	教諭			八	熊本
明治 34 年	小泉順	教諭	學校長		六	茨城
明治 34 年	佐分利山三	教諭			七	熊本
明治 35 年	小泉順	教諭	學校長		五	茨城
明治 35 年	佐分利山三	教諭			七	熊本
明治 35 年	岡辰次郎	教諭			七	新潟
明治 35 年	黃及三	雇			月 11	本島人
明治 35 年	黃連昇	雇			月 10	本島人
明治 36 年	小泉順	教諭	學校長		五	茨城
明治 36 年	郭伯秋	訓導			七	本島人
明治 36 年	羅澳之	訓導			七	本島人
明治 36 年	張麟書	雇			月 13	本島人
明治 37 年	小泉順	教諭	學校長		五	茨城
明治 37 年	谷山東作	教諭			八	栃木
明治 37 年	郭伯秋	訓導			七	本島人
明治 37 年	陳登元	訓導			七	本島人
明治 37 年	張麟書	雇			月 13	本島人
明治 37 年	黃寶	雇			月 7	本島人
明治 38 年	小泉順	教諭	學校長		五	茨城
明治 38 年	谷山東作	教諭			八	栃木

年度	姓名	官職名	職稱	軍職或位階	薪俸	本籍
明治38年	陳登元	訓導			七	本島人
明治38年	王殿沅	訓導			八	本島人
明治38年	蕭嚴傳	訓導			九	本島人
明治39年	小泉順	教諭	學校長		四	茨城
明治39年	谷山東作	教諭			八	栃木
明治39年	王殿沅	訓導			六上	本島人
明治39年	張漱芳	訓導			六上	本島人
明治39年	蕭嚴傳	訓導			七下	本島人
明治39年	林緝熙	訓導			七下	本島人
明治39年	黃等	雇			月7	本島人
明治40年	小泉順	教諭	學校長		四	茨城
明治40年	山城正鳴	教諭			月25	沖繩
明治40年	張漱芳	訓導			六上	本島人
明治40年	龐景緒	訓導			七上	本島人
明治40年	蕭嚴傳	訓導			七上	本島人
明治40年	林緝熙	訓導			七下	本島人
明治40年	陳桃	雇			月7	本島人
明治41年	小泉順	教諭	學校長		四	茨城
明治41年	山城正鳴	教諭			七	沖繩
明治41年	張漱芳	訓導			月16	本島人
明治41年	黃如臨	訓導			月15	本島人
明治41年	鄭氈	訓導			月14	本島人
明治41年	陳桃	雇			月7	本島人
明治42年5月	小泉順	教諭	學校長		四	茨城
明治42年5月	上原卯之助	教諭			月25	沖繩
明治42年5月	羅渙之	訓導			月24	本島人
明治42年5月	黃如臨	訓導			月16	本島人
明治42年5月	鄭氈	訓導			月15	本島人

年度	姓名	官職名	職稱	軍職或位階	薪俸	本籍
明治42年5月	張進福	雇			月9	本島人
明治42年5月	陳桃	雇			月8	本島人
明治43年	小泉順	教諭	學校長		四	茨城
明治43年	川端正二	教諭			月33	大分
明治43年	羅渙之	訓導			月26	本島人
明治43年	黃如臨	訓導			月17	本島人
明治43年	王柱	訓導			月17	本島人
明治43年	鄭礶	訓導			月16	本島人
明治43年	張進福	雇			月11	本島人
明治43年	黃氏笑	雇			月11	本島人
明治44年	小泉順	教諭	學校長		四	茨城
明治44年	川端正二	教諭			月33	大分
明治44年	小川順三	教諭			月31	佐賀
明治44年	羅渙之	訓導			月28	本島人
明治44年	黃如臨	訓導			月18	本島人
明治44年	王柱	訓導			月17	本島人
明治44年	鄭礶	訓導			月17	本島人
明治44年	勝田素章	囑託	樸仔腳 在勤公醫			福島
明治44年	張進福	雇			月11	本島人
明治44年	黃氏笑	雇			月10	本島人
明治45年	小泉順	教諭	學校長		三	茨城
明治45年	高巢虎五郎	教諭			月25	熊本
明治45年	黃如臨	訓導			月19	本島人
明治45年	王柱	訓導			月18	本島人
明治45年	辜尚賢	雇			月15	本島人
明治45年	張進福	雇			月12	本島人
明治45年	黃氏笑	雇			月11	本島人

年度	姓名	官職名	職稱	軍職或位階	薪俸	本籍
明治45年	蔡芳善	雇			月10	本島人
大正2年	小泉順	教諭	學校長		三	茨城
大正2年	高巢虎五郎	教諭			月27	熊本
大正2年	黃如臨	訓導			月20	本島人
大正2年	王柱	訓導			月19	本島人
大正2年	沈覡標	訓導			月18	本島人
大正2年	辜尙賢	雇			月16	本島人
大正2年	張進福	雇			月13	本島人
大正2年	黃氏笑	雇			月12	本島人
大正2年	蔡芳善	雇			月11	本島人
大正3年	戶板守正	教諭	學校長		四	宮城
大正3年	高巢虎五郎	教諭			月29	熊本
大正3年	黃如臨	訓導			月20	本島人
大正3年	王柱	訓導			月20	本島人
大正3年	沈覡標	訓導			月19	本島人
大正3年	辜尙賢	雇			月17	本島人
大正3年	張進福	雇			月14	本島人
大正3年	黃氏笑	雇			月13	本島人
大正3年	蔡芳善	雇			月12	本島人
大正4年	戶板守正	教諭	學校長		四	宮城
大正4年	田島善之丞	教諭			月25	宮崎
大正4年	黃如臨	訓導			月21	本島人
大正4年	王柱	訓導			月21	本島人
大正4年	沈覡標	訓導			月20	本島人
大正4年	辜尙賢	訓導			月18	本島人
大正4年	張進福	雇			月15	本島人
大正4年	黃氏笑	雇			月14	本島人
大正4年	蔡芳善	雇			月13	本島人

年度	姓名	官職名	職稱	軍職或位階	薪俸	本籍
大正 5 年	戶板守正	教諭	學校長		四	宮城
大正 5 年	田島善之丞	教諭			月 27	宮崎
大正 5 年	安部俊亮	教諭			月 23	大分
大正 5 年	黃如臨	訓導			月 22	本島人
大正 5 年	王柱	訓導			月 21	本島人
大正 5 年	沈覲標	訓導			月 20	本島人
大正 5 年	辜尚賢	訓導			月 19	本島人
大正 5 年	陳良仁	訓導			月 16	本島人
大正 5 年	黃氏笑	雇			月 15	本島人
大正 5 年	蔡芳善	雇			月 14	本島人
大正 6 年	戶板守正	教諭	學校長		四	宮城
大正 6 年	安部俊亮	教諭			月 25	大分
大正 6 年	織田榮吉	教諭			月 23	福岡
大正 6 年	黃如臨	訓導			月 22	本島人
大正 6 年	王柱	訓導			月 22	本島人
大正 6 年	沈覲標	訓導			月 21	本島人
大正 6 年	辜尚賢	訓導			月 20	本島人
大正 6 年	陳良仁	訓導			月 17	本島人
大正 6 年	黃氏笑	雇			月 16	本島人
大正 6 年	蔡芳善	雇			月 15	本島人
大正 7 年	戶板守正	教諭	學校長		四	宮城
大正 7 年	織田榮吉	教諭			月 25	福岡
大正 7 年	黃如臨	訓導			月 23	本島人
大正 7 年	王柱	訓導			月 23	本島人
大正 7 年	沈覲標	訓導			月 22	本島人
大正 7 年	陳良仁	訓導			月 18	本島人
大正 7 年	沈黃氏笑	訓導			月 18	本島人
大正 7 年	王讚福	雇			月 12	本島人

年度	姓名	官職名	職稱	軍職或位階	薪俸	本籍
大正 7 年	陳乞	雇			月 11	本島人
大正 7 年	施金龍	雇			月 11	本島人
大正 8 年	戶板守正	教諭	學校長		三	宮城
大正 8 年	仲谷幹雄	教諭			月 33	滋賀
大正 8 年	柳原威夫	教諭			月 23	愛媛
大正 8 年	黃如臨	訓導			月 26	本島人
大正 8 年	王柱	訓導			月 26	本島人
大正 8 年	陳良仁	訓導			月 20	本島人
大正 8 年	沈黃氏笑	訓導			月 20	本島人
大正 8 年	劉羅漢	訓導			月 17	本島人
大正 8 年	佐藤多吉	教諭心得			月 23	德島
大正 8 年	蔡柏根	訓導心得			月 16	本島人
大正 8 年	施金龍	訓導心得			月 13	本島人
大正 8 年	吳添敏	訓導心得			月 13	本島人
大正 9 年 8 月	戶板守正	教諭	學校長	從七勳八	三	宮城
大正 9 年 8 月	仲谷幹雄	教諭			月 35	滋賀
大正 9 年 8 月	黃如臨	教諭			月 28	本島人
大正 9 年 8 月	王柱	教諭			月 28	本島人
大正 9 年 8 月	陳良仁	教諭			月 25	本島人
大正 9 年 8 月	野末誠一	教諭			月 25	靜岡
大正 9 年 8 月	沈黃氏笑	教諭			月 23	本島人
大正 9 年 8 月	劉羅漢	教諭			月 22	本島人
大正 9 年 8 月	蔡柏根	訓導心得			月 18	本島人
大正 9 年 8 月	施金龍	訓導心得			月 15	本島人
大正 9 年 8 月	吳添敏	訓導心得			月 15	本島人
大正 9 年 8 月	黃祥	訓導心得			月 13	本島人

資料來源：臺灣總督府職員錄系統：http://who.ith.sinica.edu.tw/mpView.action。

二、朴子公學校時期教職員（1921～1940）

年度	姓名	官職名	職稱	位階	薪俸	本籍
大正 10 年	戶板守正	教諭	學校長	從七勳八	三	宮城
大正 10 年	黃如臨	教諭			月 58	臺南
大正 10 年	野末誠一	教諭			月 55	靜岡
大正 10 年	陳良仁	教諭			月 55	臺南
大正 10 年	沈黃氏笑	教諭			月 48	臺南
大正 10 年	劉羅漢	教諭			月 48	臺南
大正 10 年	陳啓煌	教諭			月 44	臺南
大正 10 年	蔡樸生	教諭			月 44	臺南
大正 10 年	辜尚賢	教諭			月 41	臺南
大正 10 年	施金龍	訓導心得			月 32	臺南
大正 10 年	吳添敏	訓導心得			月 32	臺南
大正 10 年	康金火	訓導心得			月 30	臺南
大正 10 年	顏康	訓導心得			月 30	高雄
大正 10 年	黃祥	訓導心得			月 28	臺南
大正 10 年	辜秋水	訓導心得			月 26	臺南
大正 10 年	陳水透	訓導心得			月 25	臺南
大正 10 年	李啓南	訓導心得			月 25	臺南
大正 10 年	李氏悅	訓導心得			月 25	臺南
大正 10 年	黃萬春	訓導心得			月 24	臺南
大正 10 年	莊氏格	訓導心得			月 22	臺南
大正 10 年	劉溪	訓導心得			月 21	臺南
大正 11 年	戶板守正	訓導	學校長	從七勳八	三	宮城
大正 11 年	宮崎才治	訓導			月 73	佐賀
大正 11 年	鵜川良範	訓導			月 63	新潟
大正 11 年	黃如臨	訓導			月 60	臺南
大正 11 年	陳良仁	訓導			月 57	臺南
大正 11 年	柏村寅次郎	訓導			月 53	熊本

年度	姓名	官職名	職稱	位階	薪俸	本籍
大正 11 年	劉羅漢	訓導			月 50	臺南
大正 11 年	陳衍慶	訓導			月 50	臺南
大正 11 年	沈黃氏笑	訓導			月 50	臺南
大正 11 年	陳啓煌	訓導			月 49	臺南
大正 11 年	辜尙賢	訓導			月 44	臺南
大正 11 年	前田コマ	訓導			月 42	新潟
大正 11 年	顏康	准訓導			月 34	高雄
大正 11 年	康金火	准訓導			月 34	臺南
大正 11 年	施金龍	教員心得			月 34	臺南
大正 11 年	陳氏連子	教員心得			月 32	臺南
大正 11 年	黃祥	教員心得			月 31	臺南
大正 11 年	李振聲	教員心得			月 29	臺南
大正 11 年	陳水透	教員心得			月 27	臺南
大正 11 年	李啓南	教員心得			月 26	臺南
大正 11 年	辜秋水	教員心得			月 10	臺南
大正 11 年	黃萬春	教員心得			月 9	臺南
大正 11 年	李氏悅	教員心得			月 9	臺南
大正 11 年	劉溪	教員心得			月 8	臺南
大正 12 年	戶板守正	訓導	學校長	從七勳八	三	宮城
大正 12 年	宮崎才治	訓導			六	佐賀
大正 12 年	鵜川良範	訓導			月 65	新潟
大正 12 年	黃如臨	訓導			月 62	臺南
大正 12 年	陳良仁	訓導			月 59	臺南
大正 12 年	柏村寅次郎	訓導			月 52	熊本
大正 12 年	劉羅漢	訓導			月 52	臺南
大正 12 年	陳衍慶	訓導			月 52	臺南
大正 12 年	陳啓煌	訓導			月 50	臺南
大正 12 年	蔡樸生	訓導			月 50	臺南

年度	姓名	官職名	職稱	位階	薪俸	本籍
大正 12 年	蔡柏松	訓導			月 44	臺南
大正 12 年	顏康	准訓導			月 36	高雄
大正 12 年	康金火	准訓導			月 35	臺南
大正 12 年	黃祥	准訓導			月 35	臺南
大正 12 年	劉溪	准訓導			月 30	臺南
大正 12 年	施金龍	教員心得			月 36	臺南
大正 12 年	李振聲	教員心得			月 32	臺南
大正 12 年	李啓南	教員心得			月 28	臺南
大正 13 年	東園榮治	訓導	學校長		五	鹿兒島
大正 13 年	德田安文	訓導			月 72	沖繩
大正 13 年	堀之內武義	訓導			月 65	鹿兒島
大正 13 年	黃如臨	訓導			月 62	臺南
大正 13 年	陳良仁	訓導			月 61	臺南
大正 13 年	柏村寅次郎	訓導			月 55	熊本
大正 13 年	洪金海	訓導			月 54	臺南
大正 13 年	劉羅漢	訓導			月 54	臺南
大正 13 年	陳啓煌	訓導			月 52	臺南
大正 13 年	蔡樸生	訓導			月 52	臺南
大正 13 年	闕超	訓導			月 46	臺南
大正 13 年	曾德潤	准訓導			月 43	臺南
大正 13 年	康金火	准訓導			月 37	臺南
大正 13 年	陳印	准訓導			月 37	臺南
大正 13 年	辜秋水	准訓導			月 35	臺南
大正 13 年	劉溪	准訓導			月 31	臺南
大正 13 年	平良惠祥	教員心得			月 55	沖繩
大正 14 年	三好照藏	訓導	學校長		六	德島
大正 14 年	川端正二	訓導			六	大分
大正 14 年	廣瀨春次	訓導			月 65	鹿兒島

年度	姓名	官職名	職稱	位階	薪俸	本籍
大正14年	黃如臨	訓導			月65	臺南
大正14年	堀好文	訓導			月57	和歌山
大正14年	劉羅漢	訓導			月56	臺南
大正14年	洪金海	訓導			月56	臺南
大正14年	陳啓煌	訓導			月54	臺南
大正14年	蔡樸生	訓導			月54	臺南
大正14年	中島一夫	訓導			月53	佐賀
大正14年	闞超	訓導			月48	臺南
大正14年	曾德潤	訓導			月47	臺南
大正14年	王長烈	訓導			月46	臺南
大正14年	黃振昌	訓導			月45	臺南
大正14年	陳印	准訓導			月39	臺南
大正14年	康金火	准訓導			月39	臺南
大正14年	辜秋水	准訓導			月37	臺南
大正14年	劉溪	准訓導			月34	臺南
大正15年	三好照藏	訓導	學校長		六	德島
大正15年	兒島定吉	訓導			六	福井
大正15年	藤原道彥	訓導			月67	靜岡
大正15年	張水照	訓導			月65	臺南
大正15年	東出茂	訓導			月60	福井
大正15年	洪金海	訓導			月59	臺南
大正15年	陳啓煌	訓導			月56	臺南
大正15年	竹內壽	訓導			月55	岡山
大正15年	中島一夫	訓導			月55	佐賀
大正15年	松尾尊	訓導			月55	佐賀
大正15年	蔡樸生	訓導			月54	臺南
大正15年	趙清木	訓導			月52	臺南
大正15年	曾德潤	訓導			月49	臺南

年度	姓名	官職名	職稱	位階	薪俸	本籍
大正 15 年	林祚祺	訓導			月 48	臺中
大正 15 年	王長烈	訓導			月 48	臺南
大正 15 年	郭火木	訓導			月 48	臺南
大正 15 年	黃振昌	訓導			月 47	臺南
大正 15 年	康啓楷	訓導			月 44	臺南
大正 15 年	吳秋煌	訓導			月 44	臺南
大正 15 年	辜秋水	准訓導			月 39	臺南
大正 15 年	劉溪	准訓導			月 36	臺南
昭和 2 年	三好照藏	訓導	學校長		五	德島
昭和 2 年	永越信治	訓導			月 73	新潟
昭和 2 年	大田原政二	訓導			月 60	岡山
昭和 2 年	洪金海	訓導			月 59	臺南
昭和 2 年	松尾尊	訓導			月 57	佐賀
昭和 2 年	竹內壽	訓導			月 57	岡山
昭和 2 年	陳啓煌	訓導			月 56	臺南
昭和 2 年	趙清木	訓導			月 54	臺南
昭和 2 年	蔡柏松	訓導			月 52	臺南
昭和 2 年	伊藤正市	訓導			月 50	廣島
昭和 2 年	吳秋煌	訓導			月 46	臺南
昭和 2 年	康啓楷	訓導			月 44	臺南
昭和 2 年	侯啓順	訓導			月 44	臺南
昭和 2 年	王海湶	訓導			月 44	臺南
昭和 2 年	相馬龍一	訓導			月 44	新潟
昭和 2 年	米田雪	訓導			月 44	宮崎
昭和 2 年	劉溪	准訓導			月 38	臺南
昭和 2 年	小山猛	教員心得			月 64	岡山
昭和 3 年	三好照藏	訓導	學校長		五	德島
昭和 3 年	小川博	訓導			月 63	福井

年度	姓名	官職名	職稱	位階	薪俸	本籍
昭和3年	大田原政二	訓導			月63	岡山
昭和3年	劉瑞卿	訓導			月62	臺南
昭和3年	陳衍慶	訓導			月60	臺南
昭和3年	松尾尊	訓導			月60	佐賀
昭和3年	竹內壽	訓導			月60	岡山
昭和3年	陳啓煌	訓導			月58	臺南
昭和3年	伊藤正市	訓導			月53	廣島
昭和3年	蔡柏松	訓導			月52	臺南
昭和3年	施金城	訓導			月52	臺南
昭和3年	李壽星	訓導			月50	臺南
昭和3年	侯啓順	訓導			月48	臺南
昭和3年	王海淏	訓導			月48	臺南
昭和3年	方水茂	訓導			月48	臺南
昭和3年	吳秋煌	訓導			月48	臺南
昭和3年	蔡氏玉霞	訓導			月46	臺南
昭和3年	辜秋水	准訓導			月43	臺南
昭和3年	劉溪	准訓導			月40	臺南
昭和3年	池田一雄	教員心得			月65	鹿兒島
昭和3年	小山猛	教員心得			月64	岡山
昭和4年	三好照藏	訓導	學校長	五		德島
昭和4年	大田原政二	訓導			月65	岡山
昭和4年	劉瑞卿	訓導			月64	臺南
昭和4年	陳衍慶	訓導			月62	臺南
昭和4年	竹內壽	訓導			月60	岡山
昭和4年	陳啓煌	訓導			月60	臺南
昭和4年	藤本正一	訓導			月53	熊本
昭和4年	施金城	訓導			月52	臺南
昭和4年	李壽星	訓導			月50	臺南

年度	姓名	官職名	職稱	位階	薪俸	本籍
昭和 4 年	黃上	訓導			月 50	臺南
昭和 4 年	王海淥	訓導			月 50	臺南
昭和 4 年	岡部久與	訓導			月 50	兵庫
昭和 4 年	吳秋煌	訓導			月 50	臺南
昭和 4 年	汪氏素蘭	訓導			月 45	高雄
昭和 4 年	辜秋水	准訓導			月 43	臺南
昭和 4 年	劉溪	准訓導			月 40	臺南
昭和 4 年	小山猛	教員心得			月 66	岡山
昭和 4 年	河野武市	教員心得			月 45	熊本
昭和 4 年	陳亭	教員心得			月 38	臺南
昭和 4 年	名島敏子	教員心得			月 35	鹿兒島
昭和 4 年	鄭氏采蘋	教員心得			月 28	臺南
昭和 5 年	三好照藏	訓導	學校長		五	德島
昭和 5 年	竹內壽	訓導			月 63	岡山
昭和 5 年	陳衍慶	訓導			月 62	臺南
昭和 5 年	魏五福	訓導			月 56	臺南
昭和 5 年	三島榮	訓導			月 55	廣島
昭和 5 年	施金城	訓導			月 54	臺南
昭和 5 年	李壽星	訓導			月 53	臺南
昭和 5 年	王海淥	訓導			月 50	臺南
昭和 5 年	岡部久興	訓導			月 50	兵庫
昭和 5 年	陳新慶	訓導			月 50	臺南
昭和 5 年	股野先	訓導			月 46	新潟
昭和 5 年	林耀昌	訓導			月 46	臺南
昭和 5 年	汪氏素蘭	訓導			月 45	高雄
昭和 5 年	名島敏子	訓導			月 30	鹿兒島
昭和 5 年	辜秋水	准訓導			月 45	臺南
昭和 5 年	劉溪	准訓導			月 43	臺南

年度	姓名	官職名	職稱	位階	薪俸	本籍
昭和 5 年	小山猛	教員心得			月 68	岡山
昭和 5 年	河野武市	教員心得			月 47	熊本
昭和 5 年	陳亭	教員心得			月 38	臺南
昭和 6 年	林庄一	訓導	學校長	從七勳八	三	千葉
昭和 6 年	陳衍慶	訓導			月 64	臺南
昭和 6 年	三島榮	訓導			月 57	廣島
昭和 6 年	上村敏	訓導			月 55	鹿兒島
昭和 6 年	李壽星	訓導			月 55	臺南
昭和 6 年	施金城	訓導			月 54	臺南
昭和 6 年	王海淏	訓導			月 52	臺南
昭和 6 年	汪火木	訓導			月 52	臺南
昭和 6 年	陳新慶	訓導			月 50	臺南
昭和 6 年	洪漢周	訓導			月 48	臺南
昭和 6 年	股野先	訓導			月 46	新潟
昭和 6 年	池田一雄	訓導			月 45	鹿兒島
昭和 6 年	名島敏子	訓導			月 30	鹿兒島
昭和 6 年	辜秋水	准訓導			月 45	臺南
昭和 6 年	劉溪	准訓導			月 45	臺南
昭和 6 年	小山猛	教員心得			月 68	岡山
昭和 6 年	辻孝男	教員心得			月 55	石川
昭和 6 年	坂井正之	教員心得			月 43	佐賀
昭和 6 年	陳亭	教員心得			月 42	臺南
昭和 7 年	林庄一	訓導	學校長	從七勳八	三	千葉
昭和 7 年	陳衍慶	訓導			月 64	臺南
昭和 7 年	三島榮	訓導			月 57	廣島
昭和 7 年	施金城	訓導			月 56	臺南
昭和 7 年	李壽星	訓導			月 55	臺南
昭和 7 年	王海淏	訓導			月 52	臺南

年度	姓名	官職名	職稱	位階	薪俸	本籍
昭和 7 年	汪火木	訓導			月 52	臺南
昭和 7 年	陳新慶	訓導			月 50	臺南
昭和 7 年	曾淵霖	訓導			月 50	臺南
昭和 7 年	洪漢周	訓導			月 48	臺南
昭和 7 年	村上智足	訓導			月 48	熊本
昭和 7 年	池田一雄	訓導			月 45	鹿兒島
昭和 7 年	辻孝男	訓導			月 36	石川
昭和 7 年	名島敏子	訓導			月 32	鹿兒島
昭和 7 年	辜秋水	准訓導			月 47	臺南
昭和 7 年	劉溪	准訓導			月 45	臺南
昭和 7 年	小山猛	教員心得			月 70	岡山
昭和 7 年	笠松よし	教員心得			月 50	福井
昭和 7 年	陳亭	教員心得			月 42	臺南
昭和 8 年	林庄一	訓導	學校長	從七勳七	三（八等待遇）	千葉
昭和 8 年	兒島定吉	訓導	兼公立實業學校助教諭	從七勳八	四	福井
昭和 8 年	陳衍慶	訓導			月 64	臺南
昭和 8 年	三島榮	訓導			月 60	廣島
昭和 8 年	施金城	訓導			月 56	臺南
昭和 8 年	李壽星	訓導			月 55	臺南
昭和 8 年	王海湶	訓導			月 54	臺南
昭和 8 年	汪火木	訓導			月 54	臺南
昭和 8 年	陳新慶	訓導			月 52	臺南
昭和 8 年	曾淵霖	訓導			月 52	臺南
昭和 8 年	洪漢周	訓導			月 50	臺南
昭和 8 年	本田孝雄	訓導			月 48	大分
昭和 8 年	池田一雄	訓導			月 47	鹿兒島

年度	姓名	官職名	職稱	位階	薪俸	本籍
昭和8年	山內喜代美	訓導			月45	岡山
昭和8年	鄭燕南	訓導			月45	臺南
昭和8年	辻孝男	訓導			月36	石川
昭和8年	劉溪	准訓導			月45	臺南
昭和8年	小山猛	教員心得			月70	岡山
昭和8年	大久保カズエ	教員心得			月45	熊本
昭和8年	陳亨	教員心得			月42	臺南
昭和9年	工藤豐	訓導	學校長	從七勳七	三（八等待遇）	大分
昭和9年	兒島定吉	訓導	兼公立實業學校助教諭	從七勳八	四	福井
昭和9年	辜坤	訓導			月66	臺南
昭和9年	三島榮	訓導			月60	廣島
昭和9年	施金城	訓導			月58	臺南
昭和9年	李壽星	訓導			月57	臺南
昭和9年	吳秋煌	訓導			八	臺南
昭和9年	王海淙	訓導			月54	臺南
昭和9年	林伯連	訓導			月54	臺南
昭和9年	陳新慶	訓導			月52	臺南
昭和9年	洪漢周	訓導			九	臺南
昭和9年	畑邊薰	訓導			九	大分
昭和9年	本田孝雄	訓導			月48	大分
昭和9年	池田一雄	訓導			月47	鹿兒島
昭和9年	小山猛	訓導			月47	岡山
昭和9年	山內喜代美	訓導			十	岡山
昭和9年	鄭燕南	訓導			十	臺南
昭和9年	劉溪	准訓導			月47	臺南

年度	姓名	官職名	職稱	位階	薪俸	本籍
昭和 9 年	大久保カズヱ	教員心得			月 47	熊本
昭和 9 年	陳亭	教員心得			月 44	臺南
昭和 10 年	工藤豐	訓導	學校長	從七勳七	三（七等待遇）	大分
昭和 10 年	三島榮	訓導			月 63	廣島
昭和 10 年	施金城	訓導			月 58	臺南
昭和 10 年	吳秋煌	訓導			八	臺南
昭和 10 年	王海涼	訓導			月 54	臺南
昭和 10 年	林伯連	訓導			月 54	臺南
昭和 10 年	洪漢周	訓導			九	臺南
昭和 10 年	畑邊薰	訓導			九	大分
昭和 10 年	池田一雄	訓導			九	鹿兒島
昭和 10 年	新井松三郎	訓導			月 49	群馬
昭和 10 年	小山猛	訓導			月 47	岡山
昭和 10 年	山內喜代美	訓導			月 47	岡山
昭和 10 年	鄭燕南	訓導			月 47	臺南
昭和 10 年	大久保カズヱ	教員心得			月 47	熊本
昭和 10 年	陳亭	教員心得			月 44	臺南
昭和 10 年	村上禮子	教員心得			月 35	熊本
昭和 11 年	工藤豐	訓導	學校長	從七勳六	三（七等待遇）	大分
昭和 11 年	三島榮	訓導			月 63	廣島
昭和 11 年	郭火木	訓導			月 62	臺南
昭和 11 年	施金城	訓導			月 58	臺南
昭和 11 年	吳秋煌	訓導			月 57	臺南
昭和 11 年	王海涼	訓導			月 56	臺南
昭和 11 年	瀧川一治	訓導			月 56	富山

年度	姓名	官職名	職稱	位階	薪俸	本籍
昭和 11 年	畑邊薰	訓導			月 53	大分
昭和 11 年	洪漢周	訓導			月 52	臺南
昭和 11 年	新井松三郎	訓導			月 52	群馬
昭和 11 年	小山猛	訓導			九	岡山
昭和 11 年	鄭燕南	訓導			月 47	臺南
昭和 11 年	佐藤利	訓導			月 46	宮崎
昭和 11 年	古川良寬	訓導			十	新潟
昭和 11 年	芳賀盛正	訓導			十	宮城
昭和 11 年	松田一人	教員心得			月 47	廣島
昭和 11 年	陳亭	教員心得			月 44	臺南
昭和 12 年	近藤賢司	訓導	學校長	正八勳八	四（八等待遇）	茨城
昭和 12 年	郭火木	訓導			月 62	臺南
昭和 12 年	施金城	訓導			月 60	臺南
昭和 12 年	吉岡守	訓導			月 60	茨城
昭和 12 年	侯文兜	訓導			月 59	臺南
昭和 12 年	吳秋煌	訓導			月 57	臺南
昭和 12 年	王海淥	訓導			月 56	臺南
昭和 12 年	村上智足	訓導			月 53	熊本
昭和 12 年	小山猛	訓導			九	岡山
昭和 12 年	鄭燕南	訓導			月 49	臺南
昭和 12 年	高野留治	訓導			月 47	福島
昭和 12 年	芳賀盛正	訓導			月 47	宮城
昭和 12 年	佐藤利	訓導			月 46	宮崎
昭和 12 年	山口清	訓導			十	鹿兒島
昭和 12 年	古川良寬	訓導			十	新潟
昭和 12 年	寺本巖	訓導			月 43	鹿兒島
昭和 12 年	松田一人	教員心得			月 47	廣島

年度	姓名	官職名	職稱	位階	薪俸	本籍
昭和 12 年	陳亭	教員心得			月 46	臺南
昭和 13 年	近藤賢司	訓導	學校長	從七勳七	四（七等待遇）	茨城
昭和 13 年	郭火木	訓導			月 62	臺南
昭和 13 年	侯文兜	訓導			月 61	臺南
昭和 13 年	施金城	訓導			月 60	臺南
昭和 13 年	吉岡守	訓導			月 60	茨城
昭和 13 年	王海淏	訓導			月 58	臺南
昭和 13 年	村上智足	訓導			八	熊本
昭和 13 年	小山猛	訓導			月 53	岡山
昭和 13 年	鄭燕南	訓導			月 49	臺南
昭和 13 年	佐藤利	訓導			月 48	宮崎
昭和 13 年	高野留治	訓導			月 47	福島
昭和 13 年	芳賀盛正	訓導			月 47	宮城
昭和 13 年	古川良寬	訓導			月 47	新潟
昭和 13 年	山口清	訓導			十	鹿兒島
昭和 13 年	水谷豐見	訓導			十	福島
昭和 13 年	寺本巖	訓導			月 43	熊本
昭和 13 年	松田一人	教員心得			月 50	廣島
昭和 13 年	謝家祥	教員心得			月 38	臺南
昭和 14 年	松元輝興	訓導	學校長	從七勳七	四（七等待遇）	鹿兒島
昭和 14 年	長松章二郎	訓導			七	大分
昭和 14 年	郭火木	訓導			月 64	臺南
昭和 14 年	黑澤仁平	訓導			月 64	崎玉
昭和 14 年	施金城	訓導			月 62	臺南
昭和 14 年	侯文兜	訓導			月 61	臺南
昭和 14 年	王海淏	訓導			月 58	臺南

年度	姓名	官職名	職稱	位階	薪俸	本籍
昭和14年	大野友幸	訓導			月57	長崎
昭和14年	小山猛	訓導			月53	岡山
昭和14年	松本眞	訓導			月52	鳥取
昭和14年	鄭燕南	訓導			月51	臺南
昭和14年	佐藤利	訓導			九	宮崎
昭和14年	芳賀盛正	訓導			月49	宮城
昭和14年	田畑太吉	訓導			月48	鹿兒島
昭和14年	寺本巖	訓導			月48	熊本
昭和14年	熊谷俊水	訓導			月47	鹿兒島
昭和14年	山口清	訓導			十	鹿兒島
昭和14年	水谷豐見	訓導			十	福島
昭和14年	黃嘉宗	訓導			十	臺南
昭和14年	高野寬	訓導			月44	熊本
昭和14年	古川春太郎	訓導			月43	廣島
昭和14年	青木美佐惠	教員心得			月40	佐賀
昭和14年	井富美	教員心得			月35	熊本
昭和14年	黃氏玉嬌	教員心得			月32	臺南
昭和15年	松元輝興	訓導	學校長	從七勳六	四（七等待遇）	鹿兒島
昭和15年	長松章二郎	訓導			月67	大分
昭和15年	郭火木	訓導			月64	臺南
昭和15年	施金城	訓導			月62	臺南
昭和15年	侯文兜	訓導			月61	臺南
昭和15年	今井讓次	訓導			月60	香川
昭和15年	中村弘	訓導			月60	奈良
昭和15年	王海淙	訓導			月60	臺南
昭和15年	松浦勝	訓導			八	廣島
昭和15年	松本眞	訓導			月54	鳥取

年度	姓名	官職名	職稱	位階	薪俸	本籍
昭和 15 年	佐藤利	訓導			月 52	宮崎
昭和 15 年	芳賀盛正	訓導			月 51	宮城
昭和 15 年	寺本巖	訓導			九	熊本
昭和 15 年	山口清	訓導			九	鹿兒島
昭和 15 年	熊谷俊水	訓導			月 49	鹿兒島
昭和 15 年	田畑太吉	訓導			月 48	鹿兒島
昭和 15 年	黃嘉宗	訓導			月 47	臺南
昭和 15 年	高野寬	訓導			月 46	熊本
昭和 15 年	古川春太郎	訓導			月 46	廣島
昭和 15 年	丸山正造	訓導			月 46	山形
昭和 15 年	水谷豐見	訓導			十	福島
昭和 15 年	青林美佐惠	訓導			月 38	佐賀
昭和 15 年	玉田てるや	教員心得			月 60	宮城
昭和 15 年	小濃妙子	教員心得			月 45	福島
昭和 15 年	片岡薰	教員心得			月 42	福島
昭和 15 年	蔡氏以溢	教員心得			月 32	臺南

資料來源：臺灣總督府職員錄系統：http://who.ith.sinica.edu.tw/mpView.action。

三、朴子東國民學校時期教職員（1941～1944）

年度	姓名	官職名	職稱	位階	薪俸	本籍
昭和 16 年	松元輝興	訓導	學校長	正七勳六	四（六等待遇）	鹿兒島
昭和 16 年	郭火木	訓導			月 66	臺南
昭和 16 年	施金城	訓導			月 64	臺南
昭和 16 年	侯文兜	訓導			月 64	臺南
昭和 16 年	今井讓次	訓導			月 63	香川
昭和 16 年	中村弘	訓導			月 63	奈良
昭和 16 年	田中一雄	訓導			月 63	京都

年度	姓名	官職名	職稱	位階	薪俸	本籍
昭和16年	伊東正盛	訓導			月63	臺南
昭和16年	澤野賢三	訓導			月60	新潟
昭和16年	松浦勝	訓導			月57	廣島
昭和16年	松本眞	訓導			月57	鳥取
昭和16年	芳賀盛正	訓導			月53	宮城
昭和16年	佐藤利	訓導			月52	宮崎
昭和16年	熊谷俊水	訓導			月51	鹿兒島
昭和16年	田畑太吉	訓導			月51	鹿兒島
昭和16年	古川春太郎	訓導			月48	廣島
昭和16年	青木美佐惠	訓導			月38	佐賀
昭和16年	菅野アキ	訓導			月37	福島
昭和16年	吉岡芳枝	訓導			月36	山口
昭和16年	前田ヒロ	助教			月80	鹿兒島
昭和16年	小濃妙子	助教			月45	福島
昭和16年	友永光子	助教			月43	長崎
昭和16年	蔡氏以溢	助教			月38	臺南
昭和16年	金澤壽美子	助教			月35	臺南
昭和16年	榎本和子	助教			月35	臺南
昭和16年	李氏玉惜	助教			月35	臺南
昭和16年	董氏金滄	助教			月35	臺南
昭和17年	松元輝興	訓導	學校長	正七勳六	三（六等待遇）	鹿兒島
昭和17年	賀來可牧	訓導			月71	臺南
昭和17年	施金城	訓導			月69	臺南
昭和17年	侯文兜	訓導			月69	臺南
昭和17年	木村元義	訓導			月69	臺南
昭和17年	今井讓次	訓導			月67	香川
昭和17年	伊東正盛	訓導			七	臺南

年度	姓名	官職名	職稱	位階	薪俸	本籍
昭和 17 年	諏訪一雄	訓導			七	山梨
昭和 17 年	松浦勝	訓導			月 62	廣島
昭和 17 年	松本眞	訓導			月 62	鳥取
昭和 17 年	宮本半彌	訓導			月 62	福岡
昭和 17 年	芳賀盛正	訓導			月 60	宮城
昭和 17 年	坂田典夫	訓導			月 60	滋賀
昭和 17 年	佐藤利	訓導			月 60	宮崎
昭和 17 年	古川春太郎	訓導			月 53	廣島
昭和 17 年	前田ヒロ	訓導			月 52	鹿兒島
昭和 17 年	酒井溫之	訓導			九	鳥取
昭和 17 年	芳賀隆子	訓導			十	宮城
昭和 17 年	玉田てるや	訓導			月 42	宮城
昭和 17 年	吉岡芳枝	訓導			十一	山口
昭和 17 年	友永光子	助教			月 48	長崎
昭和 17 年	蔡氏以溢	助教			月 40	臺南
昭和 17 年	林氏玉英	助教			月 40	臺南
昭和 17 年	金澤壽美子	助教			月 40	臺南
昭和 17 年	李氏玉惜	助教			月 40	臺南
昭和 17 年	榎本和子	助教			月 40	臺南
昭和 17 年	辜氏麗玉	助教			月 37	臺南
昭和 17 年	黃氏錦緞	助教			月 37	臺南
昭和 17 年	呂氏翠花	助教			月 34	臺南
昭和 18 年	松元輝興	訓導	學校長	正七勳六	六等 待遇	鹿兒島
昭和 19 年	西尾帝助	訓導	學校長	正七勳六	職等： 六等 薪俸： 七級	福岡
昭和 19 年	賀來可牧	訓導			月 73	臺南

年度	姓名	官職名	職稱	位階	薪俸	本籍
昭和 19 年	侯文兜	訓導			月 72	臺南
昭和 19 年	木村元義	訓導			月 72	臺南
昭和 19 年	今井讓次	訓導			月 70	香川
昭和 19 年	白丸熊男	訓導			月 70	熊本
昭和 19 年	松島茂吉	訓導			月 69	不詳
昭和 19 年	伊東正盛	訓導			月 67	臺南
昭和 19 年	松浦勝	訓導			七	廣島
昭和 19 年	宮本半彌	訓導			七	福岡
昭和 19 年	芳賀盛正	訓導			月 63	宮城
昭和 19 年	佐藤利	訓導			月 63	宮崎
昭和 19 年	武藤喜一	訓導			月 60	熊本
昭和 19 年	古川孝美	訓導			月 53	千葉
昭和 19 年	寺谷忠誠	訓導			九	不詳
昭和 19 年	日向文齊	訓導			九	不詳
昭和 19 年	酒井溫之	訓導			九	鳥取
昭和 19 年	芳賀隆子	訓導			九	宮城
昭和 19 年	李太郎	訓導			月 47	臺南
昭和 19 年	玉田てるや	訓導			十	宮城
昭和 19 年	李氏玉惜	訓導			十一	臺南
昭和 19 年	大江田妙子	訓導			十一	不詳
昭和 19 年	塚田良江	訓導			月 36	長野
昭和 19 年	友永光子	准訓導			月 50	長崎
昭和 19 年	黃氏錦緞	准訓導			月 40	臺南
昭和 19 年	坂本則子	助教			月 49	不詳
昭和 19 年	辜氏麗玉	助教			月 40	臺南
昭和 19 年	林氏雲燕	助教			月 37	不詳
昭和 19 年	黃氏碧連	助教			月 37	不詳
昭和 19 年	劉氏麗霞	助教			月 37	不詳

年度	姓名	官職名	職稱	位階	薪俸	本籍
昭和 19 年	榎本照子	助教			月 37	不詳
昭和 19 年	呂氏翠花	助教			月 37	臺南

資料來源：臺灣總督府職員錄系統：http://who.ith.sinica.edu.tw/mpView.action。